全国革命老区县发展史丛书·广东卷

普宁市革命老区发展史

普宁市革命老区发展史编委会　编

SPM 南方出版传媒　广东人民出版社
·广州·

图书在版编目（CIP）数据

普宁市革命老区发展史/普宁市革命老区发展史编委会编. —广州：
广东人民出版社，2020.6
（全国革命老区县发展史丛书·广东卷）
ISBN 978-7-218-13995-1

Ⅰ．①普… Ⅱ．①普… Ⅲ．①普宁—地方史 Ⅳ．①K296.54

中国版本图书馆 CIP 数据核字（2019）第 247816 号

PUNINGSHI GEMING LAOQU FAZHANSHI

普宁市革命老区发展史

普宁市革命老区发展史编委会　编

出 版 人：肖风华

责任编辑：伍茗欣
装帧设计：张力平
责任技编：吴彦斌　周星奎

出版发行：广东人民出版社
地　　址：广州市海珠区新港西路 204 号 2 号楼（邮政编码：510300）
电　　话：（020）85716809（总编室）
传　　真：（020）85716872
网　　址：http://www.gdpph.com
印　　刷：广州市浩诚印刷有限公司
开　　本：715mm×995mm　1/16
印　　张：24.75　　插　页：10　　字　数：300 千
版　　次：2020 年 6 月第 1 版
印　　次：2020 年 6 月第 1 次印刷
定　　价：88.00 元

如发现印装质量问题，影响阅读，请与出版社（020－85716849）联系调换。
售书热线：（020）85716826

广东省编纂《革命老区县发展史》丛书
指导小组

组　长：陈开枝（广东省老区建设促进会会长）

副组长：林华景（广东省老区建设促进会常务副会长）

　　　　宋宗约（广东省农业农村厅二级巡视员、广东省老
　　　　　　　　区建设促进会副会长）

　　　　刘文炎（广东省老区建设促进会副会长）

　　　　郑木胜（广东省老区建设促进会副会长）

　　　　姚泽源（广东省老区建设促进会副会长兼秘书长）

　　　　谭世勋（广东省老区建设促进会副会长）

　　　　廖纪坤（广东省农业农村厅总经济师）

办公室

主　任：姚泽源（兼）

副主任：韦　浩（广东省农业农村厅扶贫协作与老区建设处
　　　　　　　　处长）

　　　　柯绍华（广东省老区建设促进会副秘书长）

　　　　伍依丽（广东省老区建设促进会副秘书长）

《普宁市革命老区发展史》编纂委员会

顾　问：张时义　黄锐亮　郑海忠　钟金鸿　陈卫华

主　任：刘惠光

副主任：邱浩建　卢泽华　王宋斌　林雁辉

成　员：郑万雄　杨汉华　杜元兰　杜可凤

主　编：王宋斌（兼）

副主编：杜元兰　杜可凤

在举国欢庆新中国成立 70 周年前夕，中国老区建设促进会王健会长请我为《全国革命老区县发展史》丛书作序，作为一名在老区战斗过并得到老区人民生死相助的老兵，回首往事，心潮澎湃，感慨万千，深感义不容辞，欣然应允。

中国革命老区，是以毛泽东为代表的中国共产党人在领导人民推翻帝国主义、封建主义和官僚资本主义三座大山，争取民族独立和人民解放伟大斗争中建立的革命根据地，在这片红色的土地上，诞生了无数可歌可泣的革命英雄儿女，为后人树起了一座不朽的丰碑，她是新中国的摇篮，是党和军队的根。

在艰苦卓绝的战争年代，老区人民把自己的命运与中华民族的命运紧紧地联系在一起，与中国共产党和人民军队的命运紧紧地联系在一起，他们生死相依，患难与共。我曾亲历过战争年代，并得到过老区红哥红嫂的救助，切身感受到发生在身边的一幕幕撼天动地的革命故事，在那极其艰难的条件下，老区人民倾其所有、破家支前，不怕艰难困苦，不怕流血牺牲。"最后一碗米送去做军粮，最后一尺布送去做军装，最后一件老棉袄盖在担架上，最后一个亲骨肉送去上战场"，这是当时伟大的老区人民为建立新中国做出巨大牺牲的真实写照，它将永远镌刻在中国共产党、中国人民解放军、中华人民共和国的历史丰碑上。他们的光辉业绩永载史册，他们的革命精神必将影响一代又一代的革命新人，造就一代又一代的民族脊梁。

在社会主义革命和建设时期，革命老区和老区人民响应党的号召，面对落后的面貌、脆弱的经济、恶劣的生态环境，他们本色不变，精神不丢，自力更生，艰苦奋斗，干一行爱一行。始终坚持"革命理想高于天"，自觉做共产主义远大理想的坚定信仰者和忠实实践者，勇于向恶劣的自然环境和贫穷落后宣战，他们在各条战线上为国建功立业，用平凡的双手创造了一个又一个不平凡的奇迹，彰显了老区人的崇高精神和人格力量。

在改革开放的伟大进程中，老区人民解放思想，勇于创新，发奋图强，攻坚克难，老区的经济社会建设取得了辉煌成就。特别是在改变中国的面貌、中华民族的面貌、中国人民的面貌、中国共产党的面貌的伟大实践中发挥了至关重要的作用。老区人民既是改革开放的参与者，也是改革开放的推动者。

艰苦练意志，危难见精神。老区人民在近百年的革命战争、社会主义建设和改革开放的伟大实践中，孕育形成了伟大的老区精神：爱党信党、坚定不移的理想信念；舍生忘死、无私奉献的博大胸怀；不屈不挠、敢于胜利的英雄气概；自强不息、艰苦奋斗的顽强斗志；求真务实、开拓创新的科学态度；鱼水情深、生死相依的光荣传统。这是党和人民宝贵的精神财富、丰厚的政治资源，是凝心聚力、振奋民族精神的重要法宝，也是社会主义核心价值观的重要内容。

中国老区建设促进会怀着强烈的政治责任感和历史使命感，组织全国各地老促会人员克服困难，尽心竭力编纂《全国革命老区县发展史》丛书，记录老区的光辉历史和辉煌成就，传承红色基因，弘扬老区精神，是功在当代、利及千秋的一件大事。手捧这部丛书的部分书稿，读着书中的故事，倍感亲切，深感这部丛书具有资政、育人、存史的社会功能，有着重要的时代和历史价值。它是不忘初心、牢记使命的源头活水，是赞颂共产党、讴歌老区人民的一部精品力作，是弘扬老区精神、传承红色记忆的丰厚载体，是一项继承优秀传统文化、弘扬革命文化、发展社会主义先进文化，坚定"四个自信"的宏大文化工程。它必将成为一种文化品牌，为各界人士了解老区宣传老区支持老区提供一部有价值的研究史料。希望读者朋友们能从中了解并牢记这些为党和民族的利益不断奉献的老区人民，从中得到教益，汲取人生奋斗的精神动力。

新时代赋予新使命，新起点开启新征程。让我们更加紧密地团结在以习近平同志为核心的党中央周围，坚持以习近平新时代中国特色社会主义思想为指导，增强"四个意识"，坚定"四个自信"，做到"两个维护"，弘扬老区精神，铭记苦难辉煌。为实现"两个一百年"奋斗目标，实现中华民族伟大复兴的中国梦作出新的更大的贡献！

迟浩田

2019 年 4 月 11 日

　　2017 年 6 月，中国老区建设促进会组织全国各地老促会启动编纂《全国革命老区县发展史》丛书，按照"建立中国共产党、成立中华人民共和国、推进改革开放和中国特色社会主义事业"三大里程碑的历史脉络，系统书写革命老区百年历史，深入挖掘革命老区红色文化资源，这对于充实丰富中国革命史籍宝库、在新时代传承红色基因、弘扬革命精神、强固根本，对于激励人们在新的历史条件下夺取中国特色社会主义伟大胜利，实现中华民族伟大复兴的中国梦具有重要意义。

　　丛书编纂以习近平新时代中国特色社会主义思想为指导，以《中国共产党历史》《中国共产党的九十年》等重要文献为基本依据，以党的领导为核心，以老区人民为主体，以老区发展为主线，体现历史进程特征，突出时代发展特色，坚持辩证唯物主义和历史唯物主义相统一、历史真实性与内容可读性柜统一的原则，书写革命老区从站起来、富起来到强起来的光辉革命史、不懈奋斗史、辉煌成就史，把老区人民的伟大贡献、伟大创造、伟大成就、伟大精神充分展示出来，形成一部具有厚重历史特征和鲜明时代特色的精品力作。这是一部培根铸魂、守正创新，既为历史立言，又为时代服务，字里行间流淌着红色血脉、催生着革命激情的传世之作。丛书的编纂出版将成为讴歌党讴歌人民讴歌时代、传播红色文化、为革命老区和老区人民树碑立传的重要载体。

丛书按照编年体与纪事本末体相结合、以编年体为主的编写体例确定框架结构；运用时经事纬、点面结合的方式记述史实；坚持人事结合、以事带人的原则处理人与事的关系；采取夹叙夹议、叙论结合以叙为主的方法展开内容。做到了史料与史论、历史与现实、政治与学术统一，文献性、学术性、知识性相兼容。

为编纂好《全国革命老区县发展史》丛书，打造红色文化品牌，中国老区建设促进会认真组织积极协调，提出政治立场鲜明、史料真实准确、思想论述深刻、历史维度厚重、时代特色突出、编写体例规范、篇目布局合理、审读把关严格、出版制作精良的编纂出版总要求，力求达到革命史籍精品的精神高度、思想深度、知识广度、语言力度，增强丛书的权威性和社会影响力。各省（区、市）、市（州、盟）、县（市、区、旗）老促会的同志，以强烈的使命感、责任感和紧迫感，勇于担当，积极作为，认真实施，组织由老促会成员、专家学者等参加的十余万人编纂队伍。编纂工作主体责任在县，省、市组织协调、有力指导、审读把关。各方面人员以高度负责的精神和科学严谨的态度，满腔热情地投入工作，为丛书编纂出版做出了重要贡献。丛书编纂工作还得到了党和国家有关部委、地方各级党委政府及有关部门的大力支持和积极参与，社会各界也给予了热情帮助。中共中央政治局原委员、中央军委原副主席、原国务委员兼国防部长迟浩田上将，对老区人民怀有深厚感情，对革命老区建设发展十分关注，欣然为《全国革命老区县发展史》丛书作总序。

丛书由总册和1599部分册（每个革命老区县编纂1部分册）组成，共1600册。鉴于丛书所记述的史实内容多、时间跨度长和编纂时间紧，不妥之处，敬请批评指正。

中国老区建设促进会

● 老区新貌 ●

普宁市党政办公大楼

普宁市人民政府政务服务中心

流沙市区新貌（陈华南摄）

普宁广场灯光灿烂的夜景（陈华南摄）

普宁高铁站全景（陈华南摄）

列车进站

池尾交叉路段

普宁大道

普宁康美中药城全景（陈华南摄）

普宁康美中药城大门（陈华南摄）

普宁国际服装城（陈华南摄）

普宁国际商品城（陈华南摄）

普宁兰花广场新貌（陈华南摄）

普宁莲花山公园

普宁红色文化主题公园（流沙人民公园）

普宁八一纪念馆

普宁大南山石刻革命标语

国家级非物质文化遗产：普宁英歌舞（陈华南摄）

国家级非物质文化遗产：普宁嵌瓷

普宁梅花旅游文化节（陈华南摄）

南阳山梅花盛开（陈华南摄）

普宁蕉柑

普宁青梅

普宁青榄

普宁是中国著名的蕉柑之乡、青梅之乡、青榄之乡

普宁二中新校区

普宁华侨中学

普宁二中实验学校

普宁职业技术学校

普宁华美实验学校

新时代广场（陈华南摄）

普宁人民医院

普宁华侨医院

普宁中医院和骨伤科医院

普宁康美医院

普宁文化艺术馆

普宁方方纪念馆

普宁市区流沙高层住宅区中信华府

普宁市区流沙高层小区御景城

整治后的练江

南溪水乡新貌

普宁市老促会领导到普宁八一纪念馆参观学习

普宁是一块"红色土地"。早在建党初期，彭湃、杨石魂等革命先驱就已在普宁组织发动群众，领导农民运动；1926 年 1 月，普宁建立了第一个党支部；普宁党组织在万分危急的关头，掩护周恩来等众多领导人脱离险境，安全转移，为中国革命立下卓越功勋，作出重大贡献。普宁人民在党的领导下，同国内外敌人进行了 24 年艰苦卓绝的斗争。无数革命先烈舍生忘死，前仆后继，用热血和生命，换来人民的翻身解放，在普宁大地上树起座座丰碑。

红色普宁，又是改革开放的热土。40 年来，在普宁党委政府的领导下，普宁人民以开阔开放的胸襟，敢为人先的胆魄，开拓创新的勇气，敢闯敢干，艰苦创业，克服重重困难，战胜种种挫折，创造了经济社会发展一个个奇迹。1993 年 4 月，普宁撤县设市，经济和社会事业步入发展的快车道。如今，普宁发生了翻天覆地的变化，老区面貌日新月异，社会事业蓬勃发展，人民群众安居乐业，成为闻名遐迩的商贸名城和产业基地。

厚重的革命历史，光荣的革命传统，已融入普宁大地，深深植根于老区群众心中，成为普宁宝贵的精神财富，值得我们代代传承，永远珍藏。

为贯彻落实习近平总书记关于"发扬红色资源优势，深入进行党史军史和优良传统教育，把红色基因一代代传下去"的指示和中央办公厅、国务院办公厅提出的"积极支持老区精神挖掘整理工作，扶持创作一批反映老区优良传统、展现老区精神风貌的优秀文艺作品和文化产品"的要求，中国老区建设促进会和广东省老区建设促进会先后就编撰革命老区县发展史作出了工作部署。普宁市委、市政府对此高度重视，切实加强领导。普宁市老区建设促进会成立了编辑委员会和专门办公室，组织有关部门的人员做好史料的征集编纂工作。

征编出版《普宁市革命老区发展史》，旨在反映老区在党和政府的领导下，几十年艰苦奋斗、发展壮大的历史，阐述老区人民在战争年代为夺取革命胜利作出的巨大牺牲和伟大贡献，总结老区建设发展的经验，展示老区建设的伟大成就。这对于发扬革命传统，传承红色基因，弘扬老区精神，不忘初心，牢记使命，与时俱进，砥砺前行，推动老区振兴发展，具有重要的现实意义。

本书的编纂工作，坚持以习近平总书记关于革命老区的系列讲话精神为指导，坚持以党史、军史、中国革命史为依据，坚持以革命老区和老区人民的奋斗史为重点，坚持以党的十八大以来革命老区取得的巨大成就和发展变化为亮点，坚持历史的真实性、事件的准确性与内容的可读性相统一，力求史料翔实，图文并茂，通俗易懂，为宣传老区、了解老区、支持老区提供有价值的学习和研究史料，为老区脱贫攻坚、全面建成小康社会提供强大精神动力。

抚今追昔，我们对未来充满信心。我们完全有理由相信，具有光荣传统的普宁人民，一定能在十九大精神和习近平新时代中国特色社会主义思想引领下，同心同德，开拓创新，锐意进取，扎实工作，在改革开放再出发的新征程中，描绘革命老区新蓝图，书写红色普宁新篇章！

（本文作者刘惠光为本书编辑委员会主任，普宁市政协原主席，现任普宁市老区建设促进会会长）

1

第一章

区域和革命老区概况

　　普宁地处粤东，汉时属南海郡揭阳县，东晋咸和六年（331年）属东官郡潮阳县，明嘉靖四十二年（1563年）置普宁县。1949年10月普宁解放，1993年4月撤县设市。普宁是海陆丰革命根据地的重要组成部分，属广东省重点革命老区。改革开放以来，普宁经济和社会发展取得显著成就，成为闻名遐迩的商贸名城和产业基地，是"中国纺织产业基地""中国中药名城""中国蕉柑之乡""中国青梅之乡""中国青榄之乡""中国民间文化艺术之乡"。

基本情况

一、地理位置

普宁市位于广东省东南部、潮汕平原西缘，东毗汕头市潮南区，南邻惠来县，西南连陆丰市、陆河县，西北接揭西县，东北界榕城区。在东经 115°43′10″～116°21′02″，北纬 23°05′40″～23°31′48″之间。北回归线从市境北部穿过。属亚热带季风气候。厦深高速铁路、普惠高速公路、揭普高速公路、国道 324 线、省道 236 线、省道 238 线在市区交会。市区距广州市约 400 千米、深圳市约 300 千米、汕头市金平区约 60 千米、揭阳市榕城区约 40 千米。

二、政区沿革

普宁于明嘉靖四十二年（1563 年）置县，初始县衙暂寄于潮阳贵屿民宅；万历十四年（1586 年）县治迁于洪阳；1949 年 7 月 1 日，普宁县人民政府成立，定县城于流沙；1993 年 4 月 6 日，撤县设市，由省直辖、揭阳市代管。

三、行政区划

全市设 17 个镇、7 个街道办事处、1 个乡、3 个国营农场；有 518 个村民委员会、50 个社区居民委员会。

区域面积 1620.08 平方千米，折 243.01 万亩（1 亩 $\approx$ 0.067 公顷，下同），其中耕地 50.18 万亩，占 20.65%；山地 100.52 万亩（指林业用地，不含侨场），占 41.36%。

四、人口状况

全市户籍人口 242.9 万人，其中农业人口 135.8 万人，非农业人口 107.1 万人；市区常住人口 56.9 万人。

五、党建情况

全市设地方党委 1 个，基层党（工）委 35 个，其中机关党委 1 个，农村党委 1 个，国企党委 2 个，"两新'党委 1 个，党（总）支部 2134 个，党员 61119 名，占总人口 2.51%（不含金融系统和口岸单位）。

六、投资环境

1. 交通。厦深高速铁路穿境而过，并在市区南部设普宁站，距深圳、厦门两个特区仅两小时车程，每日有 98 个班次在普宁站停靠，日均旅客出入量 3 万余人次。市区距离揭阳潮汕机场约 40 千米。全市拥有厦深、潮惠、揭惠、汕湛 4 条过境高速公路，其中揭惠、汕湛 2 条正在建设中，辖区内计划建成高速公路出入口将达 10 个。其中高速公路 70.4 千米，国道 45.1 千米，省道 101 千米，县道 189.4 千米，乡镇村道 1702.2 千米（普宁大道 21.9 千米）。形成以市区为中心，高速公路、国道、省道为主轴，县道为基干，水泥公路延伸到各乡镇村庄的交通网络。

2. 能源。全市有变电站 500 千伏 1 座、220 千伏 4 座、110 千伏 14 座，主变总容量 457.2 万千伏安；并网小水电 131 个，总装机容量 52480 千瓦，年发电量 15571 万千瓦时；电网覆盖率达

100%。2016年全市供电量40亿千瓦时，售电37.3亿千瓦时，其中自发电占3.89%；2016年最高负荷77.2万千瓦时，最高日供电量1546万千瓦时。

3. 通信。全市有电信、移动、联通等电信公司3家，全市固定电话25.4万门，移动通信用户168.2万户，具有功能较齐全的现代化通信网络。邮政局28个，物流企业74家，快递企业19家，基本实现快递物流全区域覆盖。

4. 供水。市内有榕江、练江、隆江三大河流，还有327个蓄水工程，有效总库容1.7亿立方米。市大中型水厂4座，总制水能力日产30.5万吨，供应市区及下架山、军埠、占陇等镇。

5. 市政。市区规划建成区65.4平方千米，绿化覆盖面积1962公顷，公共绿地面积1845.3公顷，公园15座，面积261.2公顷，大小桥梁55座，排污管道519.7千米。建成庄世平博物馆、普宁广场、东埔环岛"铁山兰"城雕、普宁大道等一批标志性的城市景观。

6. 服务。普宁享有相当于地级市的经济管理权限和山区、老区、侨乡等优惠政策。行政服务日趋优良，设立市政务服务中心，金融服务功能齐全，配套有海关、出入境检验检疫等进出口检验机构，形成了洽谈、审批、引进、商务、报送、生产、运输、管理、结汇、核销一条龙服务体系。市委、市政府还制定了《关于扶持民营经济发展若干措施》《普宁市加快创新驱动发展若干政策》《普宁市引进外商生产性投资项目奖励暂行办法》《普宁市科技工业园优惠措施》等一系列鼓励发展和创新的政策措施。

第二节

革命老区情况

　　普宁市是广东省重点老区之一。老区分布广，全市现辖 28 个乡镇场街道，都是老区，老区村庄 874 个，占全市村庄数的 83％，老区人口（1995 年统计）1249240 人，占全市总人口 82.7％。全市老区耕地面积 390336 亩，山地面积 1298010 亩。

　　普宁人民勤劳勇敢，富有革命精神。五四运动后，民众日益觉醒。大革命时期，在周恩来、彭湃、杨石魂等老一辈革命家的指导下，1925 年 5 月，建立以方方为书记的中国共产主义青年团（简称"共青团"，其前身为中国社会主义青年团）普宁支部。1926 年 1 月，中共普宁县支部在洪阳塔脚南山顶上成立，领导全县人民开展轰轰烈烈的反帝反封建斗争。农民运动迅猛发展，全县农民协会（简称"农会"）会员达 10 万多人，农民自卫军（简称"农军"）达 1 万多人。1926 年 11 月，成立中共普宁县部委，下辖 8 个区委和 25 个党支部，党员达 350 多人。1927 年，为反抗国民党右派叛变革命的大屠杀，中共普宁县部委领导了声势浩大的"四二三"武装暴动，并在大坝成立普宁县临时人民政府，这是全国首个共产党领导的红色县级政权。

　　土地革命战争时期，普宁党组织和人民于 1927 年 9 月重建革命武装，举行秋收起义，迎接八一南昌起义军进入潮汕，并于 10 月掩护党中央和八一南昌起义军 20 多位领导人安全撤离战区，为中国革命作出重大贡献。随后，中共普宁县委领导全县人民举行年关暴动，成立普宁县苏维埃政府，开辟大南山革命根据地。1930 年秋，中共东江特别委员会（"特别委员会"简称"特委"）、东江军事委员会（"军事委员会"简称"军委"）、东江苏维埃政府等领导机关移驻大南山苏区，大南山革命根据地成为东江革命根据地的重要组成部分和指挥中心。彭湃、徐向前、李富春、邓发、方方、古大存等领导人在普宁的大地上留下了革命足迹，创造了光辉业绩。中国工农红军第十一军第四十七团及后续部队等革命武装在大南山坚持了 8 年艰苦卓绝、英勇顽强的斗争。普宁人民与共产党和革命队伍同甘苦共患难，不怕流血牺牲、不怕烧杀抢掠，为建立和巩固革命政权作出巨大牺牲和伟大贡献。

抗日战争时期，中共普宁党组织领导全县人民成立普宁县青年抗敌同志会（简称"青抗会"）、妇女抗敌同志会（简称"妇抗会"）、教师抗敌同志会（简称"教抗会"）、少年儿童抗敌同志会（简称"少工队"）等抗日救亡团体，掀起了群众性的抗日救亡运动高潮，成绩卓著，被称为"潮汕抗日救亡运动的摇篮"。抗战后期，党领导的潮汕人民抗日游击队在普宁南径白暮洋村成立，1945 年 6 月改称为广东人民抗日游击队韩江纵队（简称"韩纵"），1945 年 7 月 24 日成立普宁县流沙区抗日民主政府，创建了以流沙为中心的大南山抗日游击根据地，这是潮汕地区唯一一块抗日游击根据地。党领导的抗日武装团结广大爱国民众英勇杀敌，经历大小战斗 32 次，歼敌 800 余人，直至取得抗战胜利。

解放战争时期，普宁党组织为反对独裁统治，领导人民开展反"三征"（征粮、征兵、征税）斗争，成立潮汕人民抗征队第三大队，建立大南山和南阳山两块革命根据地，成为潮汕党组织建立的梅花形根据地的重要战略支点和转动点。同时组建 10 多支武装工作队（简称"武工队"）深入敌后，放手发动群众，开展游击战争，在战斗中壮大革命武装力量。1949 年 2 月成立中国人民解放军闽粤赣边纵队（简称"边纵"）第二支队第九团，英勇杀敌，直至 1949 年 10 月 12 日取得普宁全境解放。

在战争年代的峥嵘岁月里，老区人民始终和党生死与共，全力支持革命队伍和革命战争，不畏强敌，不怕牺牲，排除万难，为创建革命根据地，壮大党的力量，为中华民族的解放事业，进行了不屈不挠的斗争，为夺取革命的胜利作出了不可磨灭的贡献，在革命史上写下了壮丽的篇章。

中华人民共和国成立后，普宁市根据党中央、国务院的部署和上级布置，结合本市实际情况，在全市范围内开展评划革命老区的工作。最早于 1957 年评划土地革命战争时期的红色根据地、红色游击区，抗日战争时期的抗日根据地、抗日游击区。1989—1990 年，对原来漏评划的革命老区进行补评。1992—1993 年，开展评划解放战争时期的游击根据地。经广东省人民政府批准，全市共评定土地革命战争时期红色根据地村庄 134 个，红色游击区村庄 160 个，抗日根据地村庄 12 个，抗日游击区村庄 14 个，解放战争时期游击根据地村庄 554 个，合计全市老区村庄达 874 个，占全市村庄数的 83%。

改革开放以来，普宁老区人民在党和政府的重视和支持下，在各有关部门的扶持和帮助下，把发扬革命传统同弘扬时代精神结合起来，把发扬自力更生、艰苦奋斗的革命精神和坚持解放思想、改革开放的时代精神交融起来，以邓小平理论、"三个代表"重要思想为指导，树立和落实科学发展观，推动了老区经济社会的全面发展，老区群众的生活水平不断提高，精神文明建设不断加强，革命老区的面貌发生了显著变化。

党的十八大以来，中共普宁市委、市政府带领普宁老区人民，紧密地团结在以习近平同志为核心的党中央周围，深入学习贯彻党的十八大、十九大精神，以习近平新时代中国特色社会主义思想为指导，牢牢把握新时代社会主要矛盾，自觉践行新发展理念，按照广东省委和揭阳市委的工作部署，坚持稳中求进工作总基调，围绕"商贸名城、美好普宁"的定位，以提高发展质量和效益为中心，全力推进城市发展和产业建设，突出抓重点、补短板、强弱项，统筹推进稳增长、促改革、调结构、惠民生、防风险各项工作，打造区域次中心，全面加快普宁振兴发展。2017年，普宁市当年实现地区生产总值675亿元，规模以上工业增加值403亿元，固定资产投资461亿元，社会消费品零售总额365.3亿元，一般公共预算收入21.23亿元，税收收入14.8亿元。

普宁产业发展态势良好。规模以上企业经过技术改造改革后，产业建设进一步加强，2017年位列全国工业百强县第82位。医药、纺织服装两大支柱产业在压力挑战下积极转型升级。医药产业呈现健康、快速增长。康美药业跻身中国上市公司竞争力100强，高居全省医药类企业第一名。纺织服装产业在环保压力下，继续成为揭阳市首个千亿元产业集群，市场聚集能力强大，连续三年成功举办普宁梅花旅游文化节。电子商务迅猛发展，2017年全年成交额422.3亿元，全市拥有53个淘宝村，成为广东省最大的淘宝村集群。老区城市品质档次有效提升，成为省县级文明城市提名城市。老区社会事业全面发展，新建了一批中小学校新校舍，高考、中考再创佳绩。"文化惠民"工程扎实推进，建成4个乡镇（街道）文体广场示范点和24个村省级综合性文化服务中心示范点，八一纪念馆被命名为"全国爱国主义教育示范基地"。全市爱国主义教育基地达23个，精准扶贫、精准脱贫工作扎实推进，精准扶贫对象全市实现政策性保障兜底。18个省定贫困村创建示范工作全面铺开，全年脱贫4200人。老区各项工作取得新进展，人民生活水平显著提高，老区面貌发生翻天覆地的变化。

第二章

普宁党组织的建立和大革命时期

　　普宁是一块充满革命精神的热土，普宁人民有着光荣的革命传统。从大革命时期起至中华人民共和国成立，中共普宁党组织的活动和革命斗争从未间断。早在 1926 年 1 月，普宁就建立第一个中共党支部，是广东省建立党组织较早的地区之一。从此，普宁人民在中国共产党的领导下，同国内外敌人进行了 24 年的不屈不挠的斗争，前仆后继，英勇顽强，终于取得新民主主义革命的胜利。为此，普宁党组织和普宁人民付出了巨大的代价，先后牺牲的革命烈士达 880 人，其中共产党员 208 人。历任的 30 位县委书记中，就有 15 位为革命献出了宝贵的生命。这充分证明，普宁人民革命的胜利，的确来之不易。

第一节　普宁党组织建立的历史背景和革命基础

中共普宁党组织的建立绝非偶然，而是普宁近代社会政治经济发展的必然结果。

一、普宁党组织建立的阶级基础

普宁县位于广东省东部，受帝国主义列强的侵略和掠夺较早，从 20 世纪初期起，普宁社会属于半殖民地半封建社会。普宁人民历来深受洪阳城内以方耀及其子方十三家族为首的封建官僚地主阶级的残酷压迫和剥削，在帝国主义和封建主义的双重压迫下，广大劳苦农民日益贫困以至大批破产。县内的各级政权都为方十三家族为首的贪官污吏、土豪劣绅所把持。"山中最恶是虎狼，世上最恶方十三，横行霸道无天理，四代罪恶数不完"，"普城四门三门方，平民一字不得到公堂"，就是当时社会的真实写照。全县的可耕地，大部分集中在地主和豪绅手上，农民无力抗灾，经常歉收；军阀连年混战，政局动荡；苛捐杂税，多如牛毛；烟馆赌馆林立，盗贼四起。广大工农劳苦大众饱受欺凌盘剥，饥寒交迫，处于水深火热之中。在内忧外患交相煎迫下，工农群众和知识分子不满现实的情绪与日俱增。

二、普宁党组织建立的思想基础

普宁县接近港澳，华侨众多，是近代较早接触西方各种社会思潮的县份。俄国十月革命的胜利，为马克思主义在普宁的传播开辟了道路。五四运动前后，新文化、新思潮通过各种渠道在普宁广为传播，更促进了普宁人民思想的觉醒。在比期间，普宁的进步青年学生杨石魂、方临川、方达史、方方、伍治之等人认真学习和传播马克思主义。他们组织进步社团"洪阳集益社"和新学生社，出版刊物，举办平民学校和农村夜校，向工农群众宣传马克思主义，促进了马列主义与普宁工农运动的结合。

三、普宁党组织建立的组织基础

从 1923 年起，在彭湃领导的海陆丰农民运动的影响下，同年 12 月开始创办普宁县农民协会。1924 年国共合作实现，统一战线建立，同年 9 月正式建立普宁县农民协会。1925 年，在周恩来参与领导的两次东征取得胜利的推动下，在彭湃派出的以陈魁亚为队长的海丰农民运动宣传队的直接帮助下，普宁县的工农运动蓬勃兴起。1925 年 5 月建立了普宁县第一个共青刟支部，团员 5 人，方方任书记。全县农会会员达 1 万多人。所有这些，是普宁党组织建立和发展的社会基础和政治背景。

由于马克思主义在普宁的传播，在农民运动和两次东征的一系列革命斗争中涌现了一批优秀青年，他们参加了党组织，一批优秀共青团员也陆续转为中共党员。这时，普宁建立党组织的条件已经成熟。1926 年 1 月上旬，在洪阳塔脚的南山顶上召开会议，成立中国共产党普宁县第一个支部（有 20 多名党员）。会议选出 6 名支部委员，陈魁亚为书记，并部署党的工作任务。普宁县第一个党支部的诞生，是普宁人民政治生活中的一个重大事件。从此，普宁人民在中国共产党的领导下，开展了波澜壮阔的革命斗争。

第二节 大革命时期的革命斗争

一、组织 10 万农民围攻普宁县城

1926 年 1 月 11—15 日，为反抗以方十三为首的地主阶级的挑衅，以八乡农会会员入城卖菜遭辱骂、殴打事件为导火线，在党的领导下，爆发了有 10 万农民参加的围攻普宁县城的斗争。在彭湃的指导下，运用正确的策略和方法，经过团结一致的斗争，迫使城内地主答应惩治打人凶手、赔偿医药费和农民损失款项等条件，签订了协约，围城斗争取得胜利。2 月 6 日，彭湃代表省农会到普宁慰问农民，受到 7000 多名农会会员及 500 多名农军的夹道欢迎。在这场斗争中，普宁党组织吸收了 50 名在围城战斗中表现勇敢的农会积极分子参加党组织，壮大了党的力量。同时，在塔脚建设农民自由集市，建街道，设商店、银行，兴办学校，把塔脚建成全县农民运动的活动中心。当时有农会会员作诗歌颂道："塔脚自由市，交通真便利，货物如轮转，童叟不相欺。普城臭奸商，终日如坐禅，货物生蛛网，结得不见天。青苔满街路，行走戆戆颠，输服不输服，玩火自遭殃！"这场斗争，播誉全国，蜚声海外。毛泽东主办的第六届农民运动讲习所，把《普宁农民反抗地主斗争始末记》列为教材。连美国加利福尼亚州威也大学历史系教授罗伯特·B·马克斯也著论文，对普宁的农民斗争给予高度评价。

二、领导驱逐贪官县长熊矩的斗争

熊矩是湖南人，1926 年 3 月任普宁县县长后，与城内地主互相勾结，对抗农会，贪赃枉法，生活腐化，甚至侵吞普宁人民捐献支援北伐军的草鞋款，是普宁开展革命斗争的一大障碍。9 月 19 日，党组织领导全县 4.5 万多名农民及各界人士，在大坝葫芦地村旗北虎广场召开"驱熊大会"，彻底清算这个贪官县长的十大罪行，并选派代表赴省、市控告熊矩的罪行。熊矩慑于群众声威，畏罪潜逃。省政府也下令撤销他的职务，"驱熊斗争"取得胜利。

三、发动农民开展"二五"减租斗争

1926 年全县晚造因虫害歉收。县党组织根据上级指示和农民的迫切要求，决定带领全县农民开展"二五"减租运动。经过全县农会会员团结一致的斗争，"二五"减租取得胜利。农会会员获得增加粮食、改善生活的实惠。广大农民更加踊跃参加农会。全县当时 30 多万人口，参加农会的有 10 万多人，组织农军 1 万多人，成立了以何石（何玉山）为大队长的普宁县农民自卫军基干大队（200 多人）。全县农村出现了"一切权力归农会"的喜人政治局面。当时有农民作诗道："叹思起，当初时，塔脚农会有架势，大家团结擎红旗。打倒贪官共豪劣，乜事由俺来主意，抗租抗债又抗税，称心快意过日子。地主虽然心唔愿，农会有势欲怎呢？"普宁党组织在斗争中发展壮大，至 1926 年 11 月，全县已建立党支部 25 个，有党员 350 多人。中共汕头地委批准成立中共普宁部委，部委书记陈魁亚。

四、举行"四二三"武装暴动

1927 年，蒋介石在上海发动四一二反革命政变。潮汕地区的国民党右派也发动"四一五"反革命政变，疯狂围捕和屠杀共产党员和工农革命群众。中共普宁部委根据广东区委的指示，带领全县人民奋起抗击。在李芳歧（李运昌）、林苏、杨石魂、陈魁亚、何石等 7 人组成的军事委员会指挥下，于 4 月 23 日在塔脚举行声势浩大的武装暴动，组织 4000 多名农军围攻普宁县城，给城内反动地主武装以沉重的打击。同时，在大坝九江村陈氏祖祠成立普宁县临时人民政府，由国民党左派李志前任县长，这是中国共产党领导下成立的全国第一个红色革命政权。县政府成立后，即发出"讨蒋宣言"，通电全国，并制定公布"减租减息、废除苛捐杂税"等施政纲领。4 月 26 日，汕头警备司令部司令何辑五派一个营军队分三路增援普城敌人。其中广太一路敌军连长尤振国带 117 人，被县农军大队和八乡民众围歼于平径山，开创了大革命时期农军以低劣武器全歼装备精良的国民党正规军一个连的辉煌战例，这在全国农民运动史上也是首例。从贵屿、棉湖而来的两路敌军也被农军击溃败退。后因敌人不断增派援兵，敌我力量悬殊，县农会驻地塔脚于 5 月 5 日失陷，八乡革命乡村也遭受敌军多次烧杀摧残。5 月 13 日，参加普宁"四二三"暴动的农军和主要领导人撤往陆丰县新田区，与海陆丰农军会合，组成惠潮梅农工救党军，农军在北上的转战中遭到失败。

第三章

土地革命战争时期

    1927 年 9 月，普宁党组织重建革命武装，举行秋收起义，接应八一南昌起义军进入潮汕。10 月，掩护党中央和八一南昌起义军 20 多位领导人撤离普宁，为中国革命作出重大贡献。接着，领导年关暴动，成立普宁县苏维埃政府，开辟大南山革命根据地。1930 年秋中共东江特委、东江军委、东江苏维埃政府等领导机关，移驻大南山区。在普宁留下革命足迹的有彭湃、徐向前、李富春、邓发、方方、古大存等领导人。

第一节 策应南昌起义军进抵普宁的斗争

一、召开三都会议和扫清障碍

1927 年 8 月 1 日，根据中共中央的决定，在以周恩来为书记的中共前敌委员会和贺龙、叶挺、朱德、刘伯承等领导下，党所掌握和影响的国民革命军第二方面军第二十军、第十一军第二十四师、第四军第二十五师和第三军军官教导团及南昌市公安局部分警察共 2 万余人，在南昌举行武装起义。经过 4 个多小时的激烈战斗，全歼守敌 3000 余人，占领了南昌。这次起义打响了武装反抗国民党反动派的第一枪，开始了中国共产党独立领导革命武装斗争和创建人民革命军队的新时期。

南昌起义胜利的消息传来后，普宁党组织的同志和广大农民群众受到极大的鼓舞。8 月下旬，中共东江特委委员杨石魂来到普宁，在三都书院召开干部会议，参加会议的有坚持隐蔽在普宁活动的县、区党组织和农会领导骨干共 20 多人。会议根据张清典（张中耕）从香港带回来的中共广东省委指示精神，部署重建农民武装，恢复农会，打击反动势力，扫清障碍，举行秋收起义，迎接八一南昌起义军的到来。会后，杨石魂在流沙平湖村设立办事处，并奔走于普宁、揭阳两县之间，开展联系和准备迎接起义军的工作。

三都会议后，普宁党组织领导人方家悟、农军基干大队大队长何石等人根据会议部署，调集各区农民武装 300 多人，驻扎于流沙白塔秦祠，并频繁地开展攻敌警察署、肃杀区、乡反动派的活动，全县的农民武装斗争迅猛地开展起来。

8 月 31 日，普宁农民武装在党的领导下，会司潮阳农民武装攻下潮阳县城，歼敌一部，释放被囚在监狱中的革命群众。后因汕头警备司令部司令何辑五派兵反扑而主动撤离。此仗虽未获全胜，但却鼓舞了两县农民的革命斗志，扩大了农民武装的影响。9 月 2 日，方家悟、何石和卢世光率农军 100 多人攻陷大坝区署和警署，击毙录事方思周和警官 3 人，区长林巧春仓皇逃命。同时，横溪区（五区）区员潘伟公（县长陈逸川之妻舅）乘轿往县城洪阳，行至大坝铁山洋时，也被农军击毙。此举吓得流沙区区长庄彩成弃职潜逃。9 月 3 日，何石带领农军短枪队 20 多人，在地下党组织的配合下，到多年山抓十八乡乡长陈厚爵，并押至水供塘枪决。9 月，原四区党组织领导人杨振世在四区、七区各村恢复农会，重新组织各村农军队伍，经过充分地动员、准备，在县农军的密切配合下，一举攻下贵屿区署。根据群众的要求，惩办几名罪大恶极的土豪劣绅，镇压反共头子陈再余，没收其财产，同时收缴当地地主武装的枪支。这些出击行动，沉重地打击了敌人的反动气焰。

二、举行秋收起义和攻克普宁县城

1927 年 9 月 23—24 日，南昌起义军先后占领潮州和汕头，并建立汕头市革命委员会，史称"潮汕七日红"。

当起义军进驻汕头时，普宁党组织领导人方家悟和何石等人即乘此大好形势，指挥县农军进驻大坝、塔脚等地，并调集各乡农民武装，准备举行武装起义和围攻县城。为了保证起义和攻城的胜利，杨石魂亲自到揭阳县与起义军联系，请求派兵支援。起义军叶挺部应求派一个营300多人到普宁助战。

9月28日，开始举行武装起义，普宁各区、乡农军1000多人，在起义军一个营的援助下，发起围攻县城洪阳的战斗。城内方十三的地主武装一个大队400多人，依靠城墙工事和炮楼负隅顽抗，起义军有7个战士在攻城战斗中英勇牺牲。参战的起义军纪律好、枪法准、战斗力强，城内地主武装遭沉重打击，被击毙20多人。在起义军和农军的攻击下，敌不支而竖白旗投降，县城被攻克。当天下午4时，城内地主方面派员与起义军和农军讲和。结果，敌缴枪100多支，筹纳白银1.35万元及部分黄金，战斗结束。

起义军和农军进城后，当即破开监狱，释放无辜被押群众。9月29日，起义军奉命调回揭阳，参加迎击敌军的战斗。县农军回到流沙白塔秦祠。普宁农军在起义军援助下，取得秋收起义和攻克县城的胜利，沉重地打击了国民党和地主武装的反动气焰，推动全县农民运动和武装斗争的恢复与发展，使全县农民在经历了一系列的严重挫折后，在黑暗中看到了高高举起的火炬，感觉到武装斗争的威力。

三、流沙会议的召开及其作用

9月30日，起义军主力于汾水战役失利后，各部分别撤离揭阳、潮州、汕头等地，从揭阳炮台渡榕江，经潮阳关埠、贵屿，向普宁流沙方向转移。普宁党组织领导人方家悟和何石、黄光成、张清典等人，根据上级指示，在流沙白塔秦祠、流沙教堂、珍珠娘宫等处设立接待点，并布置沿途各村农会热情做好起义军接待工作。

10月2—3日，起义军陆续抵达流沙。普宁沿途各村农会闻讯立即行动，发动农户煮茶做饭，挑到大路边供应起义军。部队买卖公平、待人和蔼、纪律严明，给群众留下很好的印象，与反动军队到处烧、杀、抢、掠和奸淫妇女形成鲜明对照，广大群众称赞说："贺叶军有纪律，爱人民，这才是我们自己的队伍。"

鉴于起义军在军事上处于极端险恶的情势，10月3日中午，前敌委员会书记周恩来抱病在流沙教堂西侧厅主持召开南下部队指挥部军事决策会议。同时，在平湖村黄光成读书楼召开会议，具体部署护送领导同志撤离战区工作。

参加流沙会议的人员有：周恩来、李立三、恽代英、彭湃、谭平山、张国焘、贺龙、叶挺、刘伯承、聂荣臻、郭沫若、吴玉章、林伯渠、张曙时、徐特立、廖乾五、贺昌、杨石魂等。

会议传达了中共中央八七会议的精神，从政治上和军事上总结南昌起义失败的经验教训，作出取消国民党的旗号，上山挂红旗，把武装人员撤往海陆丰，使武装斗争与土地革命结合起来，准备作长期斗争；领导人员撤离战区转香港、上海另行分配工作等重大决策。会议在军事方面研究了部队撤退的路线和行动计划，并对护送领导同志撤离战区的工作作了具体部署。

流沙会议是起义军在军事上处于险恶的情况下召开的。这次会议初步总结南昌起义失败的经验教训，并作出适合当时情况的决策，保留了一批革命领导干部和部分武装力量，为以后全局的斗争、为东江地区各县苏维埃政权及大南山革命根据地的建立创造了有利的条件。流沙会议后，南昌起义的革命火种撒遍全国，燃起农村革命武装斗争的熊熊烈火，正如郭沫若为普宁八一纪念馆所题诗句："当年烽炬传千里，从此风雷遍九陔。"

四、莲花山战斗

10月3日，流沙会议开至当天下午4时许，突然接到敌军前来袭击的情报。会议立即结束，各位领导干部分头从流沙出发，向海陆丰方向撤退。先头部队贺龙的第二十军第一、第二师越过云落，跟进的领导机关和后卫部队叶挺的第十一军第二十四师行至离流沙3.5千米的池尾钟潭村后莲花山时，遭到由果陇村庄大泉地主民团所带引的敌东路军陈济棠部第十一师、徐景唐部第十三师的阻击，起义军领导机关和后卫部队被压在一个四面皆山的盆地里。周恩来正发着高烧，在这危急关头，仍坚持与叶挺一起指挥部队作战，令二十四师各团迅速向前展开，抢占正面和两侧制高点，掩护首脑机关突围。双方激战至黄昏。由于天黑，起义军与地方党组织失去联系，加上后卫部队与先头部队失去联络，队伍出现混乱。二十四师撤下来的部队和革命委员会领导机关的人混在一起，一个建制完整的部队也找不到，想调挺机关枪都没有办法，有了枪管又找不到枪架。结果，后卫部队除部分冲出敌阻击线外，大部分溃散了。

10月下旬，撤至海陆丰的起义军二十四师和十一军余部1000多人会合当地的农民武装，改编为工农革命军第二师（红二师），师长董朗，师党代表颜昌颐。工农革命军第二师是东江地区中国共产党领导的第一支正规部队，它的成立大大增强了东江地区的革命武装力量。

五、掩护起义军主要领导人安全转移

流沙会议后至10月中旬，普宁党组织按照原部署，派党员和农会干部当向导，护送党中央和起义军领导同志安全撤离战区。

周恩来抱病指挥部队反击敌军阻击，进行大量复杂、细致的组织工作，处理有关善后事宜。然后与叶挺和聂荣臻一起，在中共东江特委委员杨石魂、普宁县妇女会领导人杨德秀的帮助下，转移到离流沙4千米的马栅村黄伟卿家，接着由杨石魂护送，经惠来转移至陆丰县南塘区金厢乡。区委书记黄秀文找来医生为周

恩来治病。10月下旬，杨石魂护送周恩来等3位领导人安全转移到香港。贺龙、林伯渠、刘伯承、恽代英、李立三和谭平山等在县党组织负责人之一黄昌业护送下，顺利到达陆丰县甲子镇。郭沫若等4人于战斗中与队伍失散后，由普宁县劳动童子团团长黄寿山带引到咸寮村农会主席陈开仪家隐蔽。陈开仪及其儿子为郭沫若等人站岗放哨、送茶送饭。几天后，陈开仪和方家悟、黄寿山等人护送郭沫若等人到惠来县神泉。这些领导人到达海边港口后，在陆丰、惠来等县党组织协助下，分别乘船出海，安全抵达香港，各自踏上新的革命征途。这二三十位领导人，都是中国革命的领袖人物，在万分危急的关头，得到普宁党组织派员掩护照顾，都安全脱险了。这是普宁党组织的一大历史功绩。后来聂荣臻和郭沫若在其所写的回忆录中，都高度赞扬普宁党组织和干部的出色工作。

六、救护和掩护起义军伤病员

流沙会议后，普宁党组织在护送起义军主要领导人安全转移的同时，分工何石负责处置起义军在莲花山战斗中流散的人员和收集失落的武器，做好各方面的善后工作。对那些在战斗中牺牲的起义军战士，普宁党组织筹资买棺木，组织农会会员进行掩埋。对被冲散的革命士兵，则进行联络掩护，并帮助他们乔装打扮，或帮助他们到海陆丰找工农革命军，或资助回家。对伤病员则组织及时救护和掩护，把他们安排到革命基础好的洪阳八乡一带和大南山革命乡村里进行治疗。其中有的伤愈后，参加了普宁的武装斗争，成为普宁地方工农武装的骨干力量。比如，留法学生、贺龙部队炮兵连连长邓宝珍，在战斗中受伤后，留在洪阳的宝镜院村治疗。伤愈后，于1927年12月任普宁工农革命军第六团队参谋长，以后又到大南山三坑任军事训练班的教官。他带领农民武装开展年关暴动，1928 年 4 月 6 日，在团队配合红二师攻打陇头反动据点的战斗中，身先士卒，冲锋在前，不幸中弹，英勇牺牲。他为地方武装的建设和斗争作出重要的贡献。又如，贺龙部的共产党员、绘图师贺志中负伤后，在大南山红军医院就医，恢复健康后留医院工作，成为医院的领导骨干和精通业务的军医。他在大南山根据地坚持艰苦卓绝的反"围剿"斗争。有一次，红军医院的伤病员隐蔽在山中石洞里，被敌人围困了五六天，医护人员和伤病员的粮食中断了，只喝泉水充饥。在艰难危急的日子里，贺志中仍很乐观，谈笑如常，鼓励战友坚持革命斗争。1935 年 6 月中旬，他在鸡心山被俘押往惠城，在狱中坚贞不屈，慷慨就义。两位起义军干部、共产党员的光辉形象，深深地印刻在潮普惠三县革命干部和人民的心中，成为鼓舞人民坚持斗争的强大精神力量。

举行年关暴动和建立普宁县苏维埃政府

一、中共普宁县委的成立

1927 年 8 月 20 日，中共广东省委根据中央八七会议"坚决纠正以陈独秀为代表的右倾投降主义，确定实行土地革命和武装反抗国民党反动派的总方针，并把发动农民举行秋收起义作为当前党的主要任务"的精神，制订了广东各市、县的暴动计划。10 月下旬，中共东江特委为贯彻省委的指示，领导工农革命军第二师与海陆丰两县的农民武装，举行武装起义，攻占了海陆丰县城。11 月 8 日，中共中央委员彭湃由香港回海陆丰主持东江特委的工作。13 日及 18 日，海丰、陆丰两县先后召开工农兵代表大会，选举产生两县苏维埃政府。海陆丰苏维埃政权的建立，为人民群众指明革命斗争的方向，给东江各地、给普宁人民以巨大的鼓舞。

普宁党组织的领导人方家悟，在护送郭沫若等领导人安全抵港后，百般设法与广东省委取得联系。他和杨石魂、方方等人参加了省委组织的学习，认真总结前段革命斗争的经验教训。10 月末，按照省委决定，他回县继续领导普宁人民的革命斗争。11 月初，方家悟召集县和各区革命骨干 20 多人，在大坝渔庄湖村秦君平家开会，分析了当时全县的形势，决定成立全县党的临时领导机构，并划片分工，负责领导各区工作。方家悟、卢世光和秦君平等人为主负责一区、六区、八区、九区，何石、张清典和黄光成等人为主负责二区、四区、五区，着手在各区、乡恢复农会活动和重建农军队伍。

11 月中旬，中共东江特委书记彭湃派陈魁亚带领彭奕、陈宇任、陈颂、林景光、黄茂祥等一批原农民运动宣传队的同志从海丰来到普宁工作，建立中共普宁县委员会，由陈魁亚任县委书记，组织部部长彭奕，宣传部部长张清典，秘书方家悟，委员有何石、吴棣伍、翁时光等，县委会设址于洪阳的宝镜院村。各区还设立党的特派员。同时，在工农武装队伍和工农群众中发展新党员，建立健全党的各级组织机构。全县 9 个区，除第七区（贵屿区）外，都建立了区委会。经过党员骨干深入细致的工作，全县党的组织有了较快发展。县农会也恢复活动，重建机构，办公地点仍在塔脚。在中共普宁县委的领导下，各级农会开展抗租、抗税、抗债和镇压反革命分子的斗争。

二、广东工农革命军东路军第六团队的成立

1927 年 10 月 15 日，中共中央南方局、广东省委在香港召开联席会议，会上省委书记张太雷作《"八一"事件之经过、失败原因及其出路》的报告。会议通过了《最近工作纲领》，该纲领指出：广东土地革命运动仍是高涨，暴动的计划应继续实现，现在的暴动不应停止，而应努力扩大。同时决定：国民革命军之名义立即废除，以后军队及全省工农讨逆军一律改称工农革命军，一律废除青天白日旗，改用红旗以斧、镰为标志，扩大土地革命与建立工农兵政权的宣传等 10 项行动计划。

八一南昌起义军失败后，普宁县的封建地主阶级由于有陈济棠部分反动军队的助战，对农会猖狂进攻。从 10 月 19 日至 11 月 1 日，城内方姓地主集团对附城八乡等革命乡村发动了 3 次进攻，疯狂进行烧杀抢掠。以后随着革命力量逐步恢复、壮大，他们又

采取软化的办法，城内封建地主首脑方廷肌（方八），于广太召集一区、八区豪绅、地主开秘密会议，抬出地方、宗族主义的招牌，欺骗农民与其和好，并挑拨农民不要再受"海丰仔"的领导，企图分裂、破坏党和农会的领导，破坏革命队伍的团结，以达到不战而胜的可鄙目的。

县委为了粉碎敌人的破坏阴谋，扫除恢复农会和进行抗租、抗税、抗债斗争的障碍，于 11 月 28 日由何石带领县工农武装队伍到八乡处决了一批参与此次活动的反动士绅、反革命分子，包括宝镜院的张日升、厚田的蔡协兴（蔡阿升）、杯惠山的高蓬来、雨堂的黄乐永等。在此前后，还镇压了一批在四一二反革命政变以后猖狂破坏革命的敌对分子。12 月初，在县、区武装队伍协助下，各区、乡农会发起查封地主阶级高利盘剥的工具——当铺，和破大地主的谷仓、分其粮食的行动，发动农民持单据无条件赎回被典当的物资，帮助农民解决生活和生产上的困难，激发了群众斗争的情绪。

反动县长丁拱北为维护地主阶级的利益，勾结国民党军阀对农会进行反扑。12 月 7 日，军阀余汉谋部第十一师第二营彭林生200 余人，在叛徒刘麟甫的带引下，从揭阳经官芒径到普宁围攻驻宝镜院的普宁县委领导机关。8 日，驻流沙白塔秦祠农军大队闻讯，大队长何石即带领几百名农军出发增援，行至大坝后，接宝镜院县委领导已安全脱险的消息，遂决定取道四岭头回师流沙。当农军路过鸡笼山、四岭头时，遭到果陇庄大泉地主武装的袭击，他们猖狂地向农军开枪射击。农军派人前去联系说明情况，劝说他们不要进攻，但他们仍不听劝阻，继续开枪。农军被迫反击，在大坝区党组织的配合下，激战至下午 4 时，庄大泉地主武装不支败退，农军乘胜追击至果陇大寨娘宫边，后挥师回流沙。"一打果陇"获胜。

事后，县武装大队为了不多树敌，暂时向大南山一带转移。在海陆丰起义及广州起义的影响下，普宁县委根据广东省委、东江特委的指示，决定紧接秋收斗争之后，在全县进行大规模的年关斗争，广泛发动群众开展土地革命，建立苏维埃政权。为此，按照省委关于各地工农武装一律改称工农革命军的指示，于12月中旬，以大南山武装队为基础，会集各区农民武装共300多人，在流沙白塔秦祠成立了广东工农革命军东路军第六团队，团长何石，参谋长邓宝珍。各区、乡同时建立了常备或不脱产的赤卫队，革命武装日益壮大。12月28日，县农会领导机构移驻流沙。县委指示各区委和支部及各区、乡农会为实行武装暴动、夺取政权做好各项准备工作。

1928年1月3日，为拔除果陇这个反动据点，县委决定以第六团队为主，会合一区、二区、九区赤卫队，各乡"尖串队"共5000多人，除屯兵陂乌，准备伏击城内援敌外，大部兵力分南、北、西三路围攻果陇。农民赤卫队于3日上午6时开始攻击，经过一个小时鏖战，农军攻陷了果陇周围的5个小乡村，直迫果陇大寨。战斗至10时许，风雨大作，天气严寒，各乡"尖串队"队员自行离去，致使主力孤军深入，被敌围击，南路总指挥何开云（县委委员、第一连连长）及北路总指挥周犹虎均在激战中阵亡。此战虽毙敌10人以上，但农军也死10人，伤数人，失枪数支，革命乡村马厝宅被敌烧毁房屋10间。"二打果陇"失利。

三、掀起年关武装暴动的高潮

"年关"是指春节前这段时间，地主豪绅催租逼债，准备欢度春节，而贫苦农民却在高租重债重压下，难度年关。

1927年12月下旬，中共东江特委根据广东省委指示，通令各县举行年关暴动。普宁县委根据上级指示和本县情况，制订了年关暴动计划，决定从 1927 年 12 月 30 日至 1928 年 1 月 2 日，一连 3 天为农民暴动日，举行全县总暴动。县委对武装暴动提出三条策略原则：（1）先肃清统治力量薄弱乡村的反动势力，对封建统治力量较大的乡、村（如果陇乡及县城等），群众有要求则进攻，否则置之；（2）对于经过训练、善于作战的反动军队，避免与之正面作战，只向其骚扰或袭击，但少数敌兵下乡捕人、摧残群众时，应尽力抵抗回击；（3）暴动必须绝对群众化，积极发动群众参与斗争。同时，要求各区在暴动中必须做到：镇压反动恶霸分子，没收反动分子财产，领导农民烧田契、租簿、债券及掘田塍，为分配土地做好准备工作。

从 12 月 30 日起，在县委的领导下，全县人民掀起年关暴动的第一个高潮。为了实行土地革命、夺取政权，成千上万的农民群众在县工农革命军第六团队和区、乡赤卫队的配合下，提筐挑箩，组成雄赳赳的革命队伍，如汹涌澎湃的潮水般冲进官僚、地主的门第，处决了一批反动地主分子，没收了他们压榨农民血汗所掠夺的财物，焚毁了迫使贫穷农民卖身和绝命的田契、租簿、债券。革命的风暴席卷了全县。

这次总暴动，据二区、五区、八区、九区的不完全统计，在 3 天中参加的群众有 2 万多人，镇压反动地主、恶霸分子 200 多人，没收其财物数千担（1 担 = 50 千克，下同）。各乡农民自行暴动直接分去的粮食、浮财则不计其数。

1928 年 1 月 31 日，工农革命军第四师（红四师）第十一团 300 多人，在师长叶镛和参谋长徐向前的率领下进抵普宁赤水村，协助普宁开展年关暴动。当天晚上，叶镛、徐向前等出席了普宁县委召开的紧急会议。会上，县委书记陈魁亚介绍了普宁当时的斗争情况，普宁反动势力除县城外，大都集中在果陇、桥柱、埠塘、和尚寮和陇头等处，而以果陇为甚。会议决定部队先攻打果陇地主武装。

2月1日清晨，红四师第十一团和由何石、许光镐率领的县工农革命军第六团队从流沙出发，经华市、新寮、乌石、泥沟，包围了果陇乡。另一路由第十一团一部及农军袭击横溪，以牵制陇头、埔塘等民团援果陇之敌；二区、九区农民赤卫队则集结在鸡笼山、乌墩洋等处，以为声援。上午8时发起"三打果陇"的战斗。经过3天的激战，击毙了敌指挥庄启照，击退了洋夏、溪南、安仁等乡前来增援的地主武装，使果陇守敌孤立无援，技穷弹尽，据点被破。反动头子庄大泉等人混入群众中，从鸡笼山方向逃往埔塘"土山皇帝"陈益斋处避难。至3日中午，残敌突围逃命，果陇这个反动据点为工农革命军攻克，捕获了50多个反动分子。"三打果陇"获胜。下午2时许，工农革命军在万众欢腾、英歌鼓乐夹道欢迎声中，班师回赤水村。与此同时，攻打横溪的红四师第十一团一部及农军也攻入村内，缴枪200余支。

在攻打果陇战斗中，红四师第十一团伤亡20多人。但在回赤水村后，陈魁亚和普宁县委为了缴枪，决定部队再去进攻和尚寮地主武装。部队不顾疲劳，于2月5日深夜奔袭和尚寮，6日在各区参战民众数千人配合下，攻陷和尚寮据点。2月5日夜，庄大泉带地主武装百余人，乘工农革命军攻打和尚寮之机，赶到赤水村劫营，将被俘的反动分子救走。

2月8日，彭湃带红四师第十二团一部200多人到赤水村，严肃批评陈魁亚和普宁县委在军事指挥上的失误，并派人改组了普宁县委，陈魁亚调任潮普惠三县暴动委员会常委，县委书记由彭奕接任。

工农革命军攻下果陇后，军阀陈铭枢第十一军新编第十一师先后调七十六（颜鼎臣）、七十七（向卓然）两个团到普宁进行反扑，驻于桥柱、埔塘、陇头等地。从2月6日至4月6日两个月中，工农革命军连续攻打了横溪、陇头、桥柱、埠塘等反动据点，消灭敌军和地主武装 400 多人，但红四师第十一团及地方工农武装损失也很大，伤亡 300 多人。县工农革命军第六团队参谋长邓宝珍于 4 月 6 日在攻打陇头的战斗中壮烈牺牲。

四、普宁县苏维埃政府的成立及其斗争

1928 年 1 月 27 日，中共广东省委在《关于潮梅暴动工作计划》中指出："在暴动已经扩大，农民已占有广大乡村的地方，如普宁、潮阳等应即刻成立乡、区和县苏维埃政府，极严厉地肃清占领区域内的一切豪绅地主……实行土地革命……"普宁县委根据这一精神，在取得年关暴动胜利的基础上，于 2 月上旬，在大南山陂沟村召开普宁县党团联席会议，决定成立县苏维埃政府，实行土地革命和发展党团组织。

在东江特委书记彭湃的指导下，经过筹备，2 月 13 日在陂沟村振声学校召开有 300 多名代表参加的普宁县第一次工农兵代表大会，选举产生普宁县苏维埃政府执行委员会（简称"执委会"），主席陈开仪，执行委员（简称"执委"）有陈开仪、傅尚刚、黄阿兴、张文忠、陈大兴、田清舜、谭玉泉等。县苏维埃政府下设军事、教育、财政等委员会和秘书处、庶务处、侦探部等，开展各方面工作，设址于什石洋村辉祖祠办公。为了加强党的领导，在县苏维埃政府中设立中共特别支部（简称"特支"），吴棣伍为书记，周克光、黄光成为支部委员。还建立了一支 100 多人的武装队伍——普宁县模范赤卫队，负责保卫县苏维埃政府和指导各区、乡赤卫队开展武装活动。

普宁县苏维埃政府成立后，领导各区、乡建立苏维埃政府，全县有 7 个区成立了区苏维埃政府。县委和县苏维埃政府继续发动农民收回当铺典物，收集地主的田契、债券，掘田塍、分田地，

实行土地革命，在全县范围内对反动的官僚、豪绅地主进行惩罚及没收其财产。

4月7日后，敌第七军第六师黄旭初率3000多人由里湖、棉湖及惠来盐岭进驻普宁二区四十股、湖心洋、钟潭等乡村，敌第五军徐景唐（粤东路"绥靖"处处长）率上千敌军驻扎二区流沙、新坛一带，向潮普惠苏区"围剿"。红二师、红四师和普宁革命武装先后在潮阳及惠来盐岭等地与敌军战斗，遭到严重损失。因敌人力量过大，普宁党政军领导机关不得不依次由石头圩、陂沟、什石洋撤到灰寨、益岭，然后又退入三坑、锡坑、樟树坪等山区与敌周旋。平原的革命乡村又遭敌军多次"围剿"烧杀。5月，杨振世率四区、七区赤卫队撤至潮普揭边的徐厝寮、宫山一带的山区坚持斗争，9月20日在突围战斗中，因弹尽被捕，10月在潮阳沙陇遭敌杀害。至1928年8月，由于敌军搜山、放火、杀害群众，革命处境日趋艰难，县苏维埃被迫中止了活动。

五、农民武装队伍坚持艰难的斗争

当农民运动发展到土地革命和夺取政权时，便导致阶级斗争的激化。普宁的地主阶级当权派，为了维护其反动统治，于1927年底至1928年先后组建了保安队、治安队等反动武装，以对抗革命武装、洗劫赤色乡村。国民党广东当局也先后调集1万多人的军队，镇压潮普惠三县人民的革命斗争，仅普宁就驻有军阀徐景唐部的曾友仁、洪世扬两个团的兵力，还有李绍金的县警卫大队、各区联团总局指挥的乡民团和县自治会等。在这些反动机构、反动武装的高压下，白色恐怖笼罩了普宁的每个乡村。在敌强我弱的严峻形势下，平原的革命据点先后丧失，县委领导机关及武装队伍不得不逐步向山区转移。由于敌人的连续"围剿"，从1928年4—10月，普宁县委书记彭奕、县委委员兼共青团县委书记翁时光、二区区委书记陈宇任、县妇女运动领导人杨德秀等一批党的领导干部先后牺牲，农会干部被捉杀的也很多，革命乡村房屋多次被焚烧，群众斗争情绪逐步低落，逃往南洋者日多。平原乡村党的工作处于秘密状态。9月底，驻大南山羊公坑的东江特委机关遭敌围攻，彭湃突围脱险。

这时，普宁县委根据东江特委"要改变以前斗争方式，应分散到乡村中间开展群众工作"的指示精神，分析了斗争形势，决定由何石等带领部分武装留在大南山区打游击，继任县委书记方家悟和县委委员杨少岳等下平原，潜伏到六区棉湖（现属揭西县）六乡仔一带活动。方家悟虽身患疟疾，身体十分瘦弱，但仍日夜操劳。由于他的努力工作，终于组成一支11人的短枪队，在那里坚持隐蔽斗争。11月，方家悟因抱病操劳，缺食乏医，不幸在大坝上村殉职。他临终的最后一刻，还念念不忘党的事业，鼓励杨少岳等同志要"坚持下去，为未竟事业而不屈斗争"。方家悟病逝后，普宁县委书记由杨少岳接任。

普宁党组织和农民武装认真贯彻广东省委的指示，在严酷的斗争中度过了1928年的冬天和1929年春。党组织耐心而艰苦地接近群众、宣传教育群众，坚持领导各种形式的斗争，一点一滴地扩大党的影响，积蓄力量，逐步恢复和发展革命工作。

第三节 大南山革命根据地的建立及斗争

一、大南山的概况与苏区的开辟

（一）大南山的地理条件及社会状况

大南山地处潮阳、普宁、惠来三县交界，是莲花山系南阳山的延续，东西走向，地形椭圆，东西长 50 多千米，南北宽 30 多千米，面积约 1500 平方千米。西北高峻，连接南阳山，沟通大北山，东南丘陵起伏，濒临南海，境内峰峦重叠，山势险峻，主峰望天石海拔 900 多米，周围密林山洞，星罗棋布，岩洞深幽，有可容数百人之"老虎祠堂"，也有洞口瀑布如帘、洞内石头如马牙一样尖利的马牙槽石洞。山路蜿蜒，崎岖难行。这些山、峰、林、洞，利于隐蔽，易守难攻。境内有林招、迭石、潘岱、大溪坝、林樟、三坑等百余乡村，5 万多人口。三县地界交错，人民交往频繁，关系密切，有利于坚持长期斗争。

由于大南山地势险峻，岩洞密布，是坚持武装斗争的天然掩蔽体，又濒临南海，接近香港，便于接受设在香港的中共中央南方局和广东省委的领导；大南山群众基础好，大革命时期曾经建立党的组织和农会，有一批产生于农民运动的骨干力量；周围各乡村有足够给养的经济力，便于部队筹款筹粮，是实行工农武装割据和建立革命根据地的较好之地。因此，1928—1935 年，中共东江特委曾先后两度设在这里的村落，领导整个粤东地区轰轰烈烈的革命斗争。

（二）党对大南山苏区的开辟

早在 1927 年四一二政变后的革命低潮期间，普宁党组织及农军领导人何石就曾带领一支 10 多人的农民武装队伍，活动在大南山的头寮、二寮、伯公坳等地。1927 年底至 1928 年初，普宁农民武装暴动发展到土地革命和夺取政权阶段，地主阶级先后组织保安队、治安队等反动武装与革命武装相对抗，洗劫赤色乡村，还配合国民党反动军队向革命据点进攻。在敌强我弱的严峻局势下，普宁县平原革命据点先后丧失，党的领导机关及武装队伍为保存力量，不得不向山区转移。在革命实践中，普宁县委逐步认识到建设山区革命根据地的重要性，深感革命队伍应该有所依托，因此决定成立后方委员会，由何石带领一批干部进驻三坑村，着手大南山西部的开辟工作。

后方委员会在何石的领导下，经过艰苦扎实的工作，建立了修械厂、医疗所及犯人拘留所等，有步骤地进行着工农武装队伍的后勤建设。同时，在一些乡村建立和健全农会，组织赤卫队和"尖串队"，发动群众进行抗租、抗债、抗税的斗争，并注意在斗争中发现和培养骨干，吸收党员，建立党的组织，还举办军事训练班，由何源达（黄埔军校毕业生）和邓宝珍（原八一南昌起义军干部）任教官，轮训各乡村赤卫队骨干，为大南山根据地的创建准备了条件。与此同时，惠来县党的领导人方风巢和潮阳县党的领导人林国英、陈开芹等，也先后带领革命武装进入大南山区活动，共同开辟潮普惠（即大南山）苏区。从此，揭开了大南山历史新的一页，持续了 8 年的斗争，谱写出可歌可泣的革命斗争诗篇。

（三）工农红军第六军第十六师第四十七团的建立

1929 年 7 月，普宁县委书记杨少岳他调，由张家骥接任。9

月，张家骥调东江特委工作，县委书记由方方继任，组织部部长李崇三，宣传部部长彭承泽，常委有傅尚刚、何石等。县委领导机关的健全和领导力量的增强，更好地推动了全县革命斗争的深入发展。

继夏收抗租斗争后又开展了秋收斗争。在斗争中，党的各级组织逐步得到较大的恢复和发展。至 1929 年 7 月，全县建立了 9 个区委会和 50 个党支部，党员达 520 人。共青团普宁县委下辖 2 个团区委会和 20 多个团支部，团员 200 多人。

随着东江革命斗争形势的迅速发展，中共东江特委为了进一步贯彻中国共产党第六次全国代表大会（简称"六大"）和省委第二次扩大会议精神，于 1929 年 6 月 18 日至 7 月初，在丰顺县黄石示召开东江第二次党的代表大会。普宁县党、团负责人参加了大会。大会根据东江革命力量在严重的白色恐怖下刚开始复兴，反动势力仍超过革命力量的形势，确定了党在目前的总路线是："扩大党的政治宣传，加紧日常斗争的鼓动与指导，争取广大的群众。"确定了必须大力发展党的组织，提高党员的政治水平和工作能力，实行正确的宣传工作路线。大会在军事上提出要在发动群众开展日常斗争中，不断进行赤卫队和红军的组织工作，同时还要做好国民党军队中的士兵工作。确定了"争取广大群众，准备武装暴动"是党目前的中心任务。

东江党代表大会决议的贯彻，不但促进了普宁与潮阳、惠来三县群众斗争与党组织的发展，而且使革命武装队伍逐步壮大。

1929 年 7 月中旬，在夏收抗租斗争取得节节胜利，大南山根据地建设向前推进，赤色区域有了恢复和发展的基础上，潮普惠三县原来的工农革命军 3 个团队和部分县、区常备赤卫队联合，在大南山林者世村集中编队后，于大南山的林招正式成立工农红军第六军第十六师第四十七团（军部、师部无成立）。团长何石，政委陈开芹。全团 130 多人，编成 3 个战斗连，团设党委，由政委任书记，实行党的集体领导，议定重大决策。团党委直接受四县联席会议领导，由东江军委统一指挥。该团在对敌斗争中不断壮大力量，至 1930 年 5 月，已发展至 300 多人，扩编为 2 个营 7 个连，进入了全盛时期。

在工农红军第六军第十六师第四十七团成立的同时，普宁县原建立的常备武装驳壳队 20 多人，已发展至 51 人，全部配驳壳枪，称为驳壳连。7 月中旬改称为游击队第三大队，大队长陈锡怡，属普宁县委直接领导下的地方武装。各区也都建立了区联队。

（四）工农红军第六军第十六师第四十七团及地方武装的斗争

革命武装建立后，县大队及在大南山周围的区联队（如二区、云落区等），都以大南山为据点，积极配合红军第四十七团开展活动，扫除大南山边缘的反动据点，歼击地主反动武装，在斗争中扩大自己的力量，进一步巩固大南山区的革命阵地。

红军第四十七团为了拔除大南山边缘什石洋村的民团据点，在赤卫队员侦察掌握了敌军的兵力配置和战斗力情况后，乘着夜黑，团长何石把队伍开到村边，切断敌人的电信联络，亲自带尖兵穿上预先备好的木屐，扮成过往乡民，直逼敌哨兵，径取敌营，首战取得俘获该据点全部团丁，缴枪 30 多支的战绩。

1929 年 10 月，何石率红军第四十七团 100 多人往池尾的塘塔埔村，准备拔除设于仙师庙的民团据点。但到目的地时已是早上 6 点多钟了。这时，民团正吹哨子集合出操，村里准备收割水稻的农民也陆续下地。此时动手，对红军、对群众都十分不利。怎么办？何石根据变化了的情况，灵活地改变原来的计划，果断地决定部队暂时隐蔽在蔗园里，等到傍晚伺机行动。凭着革命毅力和铁的纪律的约束，部队忍住饥饿，不露声色地在蔗园里坚持隐蔽近 10 个小时。至下午 4 时，当敌人集合开饭无暇他顾的时候，何石一声令下"出击"，战士们个个勇猛地向敌据点冲击，民团 40 多人全部被缴了械，红军取得又一辉煌的胜利。

11 月 26 日，红军第四十六团和第四十七团在古大存的指挥下，准备从五华进入兴宁，打通赣南苏区，部队北上至五华郭田村时，获悉坪上驻敌黄伯敬民团及张九华警卫队 400 多人连日进攻苏区，抢割晚稻，强行收租。为了保护群众利益，严惩敌人，红军第四十六团和第四十七团联合向坪上驻敌发起进攻。在战斗中，由于敌人凭借坚固工事和炮楼负隅顽抗，团长何石在战斗中不幸中弹，壮烈牺牲，连长许炳、吴峰也在战斗中阵亡。此后，由于敌人集结重兵对东江地区的红军进行疯狂反扑，红军打通赣南苏区的计划未能实现。

（五）土地革命运动的初步开展和大南山苏区的形成

1929 年秋收，普宁县因受旱灾歉收，农村经济破产比夏收时更甚，而反动统治者的苛捐杂税却有增无减，加上军阀混战不止，8 月冯、阎联合对蒋之战，9 月张发奎在长江宣布反蒋独立，10 月两广军阀之战等，情况有利于普宁党组织和红军队伍秋收斗争的开展。

正当普宁各地深入贯彻东江党的代表大会精神，迎接新的革命高潮到来的时候，中共中央政治局候补委员兼中央农委书记、原中共东江特委书记彭湃和杨殷、颜昌颐、邢士贞等人，在上海由于叛徒出卖而被捕，于 1929 年 8 月 30 日在上海龙华被杀害。噩耗传到东江地区和普宁后，广大共产党员和革命群众怀着极其悲痛的心情，以各种形式表达对这 4 位无产阶级革命领袖的深切怀念。彭湃是中国共产党早期主要领导人之一，是著名的农民运动领袖，是东江革命根据地的主要创建者。东江特委为纪念彭湃等烈士，发出通告，动员广大群众起来反对国民党的白色恐怖，决定将红军第六军第六师军事政治学校改为彭杨军校第四分校。东江革命军民化悲痛为力量，踏着烈士的血迹，英勇地向国民党反动派发起进攻，推动东江革命斗争继续向前发展。

1929年10月9日，中共普宁县委组织各区开展"双十"节纪念活动。全县7个区近1000名干部、群众参加了纪念大会。会上报告了彭湃、杨殷等4位烈士牺牲的经过，号召群众起来反对国民党的白色恐怖，进行土地革命斗争，建立苏维埃政权。普宁县委、各区委还印发《纪念彭杨宣言》，会前会后散发、张贴了数千张传单、标语，产生了很大的影响，震慑了敌人，鼓舞了群众。县委还积极宣传、组织群众开展革命斗争，在做好山区工作的同时，派出干部下平原，进一步恢复党团组织。在有革命武装活动的地区，发动群众抗租，其他地区开展逃租、减租，反对苛捐杂税，反对治安保甲，反对警卫队等，使群众革命斗争由山区发展到平原。

这时，原先群众基础较好的六区六乡（月窟寨、杜香寮、上村等）、九区的三乡（大员、夏地、坑尾）以及附城八乡等乡村，群众一经发动，很快就和党组织及革命队伍融合在一起。白天敌军进乡村，革命队伍进田野；敌回据点，革命队伍回村继续工作。晚间，农村便成为革命队伍的天下。在党的领导下，历受国民党反动派和普城地主豪绅深重迫害的附城八乡农民，更为坚决地与国民党反动派和地主豪绅展开斗争，站在平原革命斗争的最前列。

四区除麒麟圩及其附近村庄外，其余乡村也都发动起来，投入党领导的各种斗争。区委和区联队都驻在南坡村的蒋厝寨，区委书记陈阿楷（即楷舟，后在洪阳牺牲）是领导当地群众对敌斗争的坚强干部。有一次他在战斗中腿部受伤、秘密转移至靠近大尖山的庵庙治疗时，仍继续领导群众坚持斗争，保留了牵制着麒麟、普城敌人的斗争阵地，为以后建立北山特区（又称潮普揭边区）创造了条件。

1929年10月中旬，潮普惠揭在大南山成立西南四县联席会议机构（简称"施联辉"），四县各派一领导人参加，以东江特委代表为主席，协调四县的斗争和加强对大南山革命根据地的统一领导。

施联辉成立后，加强政权建设，在工农红军第四军（红四军）进军东江及11月14日东江革命委员会成立的声势影响下，各县各自建立县级政权组织。11月中旬，普宁在大南山锡坑村召开全县农民代表大会，出席会议代表有100多人，选举产生普宁县革命委员会，主席李崇三，副主席何石，并设址于锡坑村办公。秋收后，锡坑村成立分田委员会，响亮地提出"实现党的土地纲领""没收地主的土地归农民分配""建立苏维埃政权"的口号，着手进行土地分配工作。

1930年3月1日，敌警卫队及民团200多人进犯大南山锡坑村。敌人进抵灰寨山时，受到县游击队第三大队和流沙区联队共60多人的阻击，以及配合游击队作战的各乡赤卫队100多人的围攻。是役，敌被毙伤10多人，最后狼狈溃退至平头岭外。此后，普宁武装队伍积极开展抗击反动民团、收缴枪械、扩大人民武装的活动，并在斗争中总结了避大就小、避强就弱、平原与山区互相策应的游击战术，扩大了赤色区域。武装斗争的胜利，使敌人不敢轻易入侵大南山根据地，局势较为稳定。

这期间，红军第四十九团与第四十七团联合作战，多次粉碎敌人对大南山的"围剿"。特别是1930年4月28日，在大南山林招的排金山战斗中，抗击敌军毛维寿旅的戴戟团及地方警卫队2000多人的进攻，取得毙敌100多人、俘敌23人的战绩，威震敌胆。此后，革命武装逐渐由内线转到外线作战，在军事上逐渐取得主动地位。

5月上旬，在八乡山滩下村召开东江第一次工农兵代表大会，出席大会的有东江19个县、市的代表和全省各地区的代表共300多人。会议选举产生了东江苏维埃政府，陈魁亚为委员长，古大存、陈耀潮为副委员长。此时，东江红军已发展到5个团和1个教导队，但由于团以上没有成立师部、军部，各红军团队又分散在西北、西南和东南各个苏区，很难集中统一指挥，因此影响了红军战斗力的发挥。鉴于此，在东江第一次工农兵代表大会上正式宣布成立工农红军第十一军（红十一军），古大存为军长，颜汉章为政治委员（后为吴炳泰），全军约3000人。同时将东江划分为5个军区，以指挥各军区范围的地方武装。大南山成立第三军区，蔡端为司令，李良清为政委，指挥潮普惠揭四县的武装斗争。

8月，中共东江特委、东江军委从八乡山移驻大南山。10月，根据广东省委的决定，东江、海陆惠紫两特委合并为新的东江特委。至此，大南山苏区基本形成。直到1935年夏，长达5年，这里一直是东江地区党政军领导机关所在地。它既是潮普惠三县土地革命战争的领导中心，又是整个东江革命根据地的指挥中心，在东江地区党的革命史上占有显要地位。

二、深入进行土地革命，开展苏区全面建设

（一）中共闽粤赣边区第一次代表大会的召开

1930年夏，正当东江革命运动复兴，大南山根据地基本形成，形势十分喜人的时候，中共广东省委和东江特委在李立三"左"倾冒险错误思想主导下，先后召开党的代表会议，进行地方暴动的总动员。潮普惠三县也分别召开代表大会，制订地方暴动工作计划。此后，部队盲目攻城，强攻硬打，损兵折将。4月

25 日，红军第四十七团攻打惠来县隆江镇，此战镇没攻克，还牺牲了团长李斌及 117 名战士，革命力量再次受到严重损失。

5 月，方方调任汕头市委书记，普宁县委书记由何丹成（黄埔军校学生）接任。7 月，普宁县委在九区夏地村召开全县党团联席会议，继续布置武装暴动、夺取全县政权的工作。夏收后，红军第四十七团第一营协同各乡赤卫队击败了到大南山收租的普宁警卫队，毙伤敌人 57 人，俘敌 8 人，缴枪 10 多支。9 月 22 日，红军 100 多人配合地方武装攻打棉湖镇。这一战，虽攻克棉湖，击毙了援敌普宁县保安中队中队长方昌伦，但由于普惠两县反动武装的反扑，红军不得不主动撤退。10 月 10 日，普宁县委集结一区、四区的区联队及赤卫队 100 余人攻打普城，由于力量薄弱，不但攻城不成，反而被敌包围追赶。

1930 年夏至 10 月间，由于执行了李立三"左"倾冒险路线，红军部队虽打了一些胜仗，但也遭受重大的损失，阻碍了东江地区和普宁县革命形势的发展。

为了纠正李立三"左"倾冒险错误，11 月 1 日，中共中央派邓发和广东省委常委、组织部部长李富春到东江特委所在地大南山大溪坝村余氏祖祠，主持召开中共闽粤赣边区第一次代表大会，参加会议的有东江各县的代表 78 人（因交通关系，闽西、赣南代表未到会）。方方担任大会秘书长。

这次会议的主要内容有三方面：第一，传达中国共产党第六届中央委员会扩大的第三次全体会议关于纠正李立三"左"倾冒险错误的决议，停止冒险的错误行动。再次强调"暴动是艺术"的问题，并联系实际批判了东江地区从 1930 年夏到 10 月在"左"倾冒险错误思想指导下强攻城镇、损兵折将的错误，改"集中攻坚"为游击战争。第二，确定了今后发展的战略方向，在闽粤赣三省的边界地区建立革命根据地，然后逐步向外发展，以实现把闽粤赣三省边界的根据地连成一片，与中央苏区接壤的战略意图。第三，为了保证实现上述的战略意图，在组织上决定取消东江行动委员会，成立中共闽粤赣边区特别委员会，选举邓发为特委书记，方方被选任职工运动委员会书记。东江地区成立西南分委（辖潮阳、普宁、揭阳、海丰、陆丰、紫金等县）和西北分委（辖兴梅七县等），由颜汉章、刘琴西分别担任书记。并根据东江的实际，组建了包括潮普惠、陆惠县委等7个边界县委和潮澄澳1个边界工作委员会（简称"工委"）。

中共闽粤赣边区第一次代表大会对于迅速纠正李立三"左"倾冒险错误，巩固和发展东江革命根据地，具有重大的意义。

1930年11月后，根据中共闽粤赣边区第一次代表大会决议，把红十一军改编为第六军第二师（第六军军部实际没建立，后改独立师），师长彭桂，政委黄强，下辖两个团，第一团由原第四十九团改编，团长、政委分别由彭桂、黄强兼任；第二团由原第四十七团和第四十六团合并改编，团长陈伯虎（后古宜权、卢笃茂），政委陈开芹（后方光庆），后来又扩建一个独立营，总人数约1000人。此外，还有东江军委直接领导的政治保卫队和军校学生军200多人。

各边界县委和县苏维埃政府成立后，积极开展各项工作，运用游击战术打击敌人，在巩固苏维埃政权基础上向外拓展，使东江革命斗争有了新的发展。

11月23日，驻流沙警卫中队中队长庞柱，在革命形势的影响和党的政策的感召下，击毙大队长李绍金，率队上大南山向红军投诚，并改编为工农红军第六军第二师第一团第五连，庞柱任连长。这对敌人是一个沉重的打击。

（二）中共潮普惠县委与苏维埃政府的成立

1930年11月，根据中共闽粤赣边区第一次代表大会的决定，将潮普惠三县党组织合并，成立中共潮普惠县委，统一和加强三县党的领导，书记陈醒光，属中共闽粤赣边区特委西南分委领导。因国民党不断发动对中央苏区和闽西苏区的"围剿"，东江西南、西北两分委与中共闽粤赣边区特委的交通联系被隔断，不便于领导，经过酝酿并报中央批准，于1931年5月中旬撤销两个分委，恢复东江特委，并重归广东省委领导。

潮普惠县委成立后，从党的组织、革命政权和革命武装等方面进一步加强根据地的建设。首先是努力加强党的组织建设，县委把原潮普惠每县各划分为3个区，即潮阳的潮城、玉峡、贵屿；普宁的普城、大坝、流沙；惠来的惠城、靖海、葵潭，并在9个区中建立了区委。1931年春设南山特区，后增设小北山特区和云落区，各区分别设立区委。同时，在工农中大力发展党的组织。到1931年5月，潮普惠县委辖有260个党支部，党员有1400多人，其中南山特区有党员700多人，党的队伍空前壮大，这是根据地得以巩固、发展和长期坚持反"围剿"斗争的决定性力量。

在组织发展的同时，也注意加强党的思想建设。东江特委在南山开办了党校，县委也多次举办党员训练班，并要求各区委、支部健全党支部生活，加强党员教育，这对于提高党员干部的政治水平和工作能力，发挥共产党员在斗争中的骨干和模范作用，起到重要作用。

加强了苏维埃政权建设工作，苏区进一步扩大。1930年11月，在县委领导下，在大南山的大溪坝村召开潮普惠县第一次工农兵代表大会。大会传达贯彻了中共闽粤赣边区第一次代表大会精神，成立潮普惠县苏维埃政府，选举产生委员17人，其中常委5人，主席方光庆，副主席刘大刚。"县苏"所属机构有：财政部、军务部、土地部、劳动部、文化教育部、法庭、秘书处，负责苏区各项行政工作。接着，所属的 9 个区有 7 个区也先后召开工农兵代表会议，成立了区苏维埃政府；大坝、靖海"区苏"政府，则由"县苏"直接任命。各"区苏"委员 7 人，常委 3 人。至 1931 年 5 月，所属各区有 560 个乡成立了乡政府，大部分在平原的赤色乡村中；其中真正建立乡苏维埃政府的有 190 个，且大部分在南山特区，隶属南山特区苏维埃政府管辖，主席林花仔。为便于领导，南山特区下设置五路（潘岱路、河达路、林招路、麻湖路、锡云路），各路党的组织设特支，行政设办事处。这时，潮普惠苏区已扩大到包括整个南山特区和流沙、玉峡、惠城部分建立苏维埃政府的乡村。范围东至靖海外围，西达云落，南到惠城、隆江、葵潭的外围，北抵龙船岭，包括整个大南山区和其边缘所有乡村的广大区域，拥有 5 万多人口。

（三）土地革命的深入开展

土地革命是中国共产党发动和领导农民推翻豪绅地主在乡村中的统治，摧毁封建剥削制度，解除受压迫剥削的痛苦，翻身做主人的伟大革命。潮普惠县委和"县苏"成立后，在东江特委的直接领导下，立即把土地革命作为巩固发展革命根据地的首要任务，发动群众，开展分配土地的斗争。

潮普惠苏区的土地分配是从 1929 年秋收后开始进行的。由于当时党中央的土地政策多变，因而分配土地的远程出现了较多的曲折。从 1929 年冬到 1932 年初的土地革命实践，大体经历了 4 个阶段：第一阶段是分田试点，第二阶段是全面铺开，第三阶段是合理调整耕地，第四阶段是重新分田。1931 年上半年，分田的区域共 60 多个乡。大南山根据地正式建立苏维埃政府的 190 多个乡、5 万多人口的区域，都实行了分田。

（四）大南山苏区在全面建设中得到巩固和发展

1930 年 11 月潮普惠县委和县苏维埃政府成立后，在巩固苏维埃政权和发动群众深入进行土地革命斗争的基础上，在大南山根据地内开展服务于革命战争的全面建设。

首先是抓好干部队伍的培训。1929 年东江革命复兴后，急需大批党政军干部。这时，对党的干部培训就成为加强根据地建设、巩固苏维埃政权和加强红军建设的一项重要工作，东江特委和潮普惠县委都十分重视这项工作。

建立彭杨军校。1930 年秋，东江特委为适应迅速扩大的红军队伍的需要，在大南山开办了"红军第六军第六师军事政治学校"，后为纪念彭湃和杨殷二烈士，更名为彭杨军校第四分校，校长为东江特委委员朱炎，教官是从苏联学习回国的董良史等。军校加紧训练各级军事、政治人才，1931 年底开办 3 期，培养了250 多名军政人员和赤卫队骨干。军校还开设赤卫队和少年先锋队（简称"少先队"）干部培训班，通过培训，使他们成为赤卫队和少先队的骨干，有效地配合游击队和主力部队打击敌人。

其次是采取措施搞好经济建设，建立各种军事设施，实施后方勤务保障，广泛开展政治宣传教育和文化活动。为了宣传、发动群众，1930 年秋，县委组织了白话剧队，后改名赤花剧社，剧社主任由东江特委宣传部部长刘育民担任，工作人员全盛时约有60 人。剧目有《平江潮》《二七惨案》《广州暴动》等 30 多个，经常到苏区各地演出，白天则分散到演出点附近的村庄宣传，通过演出和宣传活动，教育群众，鼓舞军民的革命斗志。红军第二团也招收了 10 多名女战士，组成随军宣传队，积极宣传群众，鼓舞士气。还在迭石、摇鼓金和锡坑等处设印刷局（组），出版多层次的革命刊物，其中有东江特委的《东江红旗》《政治通讯》《苏维埃三日刊》；有潮普惠县委的《潮普惠红旗》、团县委的《红五月》和《革命画报》；县少先队的《西南少年先锋报》《红操场》等报刊，把革命思想普及到党内外各个年龄层次的干部和群众中。

为了扩大革命影响，县苏维埃政府还组织贫农石匠翁千等人在大南山各重要隘口的巨石上镌刻"拥护中国共产党""列宁主义万岁""巩固苏维埃政权"等醒目的标语。这些石刻标语，经苏区人民用生命保存下来的有 57 条，其中在普宁境内汤坑径有 10 条。

（五）错误的反"AB 团"斗争及其严重危害

从 1931 年 5 月至 1932 年 3 月，在中共广东省委和东江特委的直接领导下，在大南山革命根据地的党政军民中开展了一场以反"AB 团"为主要内容的肃反运动。本来在尖锐复杂的革命斗争中，进行内部肃反，清除混进来的敌对分子，纯洁队伍，是巩固根据地和保证革命斗争胜利发展的必要措施。但是在王明"左"倾错误路线的指导下，依靠刑讯逼供的恐怖手段，不仅混淆敌我，甚至以我为敌，随便捕人杀人，使必要的肃反斗争完全走向反面，使革命力量遭受重大损失，革命事业受到严重危害。

大南山苏区的肃反运动开始后，领导肃反运动的干部带着"AB 团"在东江各苏区完全存在的固有框框，从个别逃跑的红军士兵和同志间通信的只言片语中想象出"AB 团"，即行逮捕，刑讯逼供。在潮属高柜村设法院，在尖峰、虎白坟、潘岱、迭石等地设监狱。反"AB 团"首先在红军队伍中开展，红军第二团官兵集中在普属下溪斜村学习检查。8 月，逮捕了潮普惠县少先队部负责人李炎，用刑后供出团县委罗恒辉，罗恒辉又供出团委代理书记黄心园，逼出"所有共青团干部都参加了'AB 团'"的口供，进而逮捕红军医院党支部书记邢铁夫，严刑逼出"红军准备暴动"，"暴动的指挥部在医院，住院干部颜汉章、陈振生等都是他们的领袖"，以及所谓"他们的社会民主党纲领"等神话，逮捕了百余人。至 1932 年春，从"AB 团"到"社会民主党"到"托陈派"等，像滚雪球似的越滚越大，捕杀浪潮遍及大南山各地。下自区、乡干部，上到东江特委、东江军委及各级党、团、政、军负责人，就连红十一军军长古大存也被拘禁审讯，险遭不测。被杀害的有：东江特委常委、组织部部长颜汉章，东江特委常委、红十一军政委吴炳泰，东江特委委员黄汉强，东江特委巡视员林锦梅，共青团东江特委代理书记黄心园，团东江特委书记陈振生，红军第二团团长陈伯虎，共青团县委书记高继成，团县委常委罗恒辉，军校教官董良史，流沙区苏维埃政府负责人马达进等不下 500 人，其中红军第二团及常备赤卫队共 300 余人，被杀者达 110 多人。

1932 年春，中共中央发觉东江肃反这种严刑逼供、大捕大杀的错误，并提出批评，东江特委才在 3 月上旬发出通知，纠正肃反中的错误做法。但这时，革命队伍已元气大损，影响了以后的斗争。这场错误的肃反运动给大南山革命根据地造成严重的危害：极大地削弱了各级党的领导力量，伤害了大批优秀的领导干部；严重削弱了红军，自毁革命根据地的长城；严重损害了党的威信，降低了党的凝聚力和吸引力。这种自我摧残的自杀政策，严重损耗了苏区的元气。这是国民党反动派想做而做不到的，是大南山苏区未能获得更大发展，并导致在尔后的反"围剿"斗争中遭受挫折和失败的最主要的客观原因。

三、大南山苏区开展反"围剿"的艰苦斗争

（一）粉碎国民党"围剿"大南山苏区的计划

1932 年 1 月，国民党军队师长张瑞贵在南山的两英圩召开潮普惠三县县长联席会议，讨论和决定进攻大南山苏区的计划。3 月 12 日，张瑞贵以独立二师 3 个团（后又增加 1 个独立团）为主

力，联合地方警卫队共 4000 多人向大南山苏区进行疯狂的"围剿"，狂妄宣称"限期二个月内彻底肃清"。在敌人大规模地进攻面前，中共东江特委、潮普惠县委领导大南山苏区的红军和人民与敌人进行了英勇顽强的斗争。

敌人"围剿"开始时，在军事上采取"集中包剿，分区搜索"的办法。张瑞贵率兵分三路从潮普惠三县"围剿"大南山。他们先集中兵力包围搜索东南部，一周后除留部分兵力在东南外，大部分兵力调到西北部搜索。为歼灭来犯之敌，红军集中一定兵力迎击一路敌军，但由于力量所限，在林樟和五福田的战斗中未获全胜。随后东江军委决定分散红军扰敌，采用截敌运输、埋伏突袭、打了就走的战术打击敌人，伺机集中力量击其一路（或一部），歼敌有生力量。同时，指示散布在平原各地的游击队也一起行动，配合红军牵制敌人。这期间，潮普惠第三大队袭击了大坝；红军第四连袭击了下湖圩；红军第二团袭击了乌石，毁敌汽车数辆。各乡的赤卫队也积极配合，有的毁敌炮楼，有的拔除敌通信点、剪断电线，打得敌人惶惶不可终日。在一个月的反"围剿"斗争中，红军在山区截敌运输 2 次，数次坦伏袭击敌人，毙敌 10 多人，俘 2 人，缴枪 5 支，枪弹 700 发；在平原袭击敌人 4 次，毙敌 5 人，缴枪 11 支，毁敌汽车数辆。这期间，红军和大南山群众无多大损失。

敌人对苏区包围搜索了近半个月后，不但没有很快"肃清南山共匪"，反而遭到红军、游击队和赤卫队的袭击，受到一定损伤。3 月 25 日，张瑞贵又在潮阳的两英圩召开潮普惠三县绥靖会议，决定在加紧军事"围剿"的同时，实行政治迫害、经济封锁、移民和"三光"（烧光、杀光、抢光）的政策，企图消灭东江的中心革命根据地。

从 4 月 3 日至中旬，敌人对大南山苏区采取了更加残酷毒辣的烧杀政策，南山被烧的有 30 余乡，群众被捕四五百人，被杀百余人，被强迫驱逐下平原地区去的占 80%。春耕也被阻碍。大南山周围各乡豪绅地主组织联团，强迫群众筑炮楼，妄图封锁、困死红军。在对敌战斗中，红军方面受到一些损失。东江特委秘书长林育民牺牲，《红旗画报》负责人刘世夫妇被杀。东江特委、东江军委藏在山上的文件通通散失，被服厂、粮库也损失部分。

针对敌人的毒辣政策，东江特委和潮普惠县委组织红军、常备赤卫队积极开展游击战，加紧骚扰活动，给敌人以一定杀伤。同时，动员被赶到平原的苏区群众回大南山春耕，组织群众反抗成立联团、筑炮楼，打击豪绅地主的破坏活动。由于大南山军民坚持反"围剿"斗争，敌军 4000 余人粮食供给成大问题，从城市运粮又遭红军截击，不得不变更策略，于 4 月 15 日后把部队退到大南山周围驻扎，一面封锁，一面不时到苏区搜索。

敌变我也变，红军又采取相机集中兵力、择弱而歼的战术，于 4 月 19 日取得击溃敌独立团的重大胜利。这一天，张瑞贵命独立团（团长陈腾雄，又名陈东中，绰号陈叮冬）进攻大南山西部的锡云路。红军得到这一情报后，即周密部署力量，严阵以待。敌除留一个营作预备队外，其余两个营分由云落和流沙两路向红军进犯。红军第二团团长古宜权采取诱敌深入，集中优势兵力歼敌一路的战术，沉着指挥部队应战，令云落区联队和当地赤卫队牵制来敌，让流沙区联队和锡坑赤卫队在顶浦村埋伏，打击从流沙来犯之敌。敌自以为武器精良，毫无顾忌地向大南山腹地锡坑村进犯。驻守在锡坑村的红军第二团第三连和游击队第三大队与敌人接触后，主动向锡坑村后撤退，敌尾随追击，三连退至锡坑村后山头据守，牵制敌人。

驻在白马仔村的红军第二、第四连和彭杨军校学生军等，听到锡坑方向传来枪声后，即会同当地的赤卫队，抢占了海拔 700 多米的牛牯尖山峰。敌团长看到牛牯尖山峰被占，急命军队把牛牯尖山团团围住，并集中迫击炮和轻重机枪向山峰轰射，在密集炮火掩护下发起多次冲锋，妄图夺占制高点。红军居高临下，击败了敌连续七八次冲锋，使敌锐气下落，陷于进退两难境地。古宜权抓住有利战机，向敌发起反攻。他先集中 20 多个号手吹起冲锋号，使敌心惊胆战，阵脚大乱，同时带领团部及特务连，协同其他部队乘势勇猛出击，杀得敌人失魂落魄，狼狈逃窜，丢枪逃命，横尸遍野。经 6 小时激战，歼敌副团长以下官兵近百人，击溃百余人，缴获迫击炮 1 门，机关枪 6 挺，步枪 100 多支，弹药及其他军用物资大批。"牛牯尖打陈叮冬"，这一胜利，极大地提高了大南山军民打破敌人"围剿"的信心和勇气。

张瑞贵部在"围剿"大南山的 5 个月里，不但未能实现消灭大南山苏区红军的妄想，相反自己伤亡和逃跑达 1000 多人，损失枪支 800 支（挺）以上。在反"围剿"斗争中，红军和工农武装得到发展，增加了百余人。常备赤卫队、游击队、区联队等得到扩大，提高了战斗力，积累了经验，已可单独与敌作战。党组织也经受了考验，在反"围剿"斗争中得到巩固和发展，仅 6 月份就发展了 80 名党员。

（二）反"围剿"斗争的严峻形势

广东军阀受到中央红军的痛击后，按蒋介石发动第四次"围剿"红军的计划，决定集中兵力在短期内肃清大南山苏区红军。1932 年 8 月以后，张瑞贵以两个团兵力向大南山发起新的进攻，以营为单位天天游击搜索，见人就开枪、见屋就焚烧，驱赶苏区人民下平原，禁止回苏区；随后又以一团兵力在大南山"驻剿"，一团人在苏区周围采取"按乡搜索"的办法，"进剿"平原赤乡；还以小分队于夜间伏击苏区交通人员、抢夺粮食、包围乡村、屠杀下到平原的苏区人民，并诱以"自新"，尤其利用叛徒带路向红军进攻和破坏，造成大南山苏区极大的灾难和损失。

在国民党军队残酷进攻面前，潮普惠县委领导苏区军民进行了英勇顽强的战斗，作出巨大牺牲，牵制了广东军阀的第三军和张瑞贵等3个正规师的兵力，在一定程度上配合和援助了中央苏区，为第四次反"围剿"斗争作出贡献。

至1933年1月，在党的组织方面，普惠县各区区委遭受破坏，全县700多党员只存100多人，其中南山特区500多党员仅存8个支部72人；共青团的基层组织也减少了三分之二，5个区有3个区委解散。红军方面，战斗死伤时常有，而缺少补充，严冬天气衣服不足，缺药少粮，生病甚多，300多人的红军第二团只存120人，常备赤卫队损失三分之二以上，近200人的第一、第三大队仅存40余人，区游击队、乡赤卫队亦大大减少。群众方面，5万多人口的南山苏区仅存700多人，死约1万人，大多数被赶到非苏区，卖身鬻子做乞丐的有很多。

10月，红军经过多次作战和外线游击，部队又发展到400多人，经中共中央批准，在樟树坪村成立了东江游击总队，由中央派来的周友初任总指挥，古大存任政委，卢笃茂任参谋长。游击总队下辖3个大队：第一大队大队长古士，所部由卢笃茂带领到揭阳一带开展游击活动；第二大队大队长卢秋桂，所部转移到潮澄澳的桑浦山和凤凰山一带活动；第三大队大队长张木葵，所部在大南山周围与敌周旋。

1934年初，周友初奉调回中央，古大存调任东江政治保卫局局长，卢笃茂率队伍在大南山及普宁、揭阳一带开展游击斗争，但终因敌我力量过于悬殊，难以扭转危局。

6月，为解大南山之围，卢笃茂率红军队伍190多人转战揭丰华边山区。6月11日，与数倍于己的敌人潘彪部和地方反动武装激战于揭阳、五华交界的胡头、罗庚坝一带山区。12日晨，敌1500多人将红军包围在一个狭小地带，红军依托山间密林与敌血战整天，敌死伤惨重，红军亦伤亡过半，卢笃茂在战斗中负伤。在这紧急关头，他当机立断，命令部队从小道突围，自己留下断后，结果部队突围成功，卢笃茂忍痛爬到山坡下一个破旧的木炭窑里隐蔽下来，后被农民陈香发现并接到家里治疗。由于流氓告密，敌人前来搜捕，卢笃茂落入虎口。他在狱中坚贞不屈，1935年2月3日在广州黄花岗被杀害。

12月，东江特委把突围出来的部队和地方武装整理后，于大南山松树坳村成立东江游击队总指挥部，张木葵任总指挥，下设3个中队，近百人枪。一中队中队长吕金和，二中队中队长卢秋桂，三中队中队长翟信。12月31日，张木葵带领第一、第三中队于下架山的碗仔附近鲈鳗洞伏击张瑞贵部由潘岱押运粮食路过的一个连。鲈鳗洞伏击战，毙伤敌40多人、俘30多人，缴获机枪1挺、连珠驳壳4支及长短枪、弹药、粮食、银元一批。1935年春，第一、第三中队转移到里湖、河婆一带游击；第二中队在中队长卢秋桂率领下转移到潮澄饶的凤凰山一带开展斗争。大南山形势日益艰难。

四、反"围剿"斗争的失利与苏区的丧失

1934年10月，中央主力红军长征后，参加"围剿"中央红军的广东军阀陈济棠部陆续返驻广东，并调集重兵，加紧对东江革命根据地的"围剿"，形势异常险恶。1935年4月，广东军阀以第三军第九师师长邓龙光来接替张瑞贵部，设师部行营于流沙，并以4个团的兵力，联合地方反动武装14个中队，一面布防于葵潭、流沙、司马浦、两英一线，连营70里（1里＝500米，下同），遍布岗哨，加上惠来城方面的设防，把大南山区紧紧包围；

一面又将主力分驻于林招、龟山弯、双溪、大�、河田等地,进行搜索屠杀。这时,红军游击队已转移到外线作战,在山上坚持斗争的仅存机关部分武装人员100多位同志。鉴于形势险恶,在古大存主持下,东江特委于大南山西部普属大溜山石洞召开最后一次会议,讨论党的活动转入秘密工作的问题,并推举李崇三为东江特委书记。会议决定除留下部分骨干带领群众在山上坚持隐蔽斗争外,武装人员冲出重围,分散活动。

在隐蔽斗争中,许多共产党员、红军游击队员凭着对党和革命事业的坚强信念与忠诚,自觉坚持斗争,直到流尽最后一滴血。东江特委委员谢振逢和郑振芬夫妇,因谢振逢在战斗中腿部受伤,走路一瘸一拐,而郑振芬下肢瘫痪,不能走路,夫妇俩隐藏在梅仔坜的一个山洞里,坚持与敌人、疾病和生活上的困难作斗争,最后在敌人的搜捕中双双殉难。6月,移驻普宁池尾黄竹坑附近石洞的东江特委机关遭敌破坏,特委书记李崇三被捕叛变。至此,东江特委停止活动。此后,在以李崇三为首的叛徒带领下,潮普惠县工委、县苏维埃、军务部等机关和游击小组先后被破坏。这时留在山上坚持隐蔽斗争的,只剩下西南医院的10多位医护人员,他们在共产党员贺志中的带领下,迁回于大南山西部的岩洞间。6月中旬在鸡心山遭敌袭击,贺志中被捕,后解往惠城,慷慨就义。潮普惠县工委的印刷所,几经敌人破获,原有的同志牺牲了,别的同志又把它办起来,一直坚持到8月底。更有许多无名英雄战斗到生命的最后一刻,表现了共产党员的铮铮铁骨、大义凛然。

由古大存率领的东江特委政治保卫队陈华、王顺等17名红军战士,从大南山突围后转移到丰顺,后挺进大埔山区一带坚持艰苦卓绝的隐蔽斗争,秘密开展群众工作。东江游击队总指挥张木葵把队伍转移到揭阳五房山一带活动,部队在五房山西10余里地方受敌邓龙光部教导团及两个营的包围，张木葵及第一中队中队长吕金和等 38 人在激烈的战斗中牺牲，彭沃、翟信、陈石甫等 20 余人冲出重围后，转移到靠近香港的长洲岛隐蔽待命。至此，潮普惠大南山革命根据地的武装斗争暂告段落。

第四节 普宁抗日文化运动的兴起与党组织的重建

一、普宁抗日文化运动的兴起

随着全国抗日救亡运动向纵深发展，在北平读书的方泽豪和由共青团江苏省委派到普宁开展工作的周志铭（又名周勤兴、张克，现名陈勉之）等革命青年先后来到普宁。由中共南方临时工作委员会（简称"南临委"）委派回潮汕恢复、重建党组织的李平于1936年10月抵达汕头。大南山革命根据地被破坏后分散隐蔽的马士纯、张重仁、张珂敏等开始在普宁公开露面。他们以中小学校和农村为阵地，进行抗日救亡的宣传活动，开展"拉丁化""新诗歌""新文艺"和各种"读书会"等民主进步活动。以后还建立共青团支部和抗日义勇军等秘密组织，积极传播革命先进思想，推动普宁抗日救亡运动的开展。

1934年初，一大批革命的知识分子在普宁革命处于最困难的时期，坚持艰苦的工作和斗争，以教书为掩护，先后在兴文中学、梅峰公学、泥沟群众小学等一批中小学校扎根，建立起抗日救亡运动的宣传活动基地。这批革命的青年知识分子，包括许宜陶、马士纯、黄声、邱秉经、余天选、周志铭、方泽豪、余永端、张珂敏、张重仁、郑敦、张华云、杨璞轩、卢逢生、陈焕新等，他们在普宁各中小学任教后，改革了原有学校的结构体制和教学内容，寓爱国主义思想、抗日救国教育于文化教育之中，把树立爱国思想、提高民族觉悟与提高文化知识水平结合在一起，把中小学校的抗日宣传工作搞得有声有色，取得了显著效果。

1936 年上半年，为了推动全县抗日救亡工作的开展，马士纯在兴文中学发出组织"普宁教育界抗敌联合会"的倡议，立即得到全县教育界师生的广泛支持和响应。经过一段时间的积极筹备，暑假，普宁教育界抗敌联合会在五区西社花柳园召开成立大会，来自全县中小学校的师生代表共 1000 多人参加了会议。马士纯任教育界抗敌联合会负责人。教育界抗敌联合会的成立，有力推动了全县教育战线抗日救亡运动的深入开展。接着，全县中小学校掀起抗日援绥的热潮。

为了适应抗战形势发展的需要，各中小学校在抓好文化基础教育的同时，逐步增加抗战教育的内容，公民课改教马列主义政治理论，每周周会由老师讲国际国内政治时事，音乐老师教唱抗日革命歌曲，文体课外活动则排练以抗日救亡为主要内容的文艺节目。进步书刊报纸也输进学校，在学生中秘密传阅。在共产主义和爱国主义思想的教育下，广大师生的抗日救国思想认识大大提高，进一步激发起抗日救国的革命热情。兴文中学和定厝寮小学在进步教师的领导下，奋起组织抗日援绥运动，动员 170 多名学生，成立了 14 支宣传队，深入农村，运用演讲、唱歌、演剧等多种形式，向农民宣传抗日救国道理，发动群众募捐废铜废铁，支援前线。学校革命师生还节衣缩食，自愿捐献钱物。

普宁各中小学校通过广大革命教师的辛勤工作，既搞好文化教育，取得学生及其家长和社会普遍信任拥护，同时又如火如荼开展抗日救亡各项宣传活动。

二、华南人民抗日义勇军在普宁的成立

1936 年春，在一二·九学生运动影响下，上海的爱国青年学生为了建立一个比较严密的组织作为抗日救亡运动的骨干队伍，由共青团江苏省委学委书记胡玉华（现名金乃华）与失去组织关系的共青团员李平等 10 余人发起，参照东北义勇军和华北抗日民族先锋队的组织形式，在上海正式成立中华人民抗日救国义勇军组织。

义勇军以抗日救国、收复失地、废除一切不平等条约、争取中华民族的完全独立解放为宗旨。任务是：进行抗日宣传，启发人民群众的民族觉悟和爱国热情，要求国民党政府停止内战，团结抗日；打倒一切汉奸和亲日派，抵制日货，没收一切汉奸、亲日派的财产作为抗日经费等。这是一个在共产党领导下，以抗日救国的青年学生和中小学教师为基础的秘密的革命群众组织。

1937 年初，义勇军成员余水端、何史到普宁县定厝寮真武小学任教后，与该校的小学教师、救国会的骨干取得联系，并吸收了杨璞轩、张陶、杨德谦、黄寄南、陈于通、陈舜山、庄明序等人参加义勇军，建立定厝寮义勇军小组，小组长杨璞轩。1936 年10 月下旬后，在普宁参加义勇军的还有兴文中学的马士纯、邱秉经、黄声、余天选；群众小学的方泽豪、张重仁、张珂敏、郑敦；华溪小学的王绍基，桥柱小学的林英杰、何世汉（何竺）、张希非等。

普宁这批革命的中小学教师和爱国知识青年参加义勇军后，在共产党的领导下，首先接受了党的马列主义理论、组织纪律和统一战线教育；参加义勇军的集会、学习和同志间的联系；以学校为阵地，传播马列主义理论，宣传共产党的抗日救亡政策和主张，通过各种形式把广大青年团结在自己的周围，积极开展抗日宣传活动，教育、帮助更多的人投入抗日救亡斗争。

义勇军的成员大多数是教师，他们利用学校的合法地位，以教师职业作掩护，既抓好文化基础教育，积极推广"拉丁化"新文字运动，又抓抗日宣传。师生们白天上课教学，晚间下乡宣传、办夜校。利用夜校这个阵地传播革命道理，广泛动员和组织农民群众投入抗日救亡斗争。

普宁义勇军队伍抗日救国宣传活动，既提高了群众的文化水平和思想觉悟，振作了民族精神，又震撼着国民党反动派的丑恶灵魂和统治基础，因而被他们视为眼中钉、肉中刺，千方百计加以迫害。1937 年春，郑敦、徐思逊和王绍基等 3 位教师，就因敢于宣传鼓动学生抗日救国而被当作"政治犯"拘捕入狱（至七七事变后释放）。这是抗日战争前夕国民党反动派镇压普宁人民抗日救亡运动的一起政治事件。

1937 年七七事变，揭开了全面抗日战争的序幕。为适应形势发展的需要，中共南临委指示华南人民抗日义勇军转化为公开合法的抗日救亡组织。

三、党团组织的重建

（一）共青团支部的成立

1935 年冬，参加过土地革命战争的共青团员张重仁从上海回家乡泥沟，于 1936 年春和张青山、张珂敏、张鸣昌、何书锦等人接办群众学校。2 月，张重仁再往上海大学找党组织领导人张仲修、徐剑吾汇报家乡办学情况，要求党组织派人回来帮助开展工作。徐剑吾介绍周志铭找张重仁了解情况，几天后约定在上海兆丰公园开会。参加会议的有周志铭、方泽豪和张重仁 3 人，由共青团上海法南区委书记邱扗云主持。会议决定成立共青团普宁临时支部，派回普宁泥沟群众学校开展工作，并决定周志铭任团支部书记，方泽豪负责宣传，张重仁负责组织，同时还约定了回普宁后与上海团组织联系的办法。这是土地革命战争后期潮汕地区重新建立的第一个共青团支部。

共青团普宁临时支部的 3 位同志从上海回到群众学校后，即在文化教育中对学生灌输爱国主义思想，宣传抗日救国的道理，教唱抗日歌曲，学习潮州话、拉丁文，学校办得很活跃。周志铭还负责到汕头、兴文、梅峰各校做联络工作。1936 年下半年，群众学校增设一个专修班，由校长方泽豪负责，目的是培养青年骨干，使之成为革命斗争的新生力量。学生有泥沟村的，也有来自乌石、光南、涂洋、溪桥等村的青年共 20 多人。为了团结更多的教师一道开展革命文化教育，群众学校还和本乡的德育、锶金两个学校联合起来，统一行动。至 1937 年春，在教师和专修班学生中先后吸收了张珂敏、张瑞芝、张声籍、张珂友、方佑上等加入共青团，使共青团的组织得到发展。

坚持在兴文中学任教的共产党员马士纯，土地革命战争时期曾两次被捕入狱，但他坚贞不屈，第二次出狱后，虽然找不到党组织，和组织失去联系，但他继续从事革命斗争和进步教育事业，在兴文中学教师队伍中发挥了政治核心的作用。1936 年上半年，他与群众学校的周志铭等取得联系后，经过培养教育考察，先后介绍了邱秉经、余天选等老师参加共青团组织，并成立兴文中学共青团支部。

群众学校和兴文中学两个共青团支部的成立，为尔后中共普宁党组织的建立打下坚实的基础。

（二）中共普宁特别支部的成立

1936 年 10 月，李平奉中共南临委的指示从香港回潮汕开展重建党组织的工作。同年底，李平在汕头介绍曾应之、陈初明、陈维勤 3 人参加中国共产党，经南临委批准后于 1937 年 1 月 2 日成立中共汕头支部，李平任书记。这是土地革命战争后期在潮汕地区重新建立的第一个党支部。与此同时，李平从汕头来普宁泥沟群众学校找周志铭、方泽豪联系，在群众学校住了六七天，听取普宁的抗日宣传情况汇报，先吸收周志铭、方泽豪为中共党员，并布置发展党员的工作。不久，方泽豪又吸收了张珂敏、张重仁加入党组织，并成立了党小组。

1937 年 1 月，中共潮汕工作委员会成立，李平为书记。3 月下旬，潮汕工委派陈初明来普宁开展党组织的恢复和建设工作。他到普宁后，以梅峰公学教员的公开身份，秘密开展党的工作。

梅峰公学于 1936 年春复办后，林英杰、卢根、陈绿漪等一批进步教师形成一股革命的进步力量，领导全体师生开展抗日救亡活动，积极传播革命先进思想，促进学校走上革命化的道路。1936 年暑假，邱秉经带领兴文中学一批革命教师，到梅峰配合在校的进步教师开办暑期补习班，招收一批青年到校学习传播革命思想，培养了一批进步学生骨干。西安事变后，经爱国民主人士李志前提议，决定由邱秉经以梅峰公学校董身份赴上海，与陶行知创办的生活教育社联系，要求派人支援。生活教育社大力支持，委派朱泽甫、林云侠（他们都是未找到组织的中共党员）来梅峰分别担任校长、教导主任。他们给梅峰带来了具有进步爱国思想的教育理论与实践，实行民主的爱国主义教育和革命的启蒙教育；他们提倡生活大众化、说话通俗化、师生民主化，学校充满活跃的民主气氛；他们着眼于教育为革命斗争服务，组织师生走出校门，积极开展抗日救国宣传活动，大大鼓舞了全校师生和校外群众的爱国热情。

陈初明到普宁后，对梅峰公学的工作情况、群众基础非常满意，认为重建党组织已经具备相当良好的条件。他根据潮汕工委的指示，一方面支持朱泽甫、林云侠在梅峰公学开展革命教育，团结全校革命师生，致力把梅峰办成名副其实的革命学校，并恢复了朱、林两人的党籍，同时在学校中积极开展党的组织建设。他每晚除了认真备课之外，还秘密找进步教师谈话，对党员发展对象进行党的知识教育，在朱泽甫和林云侠的帮助下，于 1937 年初先后吸收了何大道（何史）、曾昭宽（曾鸣）、杨克亚等教师入党。另一方面，他利用假日秘密联系隐蔽在普宁各地的地下党员、共青团员。1937 年 3 月，他与马士纯建立了联系，并为马士纯恢复党籍。同时，吸收了定厝寮真武小学校长余永端入党。6 月，经潮汕工委介绍，他与泥沟群众学校方泽豪的党小组接上组织关系。经过陈初明的努力工作，普宁党组织迅速地恢复和发展起来。马士纯恢复党籍后，积极在兴文中学发展党的组织。1937 年上半年，他先把共青团员邱秉经、余天选吸收为中共党员，后又介绍了王琴、洪藏、李坚、杨少任等人入党。下半年成立兴文中学教工党支部，支部书记王琴。

1937 年 7 月，中共普宁特别支部于梅峰公学成立，特支书记陈初明，马士纯负责组织，方泽豪负责宣传，共有党员 18 人（其中预备党员 9 人）。中共普宁特别支部的重新建立，标志着普宁党组织在经历了 10 年艰苦曲折的土地革命战争后，进入了一个新的历史时期。

4

第四章
全面抗日战争时期

　　抗日战争是 100 多年来中国人民反对帝国主义侵略第一次取得完全胜利的民族解放战争。普宁县人民因抗日战争的胜利，而在精神上受到极大的鼓舞，提高了民族自信心。全面抗战的斗争实践，也使全县人民深刻认识到，中国共产党及其领导的人民武装力量，是团结抗战的中流砥柱，是取得抗日战争胜利的决定性力量。

第一节 党组织的发展壮大和抗日救亡运动的蓬勃发展

一、党组织的发展壮大和抗日民族统一战线工作的开展

（一）中共普宁县工作委员会的成立

抗日战争全面爆发前，普宁县在建立中共普宁特别支部的基础上，党组织有了一定的发展。七七事变后，为了适应形势发展的需要，更有力地领导全县的抗日救亡运动，1937 年 8 月，经中共韩江工委的批准，把中共普宁特别支部组建为中共普宁县工作委员会。普宁县工委成立会议在埔塘兴文中学训育主任邱秉经住屋召开，参加会议的党员有陈初明、马士纯、方泽豪、邱秉经、郑敦、余永端、洪藏、李坚等 10 多人。会议由特支书记陈初明主持。他在会上讲了全国抗战的形势和党组织的工作任务，布置党员在学校中培养进步师生参加党组织。同时，成立了普宁县工委领导机构，县工委书记陈初明，组织部部长马士纯，宣传部部长方泽豪，统战部部长邱秉经。县工委机关先后设于梅峰公学、赵厝寮敬爱学校。此时，县工委下辖普宁县属的 4 个党支部，18 名党员，这些党员主要分布在兴文中学、梅峰公学、泥沟群众小学、赵厝寮敬爱学校、定厝寮学校等。普宁县工委从建立起至 1937 年 10 月属中共韩江工委领导，10 月至 1937 年底属中共韩江工委潮汕分委领导，1938 年 1 月后属中共潮汕中心县委领导。

1938 年 1 月，普宁县工委在领导抗日救亡运动中，以学校为

阵地发展师生党员，通过农村夜校、识字班、读书会等途径发展农民党员和开展工作，使党组织逐步发展壮大。普宁县工委先后建立了二区、三区、五区3个区委会，同时辖惠来县属的惠来党支部（4月成立惠来党总支）及1938年9月成立的南山党支部。

1938年4月，普宁县工委书记陈初明上调潮汕中心县委工作，县工委书记由马士纯继任，组织部部长罗天，宣传部部长方泽豪，统战部部长邱秉经。同年6月，因马士纯、邱秉经等一批党员干部往揭阳县石牛埔创办南侨中学，县工委书记由罗天接任，组织部部长郑淳，宣传部部长马士纯。这时，全县的党组织已发展到20多个支部，100多名党员。普宁县党组织领导机构的建立和健全，党员队伍的不断壮大，使全县人民有了坚强领导核心，从而推动抗日救亡群众运动蓬勃发展。

（二）抗日民族统一战线工作的开展

1937年9月初，闽西南军政委员会常委兼组织部部长方方，到延安向党中央汇报工作回来途经汕头，在听取了潮汕工作情况的汇报后明确指出：统战工作不仅要争取驻军，还要注意把党、政和各阶层一切愿意抗日的人士团结起来，组成广泛的抗日民族统一战线。普宁党组织根据方方的指示，认真分析普宁的主客观条件，根据具体情况，普宁党组织确定统一战线工作不以国民党的县党政领导为重点，而是以开展地方中下层统战工作为主，以农村为工作重点，以农民和中小学校师生为主要工作对象，同时团结各阶层人民和赞同抗日的开明士绅，形成抗日的基本力量，推动上层抗日工作，推动全县抗日救亡运动的发展。

积极开展上层统战工作，争取国民党当局合作抗日。1937年10月，国民党普宁县政府组织"普宁县民众抗敌御侮后援会"。由于它打着抗日的旗号，中共普宁县工委表示支持，派员进去工作，在该组织内部宣传《抗日救国十大纲领》，争取一致抗日，并对国民党当局利用它取代各抗日进步团体的企图进行斗争。在争取普宁县青抗会立案的斗争中，党组织通过统战工作，取得了国民党第八区游击司令部陈卓凡、县抗敌后援会陈伟勋、第八区战时工作团吴华胥、派任普宁县青抗会指导员庄世祉等国民党当局党政军人员和爱国民主人士的支持，经过一年多的斗争，1939年1月3日，普宁县青抗会在乌石普宁简易师范学校召开成立大会，陈卓凡、陈伟勋、庄世祉、吴华胥等参加大会并讲话，表示支持。中共普宁县工委还重视做好地方武装实力派翁照垣的统战工作。翁照垣与陈卓凡等建立起广东省第八区民众抗日自卫团统率委员会，翁照垣任主任委员，中共普宁党组织也派了一些同志进去工作。1937年冬至1938年春，翁照垣先后在揭阳梅岗和普宁三都举办自卫团军事干部训练班，培训军事骨干。党组织通过统战工作，派出詹泽平、李扬辛、张声籍、黄捷大、丘文、郑道图等一批党员和进步青年到训练班参加培训，培养党的军事干部，并争取掌握其地方"抗日自卫团"武装。1938年4—9月，翁照垣、陈卓凡、王鼎新等在洪阳举办广东省第八区民众抗日自卫团统率委员会妇女干部训练所（简称"妇干所"），招收学员103人。中共潮汕中心县委决定由各县派出一批女党员参加该所的训练。中共普宁县工委组织部部长罗天，指示她们在该所成立秘密党支部，由陈莉任书记，蔡瑜任组织委员，王孟泽任宣传委员，由罗天直接领导。党支部在训练班中先后吸收了方茵明等10多位女学员入党。经过女党员秘密细致的思想教育工作，扩大了党的政治影响。妇干所训练结束后，蔡瑜等留普宁开展党的妇抗会工作，其他女学员回到各地训练妇女，使更多的妇女走上抗日救国的道路。

抗战初期，政治上比较开明、热心教育事业的王仁宇任普宁县县长。他见县教育局局长方思茂办学无能，便绕过教育局，直接在全县 7 个行政区委任了 7 个教育委员为其办事。张华云、曾纪炽、许宜陶等人分别被委任为二区、三区、五区的教育委员。王仁宇采纳张华云《整理二区教育的意见书》一文的意见，在全县整顿私塾，办起一大批正式小学。党组织便趁此大好时机，派遣党员，以教书为掩护，占领农村学校阵地。1939 年"六二一"汕头沦陷后，一大批党员教师和知识青年撤退到普宁，便以这些学校为基地，广泛深入开展抗日救亡工作，取得了显著成效。

全面抗战爆发以前，一大批在北平、上海、广州等城市或海外就学任教的爱国知识分子先后回乡，陆续到县内各校任教，如兴文中学校长许宜陶、教导主任黄声，先后任梅峰公学校长的曾纪炽、许雄定、姚华萼，流沙中学校长马化龙、教务主任卢逢生等。兴文中学校长许宜陶，系厦门集美中学、上海大夏大学毕业生，曾在泰国办崇实学校，在华侨中享有盛誉，回国后经同学介绍受聘于兴文中学任校长。在该校教师、中共普宁县工委负责人马士纯的引导教育帮助下，许宜陶走上抗日救国的道路，被称为"党外的布尔什维克"，积极带领师生参加抗日救亡运动，使兴文中学成为一所远近闻名的革命学校。

争取和团结乡村学校的校董、乡绅，是开展抗日统一战线工作、占领农村学校阵地的必要手段。统一战线工作的深入开展，使普宁党组织有效地占领了农村学校阵地，平原地区，百分之七八十的中小学校为共产党所掌握，学校成为党在农村中的活动据点。由于学校的特殊地位，既能联系上层，又能联系广大师生及周围乡村的群众；既可掩护党的组织，又可使党扎根于群众之中，得到发展壮大，有效地动员人民群众参加抗日救亡运动。当时，党的许多主要领导干部都住在学校，全县党的许多决策都是在学校研究作出的，学校成为党的领导机构驻地和交通联络站。1937年冬，陈初明、郑淳在梅峰公学的革命师生中吸收了一批优秀青年入党，建立了梅峰第一个党支部。然后把这些同志派到下属 14 个分校中去发展党的组织，并注意在夜校和识字班中培养青年农民和妇女参加党组织，为革命知识分子走与工农群众相结合的道路创造了良好的组织形式。

（三）党组织加强对华侨工作的领导

普宁县是著名的侨乡，目前旅居海外的侨胞人数达 70 多万人。广大侨胞具有爱国爱乡的热情。抗战爆发后，中共普宁县党组织十分重视做好华侨工作，争取广大爱国华侨支援家乡的抗日救亡运动，使广大华侨在抗战中作出重大的贡献。

普宁党组织根据上级的指示，先后采取多种措施，进一步加强对华侨工作的领导。

一是向海外华侨抗日团体寄送《抗敌导报》《青报》，开展广泛宣传，组织撰写文章在港澳和南洋华侨报刊上发表，并派专人到南洋各地宣传国民革命军陆军新编第四军（新四军）的抗日战绩和潮汕地区、普宁县抗日救亡运动情况，号召广大侨胞从人力、物力、财力等方面支援国内的抗日救亡运动。

二是组织归国华侨，特别是返乡抗战的华侨青年成立抗日团体。如 1938 年初，普宁县工委获悉在流沙开办诊所的医生江晓初等归侨有抗日热情和要求，便派罗天联系他们组织普宁县华侨抗日宣传队，经费由华侨负责，队伍由归侨青年和县青抗会派人组成。经动员联系，成立了一支 15 人的华侨抗日宣传队，江晓初任队长，实际工作由青抗会会员陈郁、林气乾、林华 3 人负责，成员有郭克等。他们在各地创办夜校，组织儿童队，印发宣传资料，出版墙报，宣传工作取得了显著效果。

三是动员归侨青年参军参战。抗战爆发后，旅居泰国等地的普宁籍华侨青年纷纷回国参加抗战。他们回国后，立即参加了党领导的青抗会，积极参加各种抗日救亡宣传活动。1938 年 1 月，党组织动员知识分子和归侨青年参加新四军。赤水村的归侨青年陈惠、陈新（陈一星）两兄弟，满怀救国热情，舍弃优裕的家庭生活，牺牲自己的爱情，毅然回国参加抗战。归侨青年赖石昂、陈国龙、吴秀远、黄刚华、陈海涛、刘大官等响应党组织号召，先后参加了新四军和抗日游击队，他们在抗日斗争中浴血奋战，其中吴秀远、陈国龙、陈海涛等为国捐躯。

四是教育广大侨属、侨眷为抗日救亡运动作贡献。许多侨眷响应党的号召，有钱出钱、有力出力，捐献各种物资，积极支援抗日前线和党组织的各项斗争，涌现了许多动人的爱国爱乡事例。如泥沟村侨属张青山，思想进步，是非分明，他把父亲汇来建屋用的款项支持党组织办合利书店和印刷厂，还拿出家中衣柜作书店的书架。在党组织转入隐蔽时期，他又拿出侨汇几百元作撤退转移的路费。山湖村归侨青年陈长明拿出家中侨汇 800 多元交党组织使用。1940 年，出身泥沟华侨殷户的党员张伯恭，对革命无私奉献，他拿出国币 3000 元买办布匹，支援党组织，同时拿出大量资金，支持普宁县委在石头圩办"合兴泰粮店"和在溪南开"盛发商行"，名义是做生意，实际是县委机关的情报交通站，为掩护地下党活动发挥了很大作用。

二、抗日救亡运动的蓬勃发展

（一）普宁县青年抗敌同志会的成立

普宁县青抗会是抗日战争全面爆发后，中共普宁党组织直接领导下成立的抗日青年组织。普宁县青抗会的成立是当时党组织为适应抗战形势，以党员为核心发动爱国青年组织起来的。当时普宁县党组织还没有公开，处于秘密状态，在这种情况下，要实现党中央的救国主张，就得有一个公开合法的适当组织。青抗会就承担了这个重大的历史任务，既是中国共产党领导的最基本的群众性抗日团体，又是同国民党普宁当局建立统战关系、开展统战工作的主要组织形式。

在普宁县党组织的领导下，成立了6900多人参加的一批抗日救亡群众团体，计有生活团2个，读书会9个，歌唱团4个，防奸拒浪团4个。1937年9月，汕头市青年救亡同志会（简称"青救会"）第五十五师随军工作队来到普宁，在中共普宁县工委的领导和工作队的帮助下，在这些救亡团体的基础上，筹建公开合法统一的青救会组织。10月初，普宁县青救会筹备处在流沙成立。11月14日，在中共普宁县工委的直接领导下，县内各地青年救亡工作者代表200多人，于流沙教堂集中开会，会议由县工委宣传部部长方泽豪主持，正式成立普宁县青救会。县设干事会，常务干事有王致远（王森泉）、方泽豪、罗天、郑敦、郭常平、许宜习、许衡等（均是中共党员）。下辖5个区理事会，区以下设若干中队、小队。县青救会的领导机关是县干事会，直接受中共普宁县工委领导，干事会建有党组，由王致远负责，作为领导核心。各区理事会则由各区委的青委领导，保证了整个青救会的领导权牢牢地掌握在党组织手中。

为了维护抗日民族统一战线和有利于开展群众性的抗日救亡运动，继1938年1月15日岭东青救会改称岭东通讯处后，普宁县青救会也改名为普宁县青抗会。1939年1月3日，普宁县青抗会在乌石普宁简易师范学校礼堂召开成立大会，来自全县各区的数百名青抗会会员满怀激情参加了这次盛会。会议选举王致远、方泽豪、郭常平、林英杰、郑敦为正干事，卢根、张世乾为候补干事，组成新的县干事会。此后，青抗会以公开合法的身份开展工作，有力地推动了全县抗日救亡运动的迅猛发展。青抗会组织也得到发展壮大，上半年登记入册的青抗会会员1000多人，是潮汕地区青抗会中人数最多的一个。

总之，青抗会是贯彻执行中国共产党的全面抗战路线和方针政策，掩护党进行公开合法活动的组织形式，是党领导各阶层群众开展抗日救亡运动的中坚力量。青抗会的活动轰轰烈烈，体现了时代的精神，在抗日救亡运动中发挥了巨大的作用。

（二）《普青》《青报》的创刊

1938 年 9 月 1 日，普宁县青抗会根据县工委的指示，在十分困难的情况下，大胆创办了党直接领导的机关报《普青》油印版，每月逢 1 日、15 日出版。不久，党组织设立了天和印刷厂，《普青》便由油印版改为铅印版，由天和印刷厂负责印刷。

1939 年 6 月，日军先后占领汕头、潮州、澄海，地下党组织为适应战争形势，把领导机构由潮普惠南分委改为潮普惠揭中心县委。中心县委加紧抗战动员，决定出版中心县委的机关报《青报》。7 月 1 日，《青报》以普宁县青抗会主办的小报形式创刊，3 日刊 4 开，每月逢 1 日、4 日、7 日出版。当时汕头的几家公私报纸因日军入侵都停办了。汕头地区的地方报只有每三日一期的《青报》在发行，因而受到潮汕人民大众的关注和欢迎，印数达四五千份，畅销于潮普惠揭地区，对推动潮汕前线的抗战产生了巨大影响。

《青报》设有副刊《少工园地》，以普宁县青抗会少年儿童抗敌同志会总队名义编辑出版。它原刊载于《青报》的第 4 版，每月出 3 期，至 11 月 14 日止，共刊登了 12 期，被列为第一辑。1939 年 11 月 24 日，应广大读者的要求，《少工园地》与《青报》"分家"，单独另页出版了第二辑。它重新设计了报头版面，每月出 3 次，逢 4 日出版。新出版的《少工园地》仍保留了第一辑出版时间和每月期数，但版面比原来扩大 4 倍，内容更加丰富，其栏目计有《十日时事讲话》、《少年生活讲话》、《少年工厂》（科技知识）、《寓言故事》、《乡土历史》、《小故事》、《童谣》等，文章短小精悍，生动活泼，既通俗又有地方特色，充分体现了政治性、知识性、趣味性的统一，深受广大少年儿童和小学生的喜爱。《少工园地》由天和印刷厂印刷，合利书店第二辑发行5000份。

（三）合利书店与天和印刷厂的创办

1938年6月间，为适应抗战宣传工作的需要，满足共产党员、革命群众对革命书刊、报纸的需求，推动抗日救亡运动的发展，中共普宁县工委在流沙创办了合利书店。12月，中共潮普惠南分委在流沙秘密创办了天和印刷厂，大量翻印党的文件、革命书籍，印刷进步报刊和抗战教材。

早在1938年5月间，普宁县工委就调郑寿松任交通员和书店发行员。开始创办书店时无资金，县工委领导人罗天、郑淳和郑寿松3位同志凑出175元，由郑寿松往汕头等地购进《新华日报》《抗敌导报》《群众》《解放》《大众哲学》及鲁迅作品等革命书籍，在流沙圩上设摊售卖，并到兴文、梅峰等学校销售。6月末，县工委在流沙健强路租下一间15平方米的简陋小铺作书店门市，从此，合利书店正式开业。开始没有书架，便利用铺窗的外摆陈设营业。7月，增调党员方佑善到书店工作。至10月间，为扩大书店规模，县工委派三区书记张重仁为合利书店负责人。书店搬到胜利街县工委租的一座二层楼营业，楼下作书店门市，楼上是党的领导机关办公的地方。

1938年10月，广州、武汉相继沦陷以后，中共潮普惠南分委考虑到汕头有沦陷的可能，估计会影响书刊的正常来源和运送渠道，决定自办印刷厂。党组织通过汕头地下党的关系，购到旧六度印刷机、圆镜机各一台，铅字粒及其他印刷工具一批。中旬，天和印刷厂正式开业。当时，中共潮普惠南分委领导机关也设在书店楼上。这里既是革命书刊发行站，又是党领导潮普惠南人民开展抗日救国斗争的中心。

合利书店和天和印刷厂是地下党推动抗日救亡运动，印发报刊、书籍，宣传群众的两个互相联系、紧密结合的单位。张重仁是总负责人，并主抓书店工作，印刷厂则由洪日善主要负责。印刷厂印刷的党内文件有《党支部工作纲要》等，翻印的革命书籍有《论持久战》《论革命战士的修养》等几十种，还印了许多抗战教材和歌谣。这些书刊都由合利书店负责发行。方方很关心合利书店的工作，有一次他来书店了解书刊发行及印刷情况之后，便提议由合利书店和香港中国图书出版公司的许涤新联系。此后，许涤新便经常将他们印刷的刊物及翻印延安出版的刊物《解放》《群众》等寄给合利书店，每种二三十份作为内部发行。书店还经常发行《新华日报》《抗敌导报》《前驱》等党内报刊。

1939年6月21日汕头沦陷后，为了预防日军对潮汕腹地进行侵略破坏，党组织指示把天和印刷厂转移到大南山陂沟村。7月1日以后，印刷厂和书店重新承担起《青振》的印刷发行工作。由于汕头沦陷后买不到小学教材，中共潮普惠揭中心县委指示印刷厂和书店发行自编的战时教材、抗日歌谣，供日校、夜校的学生学习。印刷厂在陂沟坚持到1939年底才搬回流沙。合利书店、天和印刷厂为在普宁县以至潮梅地区传播革命理论，繁荣抗战文化，普及抗战教育，扩大党的影响，推动抗日救亡运动，创造建党条件，作出了重要贡献。

三、大南山抗日游击据点的开辟

普宁县党组织在中共潮普惠揭中心县委的直接领导下，根据岐山会议关于把工作重点从城镇转向农村和山区，发动群众建立抗日游击支点，准备开展抗日游击战争的指示，十分重视大南山抗日游击据点的开辟，先后派出几批共产党员和革命骨干，深入大南山区，着手开辟抗日游击据点。

在普宁县属的陂沟、三坑、锡坑等一带村庄，原是土地革命战争时期中共东江特委和红军活动的根据地，曾建立过潮普惠县苏维埃政权。彭湃、古大存、方方等领导人曾在这里住过，在此领导土地革命战争，群众对革命队伍有着深厚的阶级感情，盼望党重新领导他们起来开展革命斗争。抗战爆发后，罗天、陈焕新都在这里进行宣传发动群众工作，有一定群众基础。1938 年上半年，根据上级党组织指示，陂沟村党支部负责开辟大南山的三坑、锡坑等老苏区作新的革命据点，准备开展游击战争。

1938 年，普宁党组织为了加强大南山游击据点的开辟工作，公开打着普宁华侨抗日工作队的旗帜进入大南山。这支由党员林气乾、陈郁、林华带领的 15 人工作队，沿着大南山边缘乡村，进入大南山的什石洋一带，宣传发动群众，巩固青抗会等救亡团体，恢复和发展党组织。

1938 年下半年，普宁县工委书记罗天指派曾鸣、黄淑瑶、郭征尘、林气乾等人以县青抗会工作队的名义深入大南山开展工作。罗天要求他们进山后要摸清国民党在这地方活动的情况和土地革命战争后期武器散落情况，恢复和发展党的组织，发动群众，准备迎击日军的进犯。他们从峡山出发，先到两英、古厝寮、坪溪、林招、雷岭一带村庄，转到惠来县靖海，后到锡坑等地，与惠来党组织派来的同志组成一支工作队，宣传发动群众，恢复党的组织和扩大青抗会，在两英的古厝寮小学建立了党支部，由曾鸣任支部书记，着手开辟武装斗争基地。

1939 年 2 月，中共潮普惠南分委主办的"青年学术讲座"结束后，以普宁县青抗会名义，组织一支 27 人的流动工作队，由王致远、郑敦、周光惠等带领，深入到大南山边缘的灰寨、涂坑等 30 多个乡村开展抗日救亡宣传活动和募捐，提高了民众的抗敌情绪和国家民族观念，并在一些乡村建立了青抗会和姐妹会等组织，发动群众做好备战工作。

　　1940年春，普宁党组织派张陶到大南山区五峰山下的长岭村，以当私塾先生为名，与派在牛角湾工作的陈育三、陈子诚联系，在望天石周围乡村中发展党的组织。通过一系列工作，革命老根据地大南山区出现了新的局面。1939年底，党员队伍发展到90多人，建立了中共南山特区工作委员会，书记曾鸣，组织委员丘光，宣传委员黄淑瑶。大南山人民群众情绪振奋，同仇敌忾，随时准备抗击日本侵略军。

第一节 党组织转入隐蔽斗争

一、隐蔽精干，蓄力待机方针的初步贯彻

（一）党员干部的转移

1940 年春，第一次全国性反共高潮虽然被打退了，但是在国民党统治区内，政治形势仍然是恶劣的。国民党普宁当局施行狠毒的政策，在强迫解散青抗会等群众团体后，大量建立三青团，强迫青年和学生参加，企图采取"以组织对抗组织"的办法，堵塞中共党组织的发展道路。同时，实行新县制，加强对管（政权）、教（教育）、养（经济）、卫（武装）各个部门团体的掌握和控制，与中共党组织争夺一切活动阵地。

5 月 4 日，中共中央指示："在国民党统治区域的方针，则和战争区域、敌后区域不同，在那里，是荫蔽精干，长期埋伏，积蓄力量，以待时机，反对急性和暴露。其与顽固派斗争的策略，是在有理、有利、有节的原则下，利用国民党一切可以利用的法律、命令和社会习惯所许可的范围，稳扎稳打地进行斗争和积蓄力量。"党中央的指示，像明灯一样照亮了每个党员的心，为地方党组织指明了斗争的方向。中共潮普惠县委根据这个指示，重新布置了新的斗争。

为了保护党的组织和党员干部的安全，以适应地下隐蔽斗争的需要，县委在领导青抗会反解散斗争后，立即撤退已暴露的党

员和干部，如通知王致远和《青报》主编陈洁到梅塘和涂洋村隐蔽，总结青抗会斗争材料，住两三个星期后，派他们往梅县闽西南党校学习。党组织又调庄明瑞到中共揭阳县委青年部工作，具体指导南侨的反解散斗争。党员干部全部安全转入地下，中共潮普惠县委领导机关也从流沙转移到池尾的山湖村. 县委书记罗天和妇女部部长方东平以兄妹相称，隐蔽住在山湖村的一座华侨房屋"鸣和居"，继续领导全县的斗争。其他县委领导也分别以各种社会职业作掩护，避过敌人的注视，维护组织的安全，坚持秘密工作。1940 年 11 月，根据中共中央、南方局的指示，中共闽西南潮梅特委在梅县召开执委会议，成立了由方方任书记、张文彬任副书记的中共南方工作委员会（简称"南委"），机关设在大埔县。12 月，中共潮梅党组织代表会议在揭阳县水流埔召开，姚铎、何渡、林美南、罗天、李平、方朗、马士纯、陈勉之等近 20 位领导人参加会议，时间 6 天。会议传达了闽西南潮梅特委执委会议精神，成立了中共潮梅临时特别委员会（1941 年改称中共潮梅特别委员会），书记姚铎，副书记李平（7 月，姚铎调南委任职，李平继任书记，副书记林美南），组织部部长何浚，宣传部部长林美南，妇女部部长方朗，委员马士纯、陈勉之、罗天等，讨论并部署了在潮梅地区全面贯彻中共中央关于国统区党组织执行"十六字"方针、进一步巩固党组织、做好武装斗争的准备等工作。根据形势的变化，中共潮梅特委决定，撤销中共潮普惠县委，新成立中共揭普惠边区工委和中共普宁县委，直属潮梅特委领导，揭普惠边区工委由罗天任书记，李日任组织部部长，陈绍贡任宣传部部长，机关设于三区的竹林村，下辖普宁的三区、云落、南阳山和揭普边界地区的党组织。普宁县委由杜修田任书记，罗彦任组织部部长，吴健民任宣传部部长，陈维勤任青年部部长，先后由陈舜华、陈德惠任妇女部部长。机关设于大南山的什石洋村，下辖普宁县除三区和云落外其余地区的党组织。

中共揭普惠边区工委下辖普属三区区委，区委书记官绍祉，组织委员方声坚，宣传委员黄求孝，青年委员郑苏民，妇女委员陈少虹。1941 年 2 月，撤销揭普惠边区工委后，原辖三区党组织划归普宁县委领导。

中共普宁县委下辖普属二区、三区、五区、东北区、里和特区等区委会。二区区委书记先后是李凯、黄光武，组织委员杜同文，宣传委员黄光武（兼），妇女委员杜若。五区区委书记王家明，组织委员陈欣白，宣传委员吴士光，妇女委员先后是陈淑贤、陈惜香。东北区委主要辖普宁四区、七区的党组织，书记郑流阳，组织委员张启丽，宣传委员郑文韩。1941 年 2 月，中共揭普惠边区工委撤销后，为了继续抓好揭普惠边区的开辟工作，成立中共里和特区委员会，辖和安、里湖四社及南阳山区的党组织，书记张珂敏，组织委员陈淑贤，宣传委员陈国熙，委员林廷朝、黄骏、许艺生。

（二）特派员制的实行

1941 年 9 月，鉴于政治形势日益恶化，国民党顽固派对抗日进步力量的压迫日甚一日，中共南委根据中共中央南方局的指示，进一步贯彻"荫蔽精干，蓄力待机"方针，为适应长期斗争的需要，向属下各地党组织发出改变党的领导体制的指示。据此，潮梅各级党组织均由集体领导的党委负责制改为个人负责的特派员制，实行单线联系，不开会议。中共潮梅特派员林美南，副特派员李平。潮梅特委委员罗天则作为特委特派员之一，分工负责管理潮普惠南揭丰等县党组织。中共普宁县特派员先后是杜修田、吴南生，副特派员陈维勤、陈德惠。下辖普宁二区特派员张希非、杨英伟、张陶、陈勃；五区特派员王家明、吴澄民；一区、六区、九区特派员林史、陈少虹，副特派员杨璞轩；东北区特派员（活动范围是四区、七区）郑流阳、陈德祉。与此同时，为了加强边区建设，增设中共普惠陆边区特派员林川，副特派员黄求孝。主要活动点为船埔的樟树仔村，下辖普宁三区特派员林史、陈少虹、官绍祉；里和特区特派员詹泽平，副特派员许艺生；南阳山区特派员詹泽平、张陶。后因中共南委遭受国民党顽固派严重破坏，党组织暂停活动，特派员制沿至 1942 年 10 月止。

二、开展合法与"非法"相结合的斗争

（一）开展救荒斗争

1940 年初，普宁和潮汕各县一样，出现了严重的春荒。主要原因：一是日军的侵略及对潮汕沿海的封锁，阻断了粮食进口和侨汇来路；二是国统区当局不但不关心民生疾苦，组织群众生产自救，反而纵容包庇地主奸商囤积居奇，肆意提高物价，不少贪官污吏和军队甚至公开参与走私粮食大发国难财，造成粮价飞涨。广大群众挣扎在饥饿死亡线上，饿死人现象时有发生，里湖甚至出现了卖人场，专卖妇女和小孩。因此，全县各地群众为求生存，陆续自发掀起抢米风潮。

1940 年 1 月，中共闽西南潮梅特委指示："要了解对民主、民生的要求，仍是为着抗战，要了解打击顽固分子，就是打击日寇汉奸；要了解这一斗争，党如果不去领导便会失掉群众，群众的斗争得不到党的领导，不是失败便是走上没有组织、没有前途的骚动，抗战前途、社会治安都将受到极大影响。"普宁党组织根据这一指示，迅速派出得力骨干，组织、引导群众将斗争矛头对准运米资敌的奸商和囤积居奇、哄抬米价的地主劣商，并注意做到有理、有利、有节，将非法斗争转为合法斗争。1—5 月间，在各地党组织领导下，抢米浪潮席卷里湖、流沙、白马、晖晗等全县主要镇，参加的群众多的数百人、少的几十人，狠狠地打击

了地主、奸商、市侩，迫使粮价回落，使部分群众有粮度荒，为农民群众争得一点生机。

除了抢米这一全县性斗争之外，普宁各地党组织还带领群众进行生产自救、修筑水利、开展"二五"减租斗争和鸡笼山采矿斗争，帮助群众解决生活困难，度过春荒，从而加深了与群众的血肉联系，有效地推动抗日反顽斗争向纵深发展。

（二）南阳山游击据点的开辟

从 1940 年起，普宁党组织在由公开向荫蔽转变的过程中，根据上级指示，注重边界山区和游击据点的开辟，陆续抽调力量，加快南阳山游击据点的开辟工作，为开展抗日游击战争创造条件。

南阳山区又称普惠揭陆边区，这里扼制着潮汕与惠阳地区的交通，联结着大南山与大北山，具有十分重要的战略地位。1940年1月，曾任中共潮普惠南分委统战部部长的马士纯和中共潮普惠揭中心县委组织部部长罗天，先后深入到原是苏区的樟树仔、火烧寮一带乡村访贫问苦，进行调查研究，为在该地重建党组织做准备。

1940 年 2 月，中共潮普惠揭中心县委抽调了一批有武装斗争经验的干部吴英、马毅友等人，组成一个秘密的武装工作小组进入南阳山区活动。7 月，该小组与黄玉屏带领的由敌后转移过来的汕青游击队的武装小组会合，组成一支 14 人的抗日武装工作小队，以樟树仔村为立足点，开辟南阳山抗日游击基地。这支武装工作小队由中共潮梅特委和潮普惠县委双重领导。

8 月，南阳山武装小队在罗天的指导下，与潮阳党组织领导人吴扬等人配合，出击潮阳之敌据点大坑乡，夺取了该乡恶霸把持的炮楼，缴获机关枪 2 挺，长短枪 7 支，子弹一批。同年冬，武装小队又一次出击平原之后，分成两个小组返回基地。陈子诚、张仲林（张荣森）两人在梅林老圩吃饭时被当地警察逮捕，他们在狱中坚守秘密，后经组织设法营救出狱；黄玉屏、刘镇坤两人在梅林尖石坳与惠来县警察局便衣队遭遇，当即打了起来，黄玉屏突围脱险，刘镇坤当场牺牲。武装小队遭此严重挫折，党组织立即通知他们撤离南阳山区。

1940 年 12 月，经中共潮梅特委决定，为了加强对南阳山区工作的领导，建立了中共揭普惠边区工委，由罗天任书记，机关设于里湖竹林村。1941 年 2 月，边区工委撤销，重新成立以张珂敏为书记的中共里和特区委员会，继续开展边区工作。3 月，林川代表党委决定派詹泽平以特派员身份到南阳山区接替吴英坚持党的工作。詹泽平进入南阳山区后，依靠党员群众的掩护，逐步开展建党工作。经过一段时间的努力，恢复和发展了党员 15 人，建立了党支部，下设樟树仔、深水、火烧寮 3 个党小组。

1942 年 3 月，因詹泽平身份暴露，另派张陶接替。8 月，张陶因工作需要调动。南阳山区党组织坚持斗争两年多，至 1942 年 10 月才暂停活动。南阳山游击基地的开辟具有一分重要的意义，它为抗战后期的武装斗争打下了重要基础，成为游击战争的重要基地。

（三）"南委事件"与党组织暂停活动

1942 年 5 月底至 6 月，中共南委因叛徒出卖遭到严重破坏。5 月 26 日，南委组织部部长郭潜被捕叛变。郭潜引国民党特务先后逮捕了粤北省委书记李大林，八路军驻香港办事处主任廖承志，南委副书记张文彬、宣传部部长涂振农等。接着南委的交通站站长也被捕。南委书记方方及其他负责同志根据急剧恶化的形势和中共中央南方局书记周恩来的指示，及时采取疏散措施，才幸免于难。

当郭潜带领特务包围、搜查大埔县高陂镇的南委交通站时，原潮梅特委委员陈勉之因公务刚好到达高陂，目击了当时的情况，即赶回揭阳县向潮梅副特派员李平汇报。李平估计南委可能遭到破坏，认为形势十分严重，当机立断采取三项措施：一是马上切断与南委的一切交通联系，撤退潮梅党组织与南委交通站有过关系的人员，以防止受到牵连破坏；二是把情况火速通知在梅县的潮梅特派员林美南；三是立即派陈勉之到重庆向中共中央南方局书记周恩来汇报，并向设在桂林的南委联络站负责人徐扬等通报情况。

陈勉之到达重庆汇报后，周恩来指示：南委、潮梅特委应继续坚决执行"荫蔽精干，长期埋伏，积蓄力量，以待时机"的方针，切以安全为第一，防止事件的继续扩大；南委所辖组织暂停活动，上下级和党员之间不发生组织关系，不发指示，不开会，不收党费，何时恢复组织活动等待中央指示决定；坚决撤退转移已暴露的党员干部，分批撤退到重庆转延安学习，有条件的可自己转移地区；党员执行勤学、勤业、勤交友的"三勤"任务，以后恢复活动按此审查，不强调斗争；方方在有安全保障的条件下，应坚决撤退到重庆。9月上旬，陈勉之回到揭阳，先后向林美南、李平并通过林美南向方方传达了周恩来的指示精神。方方根据上级指示精神，结合实际进行具体部署：（1）明确撤退不是"卷土而走"，要留根子。（2）明确撤退并非溃退，要有组织有准备进行，先撤退已暴露的干部，后撤退外地机要人员；虽然停止工作，组织分散，但对下属要做好具体安排。11月，方方离开梅县赴揭阳隐蔽。1943年4月21日，方方在揭阳县起程，由吴南生护送至丰顺县汤坑镇后，由王华生陪送，5月安全抵达重庆南方局机关。

国民党顽固派制造的第二次反共高潮和"南委事件"的发生，使普宁党组织处于抗日战争时期最为困难和恶劣的政治环境之中。1942年9月，普宁党组织接到上级的指示之后，立即逐级传达，同时着手清理文件，安排党员隐蔽和转移。当时，一部分领导干部如李平、罗天等，奉命撤往南方局，张希非、陈勃等党员撤往江西，部分身份已暴露的党员干部撤往福建、广西等地，还有部分党员经组织批准撤往南洋。中共潮梅特派员林美南决定潮普惠党组织工作由林川负责。林川住在泥沟村两个月，部署党员干部有组织撤退。他按照以下三个条件，挑选部分党员干部隐蔽下来：一是身份未完全暴露的，能站住脚；二是政治立场坚定；三是有独立工作能力。林川还指定各区党组织联络员：二区张珂敏、张希非，三区詹泽平、林廷朝，四区郑流阳，五区杨英伟，一区、八区林史，潮普南边区郑希、罗彦。留在普宁和邻县坚守岗位的党员，通过各种社会关系，利用教书、种田、经商等合法职业隐蔽起来，做到"干一行，像一行"，并纹定好联络暗号。其中绝大部分党员隐蔽在普宁和邻县的乡村学校，通过办日校、夜校和识字班等形式，团结和教育一大批农民和青年学生，广交朋友，打牢群众基础。有的学校后来成为党组织新的活动据点。不论是撤往外地或原地隐蔽的干部和党员，均实行"三化"（合法化、社会化、职业化），执行"三勤"任务，长期隐蔽，蓄力待机。

第三节 夺取抗日战争的最后胜利

一、人民抗日游击队的建立、发展与斗争

（一）潮汕人民抗日游击队的成立

1945 年 3 月 9 日，中国共产党领导的潮汕人民抗日游击队，于普宁县的白暮洋村宣告成立。在抗日游击队成立大会上，原中共潮梅特派员林美南作了动员报告。他回顾潮汕地区党组织和人民群众自抗战以来所走过的艰难曲折的历程，分析了当时国内外的反法西斯战争形势，指出成立潮汕人民抗日游击队的重大意义，鼓励全体指战员英勇杀敌，收复失地，把敌人赶出潮汕。林美南还代表党组织宣布：林美南任游击队党代表，王武任队长，曾广任政委，林川任政治处主任，谢育才任军事顾问，张珂敏任军需处主任。游击队下设 2 个中队和 1 个短枪班：汪硕任第一中队中队长，陈彬任指导员；杜石任第二中队中队长，李凯任指导员。会上，大家唱歌欢呼，庆祝抗日游击队的成立。附近群众也前往参加，还送了两头大肥猪，以示祝贺。在抗日游击队成立的第二天晚上，召开大队、中队干部会议，研究了建立根据地等问题。会议决定，以山深林密、横跨潮普惠三县、有光荣革命斗争历史的大南山为根据地。11 日晚，除留下突击队在平原活动外，游击队冒着寒风细雨转移到大南山的锡坑，在大窝村设立司令部、后方办事处和党务工作委员会，开展抗日武装斗争。

3月13日，游击队公开发表《潮汕人民抗日游击队成立宣言》。该宣言阐明了游击队的宗旨、任务和方针，指出："我们要驱逐敌人，收复家乡，最主要是依靠潮汕人民的民主团结，组织武装和坚决斗争。"并郑重宣布："只有日寇和真正的汉奸、民族叛徒是我们的死敌。一切抗日党派，抗日武装部队，抗日人民团体，以及一切不愿做奴隶的人们，不论过去对我们如何，今天都是我们的战友。我们不仅和日军汉奸作战，维持社会治安、保护公正绅商利益，也是我们的责任。我们愿意和一切抗日力量互助合作，共同奋斗，直至最后胜利！"这一宣言的发布，给乡土沦亡的潮汕人民带来了希望，在社会各界引起很大反响。

游击队开进大南山后，重视组织机构的建立健全和部队体制的配套完善。初期，设有司令部，配备军事、政治、后勤干部。不久，各种附属机构和直属单位也相应建立起来。随着武装斗争的开展，游击队在白水设立后方医院，在黄竹坑设立临时后方医院，总负责人何史，主治医师陈建生。另在泥沟村和涂洋村分设两个伤兵急救站，泥沟伤兵急救站设在玉湖村承先堂和张达平家，负责人张达平，主治医师洪文鹏；涂洋伤兵急救站设在文祖公厅，主治医师方声权。战斗打响后，伤员得以随时抬送到两处急救站救治。后来的西陇、里湖战斗，伤兵较多，都在这两个站及时抢救，危重伤兵经初步处理后再护送后方医院。

此外，游击队还建立了枪械修理所和地雷班，负责人林衡。枪械修理所不仅能修理枪支，还与地雷班一起研制了地雷，在几次伏击战中，大摆地雷阵，发挥了巨大的威力，给敌人以重大的杀伤。游击队和普宁党组织十分重视搞好军事情报工作，充分发挥群众的耳目作用，在各地建立秘密情报交通站，选择一批思想觉悟高、沉着老练、作风扎实的共产党员和革命群众担任情报交通员，建立了严密的联络制度，搜集到敌方情报，迅速传递给游击队。秘密情报交通站分布较广，点多线长，在普宁县内设立两个总站，分别在赵厝寮小学和东埔小学。东线在陇头、华林、西社、横溪、和尚寮，西线在涂洋、溪南、棉湖等村建立分站。各分站下面设立若干情报点，获取情报后，即迅速向所在的总站报告，总站再直接向司令部汇报。司令部还直接掌握一个交通情报站，设在泥沟村张青山家，代号"青山站"。这个情报站既汇集、传递重要情报，又接待、掩护韩纵过往领导同志，一些突击性行动有时就在这里临时碰头，作出决定。平时，各交通情报站为了准确地掌握敌情，利用各种办法积极开展活动，搜集情报。如赵厝寮村的贫苦妇女阿鹄婶，党培养她担任情报员，她伪装求乞，到流沙圩去了解"四大天王"之首陈君秀、土匪头子李巧来、国民党流沙侦缉队队长等人的活动情况，出色地完成党组织交给的任务。

（二）潮汕人民抗日游击队对日伪军的战斗

潮汕人民抗日游击队在大南山站稳脚跟后，根据队伍指战员多数没有作战经验，但士气高涨，地形、民情熟悉等实际，作出了组织小型队伍开展机动灵活的游击战的正确决策。1945 年 3 月下旬，第一中队调 60 多人枪组成第一突击队，在参谋杜平、指导员李凯的带领下，赴普宁南部地区和潮阳北部地区活动；第二中队调 50 多人枪组成第二突击队，在王武、谢育才带领下，赴普宁北部地区活动。

两支突击队积极寻找战机，机动灵活打击小股日军、伪军，以求积小胜为大胜。3 月底，王武带领第二突击队 20 多人，到普宁四山乡公所，采取政治攻势，不发一枪一弹，收缴了普宁县政府弃土逃亡时寄藏在该所内的长枪 22 支，子弹 8 箱，桐油 150 多罐。4 月 15 日，第一突击队在流沙的晖晗桥边设伏，击毙罪大恶极的日伪流沙维持会会长、汉奸许泽新；数日后，在白马圩捕杀勒收屠宰税的汉奸 4 人。同月，在马栅村袭击勒往杉木的小股日军，并在四区德安大廖村活捉日军炮兵界正则。4 月下旬，第二突击队在洪阳至麒麟的公路之间的陈洞径设伏，伏击日军运输队，迫其丢下行装仓皇而逃，突击队缴获军马数匹和一批物资凯旋。5 月 7 日，两支突击队于同一天分别袭击麒麟伪警察所和南径伪第四区署自卫班，俘警察所所长余乃武等以下官兵 30 多人，缴枪 20 多支。此外，突击队还打击了冒充潮汕人民抗日游击队名义，拦劫财物、残害群众的国民党反动武装，先后缴获长短枪 40 余支、弹药和物资一批。如 4 月 2 日，第二突击队在梅塘的高埔村围攻国民党特务官浩经带领的国民党别动队粤东行动组，缴获短枪 9 支，并在藏宝堂村挖出其所藏黄色炸药、手榴弹一批，为普宁人民除了一害。游击队一系列的胜利战斗，特别是陈洞径一仗，震慑了敌人，鼓舞了群众，迫使驻扎在南径、麒麟等地的日军龟缩回普宁县城。自此，游击队威名大震。人民群众说：抗日的是共产党，逃跑的是国民党，英勇善战的是抗日游击队，腐败无能的是国民党军队。

1945 年 5 月 14 日，为了瓦解敌人，潮汕人民抗日游击队发布《告伪府伪军人员书》，指出日本强盗的命运是彻底失败，严正警告一切伪政权人员的唯一出路是停止作恶，悔过自新，将功补罪，举行反正，驱逐敌寇。除此之外，都是死路。在日本侵略者临近灭顶之灾的形势下，这一宣言书极大地动摇了伪军和伪政权人员，使其收敛劣行。与此同时，游击队还发布《为准备反攻驱逐日寇告潮汕同胞书》，号召潮汕同胞立即组织起来、武装起来，"配合游击队肃奸杀敌，保卫家乡，解放自己"。普宁县各地人民群众纷纷响应党组织和游击队的号召，积极参军参战，有些村庄入伍的人成群结队。如二区的赵厝寮、泥沟、西陇、山湖、定厝寮等村，三区的涂洋、藏宝堂等村，就各有 30 ~ 60 名青年报名参加游击队，使游击队的力量迅速发展壮大。至 5 月下旬，潮汕人民抗日游击队已发展到 500 多人，于是在普宁二区郭厝寮进行扩编，将第一中队改为第一大队，大队长王武、政委曾广，副大队长汪硕；第二中队改为第二大队，大队长杜平，政委林川。同时，将警卫班扩编为警卫连。潮汕人民抗日游击队成为潮汕地区一面人民抗战的旗帜。

（三）广东人民抗日游击队韩江纵队第二支队在普宁成立

1945 年 5 月，在德意法西斯面临彻底覆灭和中国抗日战争接近胜利的前夜，中国共产党在延安召开第七次全国代表大会（简称"七大"）。大会系统总结中国革命的基本经验，为彻底打败日本侵略者，建设中华人民共和国做准备。中共广东省临时工作委员会（简称"广东省临委"）根据党的七大确定的政治路线和中共中央对广东抗日武装斗争重要电示精神，决定将潮汕人民抗日游击队扩编为广东人民抗日游击队韩江纵队，并对全省抗日武装斗争作了新的部署，以推动广东人民抗日游击战争更迅速发展。在这一形势下，中共潮汕党组织主要负责人林美南于 6 月初，在大南山抗日游击根据地内的普宁县陂沟村召开潮汕各地党组织主要负责人和游击队主要领导人参加的会议。会议首先用 1 天时间研究党组织的工作问题，参加者有林美南、周礼平、曾广、林川等。会上，各地党组织负责人汇报了各地区审查党员、恢复党组织活动的情况，研究、部署了在新形势下加快发展党组织的工作。然后，会议用 2 天时间研究军事问题，参加者扩大到王武、谢育才、方东平、杜民锋、陈权、张珂敏、汪硕、许杰、李凯、陈扬等。林美南在会上传达了中共广东省临委关于将潮汕人民抗日游击队扩编为广东人民抗日游击队韩江纵队的指示。据此，会议决定在韩纵之下组建 3 个支队：潮普惠方面的队伍整编为韩纵第二支队，以周礼平、许杰的潮澄饶敌后突击队为主在潮揭丰边的小北山区组建第一支队，在适当时机由曾广、汪硕率领独立大队赴揭阳的大北山区组建第三支队，使之形成"品"字形的布局，以逐步实现原定的西联东江纵队，北接兴梅的韩纵，东靠闽西南的王涛支队的战略部署。会后，迅速展开各项准备工作。

潮汕人民抗日游击队潮普惠方面的队伍扩编后，战斗力加强，接连在大坝、乌石等战斗中打了几次胜仗，俘虏了部分敌兵，加上大批农村进步青年参军，至 6 月下旬，全队发展到 780 多人枪。6 月底，广东人民抗日游击队韩江纵队暨第二支队成立大会在流沙圩举行。参加大会的有党和部队领导人林美南、谢育才、林川、曾广、李凯、杜民锋、吴坚、方东平、张珂敏、陈扬，游击队指战员和当地各界代表等，共数百人。会上，林美南宣布广东人民抗日游击队韩江纵队成立，并公开宣布接受中国共产党的领导。林美南任韩纵党代表（后改任司令员兼政委），谢育才任军事顾问。战斗在潮普惠南地区的游击队整编为广东人民抗日游击队韩江纵队第二支队，支队长兼政委林川，副支队长兼参谋长杜平，政治处主任吴坚、方东平（后），军需处主任张珂敏，参谋处主任陈扬。林美南号召全体指战员在中国共产党领导下，紧密团结，英勇作战，打败侵略者，夺取抗战最后胜利！成立大会在群情振奋的气氛中胜利结束。

韩纵第二支队下辖 4 个大队和 1 个独立中队、1 个教导队。新组建第一大队（代号"普部"），大队长陈国龙，政委林西园，全大队 140 多人枪。大队下设 2 个中队，第一中队中队长张声籍，指导员陈勃；第二中队中队长黄刚华，指导员黄一清。第二大队不变（代号"遍部"），大队长许继，政委张伯哲，副大队长陈振华，全队 140 人枪。大队下设 2 个中队，第三中队中队长曾松，指导员陈欣丰；第四中队中队长李扬辛，指导员方书智。原警卫连扩编为第三大队（代号"发部"），大队长郑剑夫，政委池声清，教导员倪宏毅，全队 140 人枪。大队下设 2 个中队，第五中队中队长黄欣睦，指导员庄修明；第六中队中队长李哲生，副指导员陈思国。原第一大队改称独立大队，在未开赴大北山前由第二支队兼管，大队长汪硕，政委曾广。此外，还建立了 1 个独立第九中队，中队长郑伯英，指导员郑觉，全队 140 人枪，由第二支队直接指挥。教导队队长黄天金，指导员黄光武。第二支队成立后，队伍继续发展壮大。7 月 16 日，国民党揭阳县"河山部"两个中队在揭阳县棉湖起义，加入第二支队战斗序列，被编为第四大队（代号"勇部"），大队长高风，政委吴坚，副大队长陈雁、古绍祥。大队下设 3 个中队和 1 个短枪队。至此，第二支队拥有 1000 余人枪，成为韩纵的主力部队，战斗在潮普惠平原和山区，英勇地打击日伪军，并同国民党顽固派消极抗日、积极反共的行径进行了针锋相对的斗争，取得了重大胜利。

二、普宁县流沙区抗日民主政府的成立

普宁县是韩纵第二支队的主要活动区域，潮汕党组织的大批主要领导骨干集中在韩纵第二支队和普宁县加强领导，确保了第二支队的政治、军事、经济等方面工作沿着正确方向发展，迅速打开了普宁县抗日战争的新局面。全县各地在基层党组织的领导下，群众的抗日情绪空前高涨，农会、民兵、妇女、儿童等组织在各乡村逐步建立起来，参军支前、筹粮款支援游击队等活动十分活跃。因此，成立区、乡抗日民主政权的条件已经成熟。

1945 年 6 月，林美南、林川等研究决定，成立行政督导队，组建抗日民主政权，加快抗日游击根据地的建设。会后，韩纵司令部调集政治工作干部和其他知识分子干部共 30 多人，在大南山陂沟小学成立行政督导队，由方东平任队长，陈德智（陈伟）任副队长。下设秘书、政权、宣教、征集等组，分别由王琴、卢根、

刘斌、林西园任组长。主要队员有：林戈、萧野、刘佩芳、杨影、张良、吴伙、陈锡爵、吴唐生、庄洛川、卢煤、黄骏、林野、杨渊等。行政督导队成立后，迅速以流沙为中心，展开建政的宣传、发动和筹备工作。行政督导队根据党中央关于抗日民主政权中，实行共产党员、非党左派进步分子、中间派各占三分之一的"三三制"政权制度的指示，协同地方党组织，物色人选，酝酿政府领导成员名单，研究政府机构的编制和草拟施政纲领等，并在流沙周围40多个村中成立了民主政权。7月24日，流沙地区的各乡村民主政府、农会、青年、妇女和各界民主人士、韩纵的代表共100多人，在流沙教堂举行代表大会。大会宣布成立普宁县流沙区抗日民主政府，选举泥沟乡爱国民主人士张珂健为区长，共产党员刘斌为副区长。会后，流沙区抗日民主政府设址于平湖村黄氏祖祠办公，并举行第一次会议，成立政府工作机构，下设4科：秘书科、民政科、财政科、宣传科，另由韩纵第二支队成立一支保卫区政府的中队（30多人）。区政府成立后，即研究施政具体措施和发布政府布告。

3天后，在流沙区抗日民主政府和行政督导队的帮助下，马泗乡、六八乡两个乡抗日民主政府宣告成立，分别选举蔡汉龙、李秀畅担任乡长。弥乌、南泗、十赤、秀郭、德安等几个乡也已物色好人选，积极筹备成立抗日民主政府。

流沙区和各乡抗日民主政府的成立，在社会上引起强烈反响，也引起国民党反共顽固派的极大恐慌。8月5日，顽固派调集1000多人分三路向流沙进攻。区抗日民主政府被迫撤出流沙，迁往大南山。其他各区、乡的建政工作也被迫暂停，并因形势的逐步恶化，改为建立白皮红心的两面政权。

普宁县流沙区抗日民主政府是潮汕党组织在抗日战争时期建立、领导的第一个抗日民主政权。其成立标志着以大南山北麓为中心，北起普宁县流沙一带，南至惠来县河田一带，东起南山的林招一带，西至惠来县（现属普宁市）云落一带，方圆约1000平方千米，拥有数十万人口的潮普惠南抗日游击根据地的形成，这也是潮汕党组织及其领导的韩纵所建立的第一块抗日游击根据地。此后，因遭到国民党顽固派调集重兵的疯狂进攻，敌强我弱，潮普惠南抗日游击根据地未能得到进一步的巩固而日益缩小。

三、反击国民党顽固派的军事进攻

（一）多年山阻击战

韩纵第二支队在反顽自卫战斗中节节胜利，给国民党顽固派以沉重打击。1945年7月24日，流沙区抗日民主政府成立，更使反共顽固派惊恐万分。梁锡权、周英耀等反动头子，以每月补助210万元的代价，从外地雇请由海盗惯匪改编的国民党第七战区挺进队第一纵队600多人，由司令林之梁率领，配机枪50多挺、迫击炮数门，前来普宁"助剿"。

8月4日，国民党广东省第五区保安司令部前方指挥所命令普宁兵团等，分二路向驻流沙的抗日民主政府和韩纵第二支队发动进攻。为配合行动，敌挺进队第一纵队派兵在涂洋、乌石、狮腰山、高明、钟潭至流沙一线搜索。韩纵司令部接到情报后，迅速研究对策，决定利用有利地形，痛击顽固派，即调第二支队第三大队到赤水一线警戒，第二大队的第三、第四中队到前沿阵地伏击。第二大队受命后，马上投入战斗准备。第三中队在多年山占领面向顽军来路的一个前沿制高点；第四中队埋伏在其左侧的牛屎练山，监视里湖方面顽军动静。

8月5日下午2时许，阴雨绵绵。两路顽固派军队先后与严阵以待的第三、第四中队遭遇，遭到游击队的猛烈截击，敌军被打得人仰马翻，大队长被当场击毙。但敌军凭着人多势众，装备精良，调整部署后，即抢占山头，发起进攻。战斗打响后，虽然情况非常危急艰难，但指战员们毫不畏惧，死守阵地，战斗一直坚持到黄昏。陈欣丰、张珂华、方溜、陈克平、汪瑞枝、吴雄、杨进明、叶兴阳等18位指战员英勇牺牲。他们为完成阻击任务，掩护主力部队、司令部和抗日民主政府人员安全转移，付出了自己的生命。夜幕降临，敌军不敢恋战撤走，游击队也撤出战斗。

在多年山阻击战中，韩纵第二支队指战员英勇奋战，又一次粉碎了国民党顽固派精心策划的大规模军事进攻。18位烈士英勇奋战、壮烈牺牲的大无畏革命精神，激励着广大指战员更加勇猛地战斗！

（二）抗日战争的胜利

1945年7月26日，中、美、英三国发表《中美英三国促令日本投降之波茨坦公告》（简称《波茨坦公告》），促令日本无条件投降。8月8日，苏联政府宣布对日作战。14日，日本政府照会美、英、苏、中四国政府，宣告接受《波茨坦公告》。15日，日本天皇裕仁以广播"终战诏书"形式宣布无条件投降。9月2日，日本天皇和政府代表以及日本大本营的代表在投降书上签字。中国抗日战争胜利结束，第二次世界大战也胜利结束。

9月13日，日军第二十三军司令官田中久一在广州中山纪念堂签署了投降书。广东地区的抗日战争胜利结束。

9月28日，日军第二十三军司令官田中久一的代表富田直亮在汕头市签署了投降书。潮汕地区的日军4800余人同时缴械投降，并被送入礜石集中营；全部伪军也缴械投降。至此，潮汕地区的抗日战争胜利结束。普宁人民和全国人民一样，热烈庆祝抗日战争的胜利。

抗日战争的胜利，是全国各族人民经过艰苦卓绝的斗争，付出了极大的代价取得的。在普宁县，人民群众被日军杀死和因侵略战争造成大饥荒而饿死、病死者就达 10 万人以上，在对日伪顽军战斗中牺牲的烈士就达 76 人。

　　总之，普宁人民为抗日战争的胜利作出了巨大贡献和牺牲，以自己的血肉之躯筑起了新的长城，为中华之崛起发出了强有力的呐喊。

第五章

解放战争时期

　　解放战争时期，普宁党组织领导开展反"三征"斗争，成立潮汕人民抗征队第三大队，组建多支武工队深入敌后打游击，壮大武装力量，发动人民群众。1949 年 2 月，成立中国人民解放军闽粤赣边纵队第二支队第二团。同年 10 月 12 日，普宁全境解放。

第一节 积蓄力量，准备开展新时期的斗争

一、抗日武装力量的自卫反击战

抗日战争胜利后，普宁人民热切地期望能有一个和平的环境，以便得到休养生息，建设自己的家园。但是抗日战争胜利后的形势表明，人民要实现美好愿望，还需要进行艰苦的斗争。

内战的火焰，早于抗战末期就在普宁地区点燃。1945 年春，潮汕的共产党组织恢复了组织活动，成立中共潮普惠县委员会，同时成立潮汕人民抗日游击队（6 月底改称为广东人民抗日游击队韩江纵队），打击日伪，保卫家乡。在日军侵占普宁之时，抛弃全县领土和数十万人民逃上五峰山的国民党普宁县政府，在日军撤离普宁之后，急忙跑下山来抢夺人民的胜利果实，戈指人民抗日武装，悍然挑起内战。8 月 5 日多年山一战之后，他们更调动其驻在普宁的挺进队，配合县保安团、县自卫队等共 1000 多人的武装，继续进攻大南山游击区，寻找游击队主力，企图以优势兵力歼灭抗日游击队。在这种情况下，韩纵第二支队决定用战斗来保卫人民的胜利果实，采取灵活机动的战略战术，多次挫败国民党反动军队的进攻，改变不利局面。9 月初，第二支队调动 3 个大队转战潮阳的棉城，出击两英，西征惠来的靖海，并袭击惠来县城，分散敌人的进攻目标，然后回师大南山。9 月 20 日，第二支队根据情报，在大南山区跳坑布下地雷阵，准备伏击从盐岭

回流沙的顽固派挺进队。3 天后，23 日上午 9 时，驻大南山河田乡林樟村挺进队第一大队 100 多人在开往灯心湖石门楼，路经跳坑时，果然中了埋伏，数颗地雷炸响，当场被炸死炸伤几十人。但是敌军凭借优良装备，抢占高地展开反击。双方转入阵地枪战，相持不下，直至下午，双方才各自撤退。这次伏击战，共毙伤敌军 76 人。因游击队一连埋伏 3 天，战士十分疲劳，未能全歼敌军，自身也伤亡 28 人。此仗使韩纵第二支队跳出顽固派围追的圈子，初步扭转了被动局势。

二、在严酷的斗争环境中整顿基层党组织

1945 年 10 月，国民党军一八六师以"绥靖、剿匪"为名，继续"围剿"韩纵第二支队。另外，普宁县县长周英耀勾结地方封建势力，开展"清乡"活动。流沙"四大天王"之首陈君秀为主任的县自新委员会，疯狂迫害抗日游击队员和革命群众。白色恐怖遍及县内全境。

在险恶的形势下，有部分党员思想动荡，个别人动摇逃跑，还发生过几宗盗卖队伍枪支的事件（党组织一经发现，便及时追回或责令赔款）。这虽是个别情况，但给党组织的工作带来了困难，并且在政治思想上造成不良影响。面对这种形势，中共普宁县委自成立之日起，就以整顿党组织为中心，把组织撤退转移与坚持隐蔽斗争结合起来，自上而下，妥善安排。

在此形势下，1946 年 2 月，经中共潮汕特委决定，在石桥头村逊敏学校组建中共普宁县委，书记先后是刘大夫、李习楷。潮汕特委给县委的任务是：撤退、转移已暴露的党员和干部（包括部分游击队员和革命群众）；调整阵地，继续坚持斗争。普宁县委为了应付逆境，采取以下果断措施：（1）整顿党的基层组织，对党员进行审查，普遍进行"形势教育、气节教育、保密教育"，

使党员认清革命前途，增强斗志，树立必胜信心。（2）做好党员干部的撤退和转移工作。对在抗日游击斗争中已暴露的党员干部，分别作北撤、南撤（往南洋）、外调等处置，保存革命力量。（3）配合潮汕特委短枪队开展活动，做好枪支弹药的寄放、埋藏工作，并开展防奸、肃反和筹措经费等活动。

通过整顿基层党组织，对党员进行审查，了解其在抗日游击运动中的表现和是否已经暴露了政治面目；进行"形势教育、气节教育、保密教育"，使每个党员认清革命前途，增强斗争意志，树立革命必胜的信心。在提高党员的政治、思想觉悟的基础上进行组织整顿，在教育中物色骨干，以调整或重建基层党组织领导机构。

经过半年多的努力工作，通过审查、整顿，使普宁党组织在反"清乡"斗争中保存了革命力量，站稳了脚跟，党组织更加纯洁和有战斗力。1946 年 6 月，健全了 3 个区委会，辖支部 20 多个，党员 150 人。

三、准备长期艰苦奋斗

1946 年夏，原驻潮汕的国民党军一八六师调离潮汕北上，普宁境内仅存国民党县自卫队 3 个中队和 1 个专区保安中队，其地方武装力量比较薄弱。国民党普宁县党部根据同年 7 月国民党广东当局"治安会议"精神，重新部署"绥靖""清乡"计划，公布了"联保连坐"法，勾结各地的反动封建头子，继续加紧"清乡"活动。

与此同时，中共潮汕特委传达了中共中央对南方各地的指示：要充分估计当前时局的困难，做好长期在黑暗中奋战的思想准备。普宁县委迅速把这个指示传达到各支部，对广大党员进行教育，并且做好长期隐蔽斗争的工作部署。

　　党组织对暴露政治面目的党员安排撤退转移后，又调整了活动阵地，全县农村中已经有 29 个比较坚强的党支部。这些支部所在的村庄，就是隐蔽斗争的立足点；学校阵地也重新做好部署，坚持"灰色"隐蔽，积极开展"教好学生、交好朋友、联络农村中上层人物、做好社会调查"的工作。各地支部在这期间，开始个别吸收一些在困难环境下表现坚定、觉悟较高的积极分子入党。

　　党支部除抓好学校宣传外，还利用田间、"闲间"、"姿娘仔间"等各个群众聚集的角落开展革命宣传教育工作。在斗争中，四区、五区等地不少乡村干部中的积极分子与党组织建立同情关系，成立许多同情小组，为党、为革命做了不少工作。

　　1946 年底，中共潮汕特委传达了《中共中央给南方各省的工作指示》。为了拖住国民党打内战的手脚，配合解放战争的正面战场，中共普宁县委根据中央指示精神，积极进行"重建武装"的准备工作。第二年春天，普宁党组织开始集中力量与隐蔽的武装队伍紧密配合，开展新的游击战争。

第二节 游击战争的开展与根据地的开辟

一、肃反除奸和破仓分粮

1946 年下半年，全国规模的内战爆发后，国民党反动派在统治区内加紧进行"三征"，给人民带来了深重的灾难。中共普宁县委根据中共中央、香港分局关于"重建武装"和开展"破仓分粮"的斗争指示，着手抓了三方面的工作：一是打击首恶，扫清重建武装的障碍。1947 年 1 月 24 日，枪决了一贯对抗革命、残害人民的国民党普宁县"自新"委员会、流沙八乡联防主任，"四大天王"之首陈君秀，震慑了敌人，鼓舞了群众。二是建立小型武装。1947 年 3 月，在梅塘的高埔建立武装小组，由县委书记李习楷直接领导，开展武装斗争。三是开展破仓分粮的斗争。

在开展肃反除奸斗争的同时，党组织还积极开展破仓分粮的斗争。

1947 年春，国统区的"三征"使得潮汕各地经济破产，粮价飞涨，加上春荒严重，农民陷入饥饿难挨的境地。中共潮汕特委决定：发动群众，破仓分粮，直接打乱国民党的天下，使群众有粮度荒，且为建立抗征队储备必需的军粮。特委部署、组织武装力量，掩护有组织的群众行动。以特委直属武工队为骨干，揭阳、普宁两县的短枪组配合，再从揭阳、普宁两县抽调地下党员掌握的武装"守青队"共 56 人枪，集中统一使用。计划先破揭阳上陇谷仓，再破普宁涂洋谷仓。

在特委直属武工队政委、揭阳县委书记陈彬的部署下，1947年5月4日，胜利破开揭阳上陇谷仓，得谷1000多石（1石＝100升，下同）。接着乘胜再破灰寨谷仓，得谷400余石。这时，普宁的敌人已经将涂洋谷仓的积谷分散、转移了。武装队伍从揭阳来到普宁后，普宁党组织根据情况变化，决定改为破横溪谷仓。

5月24日，武装队伍乘夜破开国民党的横溪谷仓，夺得粮食3000多石，除留1000石作军粮外，其余分给群众度荒，扩大党的政治影响。县长周英耀为此自呈处分状。

破仓分粮的胜利，既打击了横征暴敛的国民党，又解了部分群众缺粮的燃眉之急，更重要的是鼓舞了群众参加革命斗争的热情，为建立公开的武装队伍在思想上、组织上、物质上做了初步准备。

二、重建人民武装

1947年6月，潮汕人民抗征队在揭阳大北山天宝堂成立。抗征队散发《潮汕人民抗征队告各界同胞书》，公开宣布潮汕人民抗征队的成立和抗征队的宗旨及任务。当国民党军集中兵力，扑向大北山的八乡山，企图包围和消灭抗征队时，抗征队迅速跳出包围圈，于8月24日突袭普宁的里湖镇，攻击反动武装集结队和警察所。围攻八乡的国民党军闻知里湖被袭，马上撤退，对刚建立的抗征队的第一次围攻失败。

9月29日，根据中共中央香港分局的指示和形势发展的需要，潮汕人民抗征队在大北山空尾村进行扩编。这时，抗征队已发展到近200人。根据中共潮汕地委的指示，队伍编为第一大队（即大北山大队）和第三大队（即大南山大队），决定分头活动，分别在大北山、大南山开辟根据地，发展队伍，开展游击战争。

潮汕人民抗征队第三大队成立后，即于 10 月中旬开赴大南山开展斗争。任务是：以大南山为主要据点和依托，以南阳山为副点，在其周围的潮阳、普宁、惠来、南山和陆丰部分地区协同地下党组织，放手发动群众，开展反"三征"的游击战争。

1947 年 8 月，为了把大北山、大南山和南阳山联结起来，形成一个战略基地，党组织决定在南阳山、大南山分别建立武工队，负责开辟和建设根据地的工作。8 月下旬末，抗征队从草帽崇越过地方反动势力较强的云落等地，进驻南阳山，揭开开辟南阳山根据地的序幕。

9 月，以詹泽平为政委、黄友为队长的南阳山武工队于五峰山成立，着手进行南阳山根据地的开辟工作。全队 7 人，配备短枪 6 支。至 1947 年底，南阳山武工队已由 6 人发展到 60 余人，扩编成一个中队。1948 年 3 月扩编为两个中队，6 月扩编为南雄大队。1948 年春，为了适应形势的发展，巩固和扩大南阳山解放区，武工队除部分同志编入南雄大队外，又不断扩大力量，先后分建南阳武工队、黄沙政治工作队（简称"政工队"）、石肚武工队、大坪武工队、高埔坪上武工队。这 5 支队伍在彻底清除南阳山的反动势力，建立乡村民主政权和农会、民兵、游击小组等组织，领导群众开展减租减息的斗争，配合主力部队粉碎敌人军事"围剿"的斗争中，发挥了很大作用。

12 月，随着抗征队第三大队开辟大南山根据地工作的顺利进展和队伍的迅速发展壮大，在锡坑的樟树坪成立了大南山西区武工队，队长郑流阳，副队长吴明，队员共 5 人，至 1948 年底发展到 14 人。武工队以五福田、白马仔、锡坑、樟树坪为据点，活动在锡坑乡周围数十个村庄。

1948 年春，为了加强大南山、南阳山、大北山之间的密切联系，扩大山地边缘游击区，配合山地斗争，抗征队第三大队和普宁县委在沿山地边缘的二区、三区建立 4 支武工队。

1948 年夏秋之间，在五区、四区、榕江南岸、一区等国民党统治区域腹地，连续成立了 4 支武工队。

普宁县委和抗征队第三大队建立的 10 支短小精悍的武工队，都是由县委和抗征队选派军政素质较强的党员干部，在游击区前沿地带，或敌人后方、敌人据点周围，经过艰苦斗争逐步组建的。这些武工队在敌后游击战争中发挥了重要作用：一是在政治上，宣传党的方针政策，发动群众开展反"三征"斗争，组织民兵、农会和民主政权，开展群众工作和统战工作；二是在军事上，建立武装游击小组，动员民兵、积极分子参军参战，镇压反动头子和奸细，配合主力部队作战；三是在经济上，筹粮筹枪筹款，供应部队的装备和给养；四是建立地方交通情报网，搜集敌情，为地下党和部队提供情报；五是保卫地方党组织，发动群众参加支前战勤，粉碎国民党军进犯等。

三、革命根据地的开辟

（一）大南山根据地的开辟

潮汕人民抗征队第三大队成立后，于 1947 年 10 月中旬开赴大南山，肩负大南山根据地创建的重任。

抗日战争时期，韩纵以这里为根据地，领导人民群众开展抗日斗争。韩纵骨干北撤后，普宁党组织留下党员在大南山锡坑等村庄坚持秘密活动，发展党员，组织地下游击小组。抗日战争胜利后，国民党南山管理局进一步强化对大南山人民的反动统治，建立直属保安大队和六七个基层乡公所；在雷岭、林招、大溪坝等地建筑炮楼据点。此外，第五区保安司令部还专门在大南山外围流沙镇设立潮普惠南分区"清剿"指挥所。潮汕人民抗征队挺进大南山区开辟根据地，对于打击牵制敌人，发动潮普惠平原群众，配合大北山根据地的斗争，有着十分重要的意义。

韩纵北撤后，地下党组织留下党员吴明隐伏于大南山西部地区并"落地生根"。抗征队进山时，他已经在锡坑、三坑、樟树坪、白马仔等村建立了党支部，发展党员20多名，团结了当地群众，掌握了村政及"守青队"，为创建大南山根据地打下坚实的基础。以李习楷为大队长、陈彬为政委的潮汕人民抗征队第三大队顺利开进大南山，队伍隐蔽在樟树坪村。

1947年10月31日，抗征队第三大队成功袭击惠来县属林樟乡公所。同时派出几名队员到锡坑村，解散锡坑乡公所，收缴其短枪2支，摧毁了大南山西部腹地这两个反动的地方政权。由于群众基础较好和抗征队的支持，大南山西部地区的工作从此逐步开展起来。

11月12日，抗征队第三大队在大南山西部站稳脚跟后，乘胜向平原出击，智袭占陇警察所，迅速拿下敌警察所和税务所，两处共俘敌20余名，缴获步枪17支，短枪8支，子弹1000余发。平原上的群众纷纷传说已经来了几百名红军，有如"天兵天将，神出鬼没"。这次行动大大地激发了群众参加革命斗争的热情。抗征队撤回大南山后，许多平原村庄的青年陆续悄悄进山找寻队伍，要求参军。

1948年1月初，抗征队第三大队进行开辟大南山东部新区的"小东征"。抗征队从河田出发，往返半个月，先后奔袭双溪、周田、狮石、华湖、靖海、林招等区、乡公所，歼敌60多人，缴获长短枪80多支。同月24日，攻袭惠来隆江镇，击毙警察所所长，俘敌50多人，缴获长短枪40多支。

2月3日，东区武工队在抗征队第三大队协助下，奇袭大长陇乡公所，俘敌30多人，缴轻机枪1挺，长短枪30多支，破谷仓1座，得谷2000多担。

随着形势和武装斗争的发展，上山入伍的革命青年越来越多。武工队在潮阳、普宁、惠来三县交界的盐岭村居高临下的险要地方，设立固定的收税站，并加强火力配置。东征和锄奸肃特等一系列斗争的胜利，使抗征队在大南山东部地区取得立足点，有了后方。从此，西部和东部的斗争紧密配合，互相呼应，大南山根据地初步形成。

（二）南阳山根据地的开辟

普惠揭陆边界的南阳山，方圆约 50 千米，人口约 8 万人，是联结大南山和大北山的纽带和桥梁，战略位置十分重要。这里有较长的革命斗争历史，但工作基础薄弱，革命老据点樟树仔村在土地革命失败后曾遭受敌人多次烧杀。

1947 年 9 月 19 日，司令员刘向东率领潮汕人民抗征队主力队伍 100 多人开进南阳山，在五峰山清泉洞成立南阳山武工队，着手在南阳山区开辟根据地。

10 月下旬，抗征队第三大队转战南阳山，协助南阳山武工队开辟根据地。

11 月 24 日，抗征队第三大队协助南阳山武工队，摧毁了南阳山梅林警察所。以后，抗征队又配合武工队解散惠属的南阳、葵坑，陆丰属的大坪等 3 个乡（镇）公所，摧毁了国民党设在南阳山的全部政权机构。

为了进一步打开新局面，抗征队第三大队暂时留驻南阳山，与当地武工队一起开展工作，向群众宣传国民党的反动腐败及其在前线节节溃败，宣传共产党及其军队的各项政策和解放战争的胜利，并迅速深入发动群众，开展减租减息运动，组织他们团结起来反抗国民党政府的"三征"。

1947 年 11 月 5 日，潮汕人民抗征队颁发《减租减息暂行办法》，其主要内容是：规定十足收成者以"二五"减租为标准，按原租额75%交租；减息方面，规定了借谷以加三分利为标准，即借1石谷还1.3石谷计算。抗征队号召佃户、负债户起来参加减租减息斗争，深受贫苦的山村农民的拥护。新区群众被发动起来，不仅减租减息运动顺利进行，抗征队、武工队的威信也提高了，群众踊跃报名参军。

1947年6—12月，中共普宁党组织认真贯彻执行香港分局关于"实行小搞，准备大搞"的方针，人民武装斗争蓬勃发展。经过半年的斗争，在潮汕人民抗征队第三大队的大力帮助下，先后建立了大南山西区、南阳山两支武工队，队伍发展到100多人枪，开辟了大南山和南阳山两个游击根据地。抗征队和武工队在这些据点不仅站住了脚跟，而且各据点之间的斗争能够互相配合，互相支援，牵制和打击敌人。这就为以后全县游击战争的普遍开展和粉碎敌人的军事"围剿"奠定了坚实的基础。

四、反"围剿"斗争的胜利

1948年，是普宁党组织领导全县人民艰苦奋斗、多次粉碎国民党军队"围剿"革命根据地的一年，也是人民武装队伍在斗争中发展壮大的一年。党直接领导下的地方武装，成功粉碎国民党军队多次"围剿"，巩固和发展了大南山和南阳山根据地。

1948年1月5日，国民党广东省第五区督察专员兼第五"清剿"区司令喻英奇，在潮安召开"绥靖"会议，提出一个月内"剿灭"大南山人民抗征队，三个月"剿平"大北山根据地。以普宁县县长周英耀和第五"清剿"区副司令林贤察为首，在流沙组建潮普惠南"剿匪"指挥部，派兵分驻流沙、占陇、普城、里湖、梅林等地，策划对革命根据地的军事"围剿"。

为了配合抗征队和根据地人民的反"围剿"斗争，1948年2—9月，中共普宁县委和潮汕人民抗征队第三大队先后组建了三区、五峰、二区（东线、西线）、五区、四区、一区、云落及南岸等 10 支武工队。

1948 年 3 月、4 月，中共普宁县委和潮汕人民抗征队第三大队领导根据地军民，先后 3 次粉碎国民党军队对大南山和南阳山根据地的"围剿"。当时抗征队作民歌道："喻英奇，有匕奇，咀破值无半个钱。夸口三月灭'共匪'，至今四月无了期。上月进攻大南山，汕警死伤三十外，清明再打沈者寮，丧掉一支潮阳兵。南阳山，反动联防队，一打如风扫落叶，惊到支辫好晾衫。'清剿'第一期，你个战绩顶呱呱……"反"围剿"取得胜利后，党组织抓紧进行一系列根据地的建设，使根据地得到进一步的巩固和发展。

1948 年 6 月，为了加强对南阳山根据地建设的领导，成立中共南阳山工作委员会，书记詹泽平。南阳山武工队也扩编为南雄大队。为了配合大北山的反"围剿"斗争，抗征队和各支武工队主动分路出击国统区，展开平原游击战。9 月 15 日，在里湖枪杀了省参议员、第五"清剿"区参谋林石平。10 月 15 日，镇压了广太乡乡长叶楼邓，活捉县参议员杨克生。11 月 13 日，抗征队取得后陂伏击战胜利，毙伤敌 30 余名，俘敌 16 名，解放了 250 多名新兵。这些出击行动，对敌人后方造成严重威胁和打击，有力地配合大北山军民胜利粉碎敌人的军事"围剿"。

在反"围剿"斗争中，武装力量和党组织不断发展壮大，潮普惠南抗征队已发展为 2 个团（第三、第五团）、4 个大队（南雄、西山、三清、鲁洋大队）及 2 个连队（小北山、潮阳四七区连队）共 1000 多人；普宁共有党支部 60 个，党员 400 多人。

五、情报交通站的建立与作用

1947 年 10 月，潮汕人民抗征队第三大队奉命进军大南山、南阳山开辟根据地。12 月，在大南山建立了情报交通总站，由黄琳负责。同时，还建立了众多的地下交通站，大力开展情报交通工作。1948 年 5 月，总站转移到大南山锡坑村，8 月迁驻白马仔村，负责人陈海、黄琳。此后，樟树坪、锡坑站皆为中转站，负责接转总站与西面几条交通干线的信件、物资和护送干部往大北山地委、司令部的工作。情报交通总站和锡坑、樟树坪、杨梅坪、下岭仔、益岭、茅坪、五福田、陂沟等 8 个直属中转站共有脱产情报交通人员 70 多名。以大南山白马仔村情报交通站为中枢，下分 7 条主要交通干线。

情报交通站除搜集、传递情报和党内、军内的文件、信件、宣传品、钱粮弹药外，有些情报交通站还代替武工队点收募捐的钱粮和收购敌人内部人员偷出的弹药；靠近敌据点的情报交通站，还直接派人侦察敌情或深入敌人驻地联系，索取内线情报。一般性情报、信件、文件、物资均按各条交通线逐站转送。各情报交通中心站接到重要紧急情报、信件，大多是直接送达大南山情报交通总站，总站即直接送达指挥机关或有关领导人。

在严酷的对敌斗争中，情报交通工作时间性强，任务艰巨，情报交通人员若没有崇高的革命事业心，没有迎难而上、把个人生死置之度外的精神，是决不能胜任的。在国民党统治区内，情报人员和地下交通员冒着身家性命的危险，忘我战斗在神圣的岗位上。他们往往是在夜深人静睡得正酣时被叫醒，揉揉眼皮，即刻出发。他们全凭两条腿走路，不怕严寒酷暑、刮风下雨，长年累月奔波于乡村野道、深山峻岭之间，完成党组织和革命队伍交予的任务。

配合南下大军，解放普宁全境

一、开展平原扫荡战

1949 年 1 月 1 日，中国人民解放军闽粤赣边纵队成立，潮汕人民抗征队奉命编为中国人民解放军闽粤赣边纵队第二支队，正式列入中国人民解放军的建制。2 月 1 日，普宁的西山大队在云落的湖寨改组为中国人民解放军闽粤赣边纵队第二支队第九团（后南雄大队也编入），团长陈扬，政委王家明。这是潮汕军民在中国共产党领导下，坚持长期武装斗争的光荣一页，给普宁党政军民以很大鼓舞。人民军队的战斗旗帜更为鲜明，在组织领导及作战指挥上更趋于统一。这就为潮汕和普宁全境的解放创造了有利条件。同时表明，普宁的敌我力量已发生根本的变化：敌人已由进攻转变为防御，人民军队则由防御转入进攻。

中共潮汕地委向全潮汕党政军民提出"赶上全国形势，争取一年左右解放全潮汕"的奋斗目标。从 1 月下旬起，普宁党组织、武工队紧密配合主力部队，对平原之敌开展大扫荡攻势，先后解决安溪、梅峰、平寨、冷水坑、乌石、果陇、六仁、泥沟等 8 处联防队和乡公所。2 月 28 日，梅林驻敌仓皇撤逃，南阳山全境解放。这时，南阳山工委并入普宁县委，原南阳山基层党组织划归普宁县委领导。县委书记王家明调潮汕地委工作，詹泽平继任书记。县委即在梅林成立南阳山特区区委，书记黄友。区委领导南阳山人民进一步加强政权建设，巩固革命根据地。

4月10日，在平原拔点战声威震慑和党的政策感召下，驻流沙的国民党保安第十六团第三营张凤耀部官兵200多人，在连长刘德仁带领下，枪杀副营长，然后率队开进解放区云落三寨宣布起义。16日，在我军策反下，二区八乡联防大队服务队队长王桂青也率队22人在平湖起义，举事后即充当内应，威迫联防大队第一中队及南泗分队110多人向边纵第二支队第九团缴械投降。至此，地方上敌我力量发生了根本变化，我军战斗力大大增强。27日，边纵司令员刘永生率边纵主力7个团，在武工队配合下，采用"关门打狗"的战术，攻拔里湖据点，解放里湖，打响了解放潮普惠平原的第一炮。

二、军事管制委员会和人民政权的建立

1949年上半年，边纵第二支队第九团配合各兄弟团队及边纵主力团，以秋风扫落叶之势，先后解放梅林、里湖、流沙。2月28日解放梅林，当天成立梅林军事管制委员会（"军事管制委员会"简称"军管会"），主任黄友。4月28日解放里湖，即日成立里湖军管会，主任由中共普宁县委宣传部部长郑苏民兼任。5月1日解放流沙，即日成立流沙军管会，主任黄友。

军管会成立后，接管全部政权，乡村一级政权则由武工队、政工队或所在镇的军管会负责建立。

紧接着，在县委、军管会的领导下，普宁各乡村相继建立村政府及乡政府，南阳山区则在3月全境解放时成立了南阳山特区人民行政委员会，5月改称南阳山特区人民政府。

在乡村政权建立的基础上，7月1日，普宁走在粤东地区之先，在流沙成立普宁县人民政府。首任县长陈焕新，副县长方明生、方君健。机关设址于流沙平湖村有祖祠，下辖南阳山特区人

民政府和全县 23 个乡人民政府。

普宁县人民政府成立后，党和政府在新解放的广大地区实行如下几项政策：一是在新解放区市镇实行"发展生产，繁荣经济，公私兼顾，劳资两利"的工商业政策；二是在新解放的广大农村中实行减租减息（包括退租退息）的政策，推行合理负担的财政政策；三是建立各种税收制度，增加收入，支援前线；四是发展生产，改善民生；五是加强文化教育工作，改造中小学教育。

由于中共普宁县委和县人民政府采取了各种正确的政策措施，新解放区的社会秩序迅速稳定下来，极大地调动了广大人民群众要求翻身作主，迎接南下大军，解放普宁全境的积极性。

1949 年春夏，随着武装斗争的节节胜利，民主政权的逐步建立，以及党的宣传发动工作的不断深入，普宁全县的群众运动迅猛发展。一是成立青年、妇女群众组织。3 月，在流沙成立普宁县青年妇女工作委员会，书记陈斯鸣、副书记张英。在县青年妇女工作委员会的领导下，其他群众组织密切配合，积极开展工作。二是成立农会，开展减租减息运动。党组织在刚解放的新区迅速开展建政工作，二区、三区、四区、五区、七区和一区部分乡村民主政权建立后，各村都相应成立农会。农会的任务主要是贯彻执行党和各级政府的指示，领导农民开展减租减息、清匪反霸、征收公粮、劳军支前等工作。减租减息工作主要依靠农会进行，武工队给予指导，民兵紧密配合。三是全民踊跃支前。1949 年 7 月 21 日，华南分局在《加紧准备迎接南下大军的工作指示》中指出：广东解放在即，必须动员全党和广大群众加紧准备迎接南下大军的工作。根据上级指示，中共普宁县委和县政府要求各区、乡迅速成立支前委员会，做好迎接南下大军的准备工作。各地夜以继日动员一切人力、财力、物力，迎接解放大军南下。首先，各乡村组织民工队。经过支前委员会宣传动员，18 至 45 岁的成年农民踊跃参加民工队。全县民工队伍 3 万多人（包括后来南下大军过境时的民工），担负向导、救护、运输等任务，经常为军属和出发助战的民兵家属代耕，修筑了国民党政府历经四五年没修好的流葵（流沙至葵潭）、流普（流沙至洪阳）公路，保证后来南下大军顺利通过，追歼残敌。其次，进一步加强民兵组织建设，扩大民兵队伍。全县动员组织 2000 多名武装民兵，在前方协助部队作战，在后方肃反锄奸、维护社会治安。此外，还发动全县妇女献金献物、拥军支前。各村妇女会配合支前委员会组织了宣传队、募捐队，深入发动群众捐款捐物。二区泥沟乡妇女读书会的会员捐出南洋寄来的"船头批钱"和家中的麻布、衣物、嫁妆布，并日夜加班，将募捐的大量布料制成军衣、军鞋、绷带等军需用品，送给部队；占陇的六营村妇女捐出苎布给部队擦枪，送花格布给战士们做手巾，还蒸甜粿、酵粿等慰劳部队。里湖镇郑禄的妻子不顾家庭生活困难，将捡收"落地梅果"制成的 3 斤梅脯献出。在募捐运动中，仅南阳山区群众就捐献鸡蛋 6000 多个、面巾 1412 条、口壶 95 个、牙刷 211 支、鸡 23 只、金戒指 8 只。许多地方为迎接大军南下，发起"家家捐献一担柴、一担草、一块草垫、两块桃粿"，"每人捐一粒蒜头、一粒辣椒"等各式各样的拥军竞赛活动。各地组织了慰劳队、洗衣队、缝衣组，设立了茶水站、卫生站。募捐迎军热火朝天，成效显著，为普宁全面解放提供了强有力支持。

三、打击窜扰普宁的国民党台湾新军和胡琏兵团

（一）林惠山阻击战

1949 年 6 月底，在解放大军直指湘赣的形势下，原属胡琏兵团的敌第十八军第十一师 3 个团（刘鼎汉部，俗称台湾新军），从台湾闯到潮汕，准备接应溃败潮梅的胡琏兵团残部一同逃往台

湾。7月初，边纵二支司令部准备围歼潮阳县赤寮（即谷饶）驻敌潮阳县保安第三营黄少初部；7月4日，边纵二支九团布防于林惠山、丘塘通麒麟、陈洞径一带，负责阻击普城援敌，与普宁县城洪阳的敌保安一营、二营、自卫队共400余人发生激战。战斗持续至下年6时，敌军溃败退回敌营洪阳德安里。此仗共毙伤敌副营长杨华以下官兵20余人。九团副机枪手丘记、战士陈智明等3人在战斗中光荣牺牲。

（二）攻打普宁县城

1949年5月上旬，里湖、流沙、棉湖解放后，普宁县城洪阳的敌人完全孤立。边纵二支司令部和九团酝酿捣毁这个国民党普宁县政府的老巢。当年5月，二支队先后组织有关团队，发起3次围攻普城的战斗。

5月14日，边纵二支司令部采取四面围歼敌外围据点，然后从南门切入，分割两片，逐个歼灭，向城中进攻，先攻县政府，后攻德安里，最后解放全县城的战法，调集边纵一团、三团、九团主攻普城，四团布防于外围打援。是日拂晓前，二支队第一次攻城战斗打响了。当时驻马头山的九团埋伏于水龙寨一带，阻击从城东突围之敌。战斗至上午8时许，曾枢带自卫队从厚田、水龙寨妄图突围，在遭遇九团痛击后，即龟缩入德安里及麻疯寮炮楼继续顽抗，撑持局面。战斗至黄昏，为避免打消耗仗，二支参战部队撤退至林惠山十三乡一带。

7月13日，二支队集中一团、三团、九团负责主攻，四团于仙桥负责打援，同时由三支队和二支队五团二营、七团攻打揭阳新亨驻敌，牵制配合普城战斗。是日凌晨4时，第二次攻城战斗开始。九团四连攻打德安里和东门炮楼，其他各连攻打麻疯寮、妈宫炮楼及钱湖等处驻敌。但因参战部队侦察不周，对敌估计不足，且天下暴雨，贻误战机，攻城至晚9时未克，又接到台湾新军从峡山向普城来援情报，攻城各团主动撤离阵地。

8月上旬，台湾新军为打通"潮梅走廊"接应南逃胡琏兵团，配合地方反动武装共3000多人，进犯二支队七团活动的五房山。二支队、三支队为了"围魏救赵"，根据8月8日边纵和中共潮汕地委领导人关于"转向敌人后方，攻其虚薄之处……应即同时布置对普城的攻击计划"的指示，部署以三支队一团配备一个炮排与二支队一团、三团、九团负责攻打普宁县城，三支队三团与二支队四团负责外围打援。15日晚，攻城队伍进抵城郊隐蔽。16日拂晓，二支队、三支队第三次攻城。隐驻于马头山村的九团各连转战于城东北面的沟边、钱湖和城东的百里桥、东门炮楼、麻疯寮炮楼及德安里一带；短枪队同一团短枪队一起向南门西侧突击，并负责攻城后勤、情报交通任务。敌凭借城墙、环城河、碉堡等军事设施顽抗，攻城部队多次猛攻，均未奏效，形成对峙。九团战士陈风强壮烈牺牲。深夜，司令部命令攻城部队主动撤围，仅留九团在城外继续牵制敌人。

这3次攻城虽未成功，但鼓舞了敌占区人民，威慑了敌人。第一次攻城后，县长曾枢于5月底辞职；第二次攻城的当晚，新任县长方国柱等党政军官员及亲属准备突围求生，后闻攻城部队撤走，惊魂甫定；第三次攻城后，使二支队七团安全转移，入侵梅北之敌撤走。

8月27日上午10时，县长方国柱率部弃城往揭阳逃命。当晚解放军入城接管，县城洪阳首次解放。

（三）打击台湾新军

1949年7月15日晚，国民党台湾新军400多人从潮阳县进占流沙。解放了的流沙再度陷落。

7月20日下午3时，驻流沙的台湾新军400余人向洪阳、揭阳调防。驻池尾附近山湖村一带的九团很快接获情报，团长陈扬立即布置截击，命令二连、三连、四连选择山湖村前沿（接近池尾）的土围基堤布防。4 时许战斗打响，二连、三连、四连指战员英勇冲杀，将敌军队伍拦腰切成两截。激战一个多小时，台湾新军溃逃，败走洪阳。因夜幕降临，二支队截击部队主动收兵。此仗伤敌 20 多人，俘敌 36 人，解救被俘群众 10 人，缴获长短枪 4 支，还有敌军从流沙抢来的物资 10 担。九团战士陈新益、詹德光荣牺牲。这次战斗是九团第一次同台湾新军交战，这个胜利大大增强了击败台湾新军的信心。

7 月 21 日，九团再度解放流沙。

7 月下旬，占据大坝、洪阳的台湾新军窜扰普城附近乡村及大坝、果陇、泥沟、泗坑等一带，肆意蹂躏人民群众。对此，九团在一区、二区武工队和泥沟乡的民兵配合下，从 29 日起一连 9 天袭扰台湾新军，经过大小战斗 5 次，消耗了敌军炮弹 40 余发及大量子弹，毙伤敌 20 多人，有力打击了敌军。

8 月初，台湾新军在九团等人民武装和全县人民的抗击下，向揭阳流窜，北上接应胡琏兵团残部。

（四）抗击胡琏兵团，解放普宁全境

1949 年 8 月，国民党胡琏兵团残部在解放大军的打击下，溃退潮汕地区。

8 月 30 日，溃逃的胡琏兵团残部第十八军第三十三团 800 余人从潮阳县进抵流沙，继而控制普宁公路要道的据点，并向大南山、五峰山的边缘村庄做骚扰性的袭击，抓丁抢粮。敌军到处奸淫掳掠，肆意作虐，解放了的普宁平原又沦落敌手。

中共普宁县委和九团根据潮汕地委"八月会议"作出的《关于粉碎胡琏匪军最后挣扎的决议》精神，发动群众，积极备战，组织武装队伍，相机歼敌。此时，九团迁回于云落、洞景、竹头至石牌一带，配合兄弟部队及当地武工队，采取拉住、牵制、袭扰等战术，歼击外出掠夺的小股胡军，使其不能为所欲为。

从 9 月中旬至 10 月 11 日，党领导的武装力量有组织、有部署、有策略地对敌保安营和胡军进行机动灵活的攻击，先后取得大北山保卫战、涂洋山进攻战的胜利。普宁各区武工队紧密配合主力部队，在胡军各驻地开展袭扰性斗争，打击小股胡军，牵制敌人。9 月上旬，胡军派出一个连的兵力，盘踞池尾，敌军常三五成群到附近村庄抢劫，为非作歹。二区武工队组织队员化装进入池尾附近乡村及圩镇，打击小股外出抢劫、追收粮食的胡军，共计伤敌军 4 名，俘虏 3 名，缴获美式步枪 2 支。10 月 9 日，二区武工队还组织"十乡"民兵中队袭击池尾胡军驻地。

其间，胡军多次闯犯四区南径、麒麟一带乡村。四区武工队、政工队配合"边纵主力部队独四连"，利用小北山的有利地形和群众基础好等条件，运用游击战争的战略战术，与敌人周旋，既力保群众利益，又相机袭击敌军，使敌军每次流窜入境都不敢久留。

10 月 11 日，敌军又凑集近千人登上涂洋山向梅塘方向进犯，二支队三团、四团、九团再登山迎击。九团配合兄弟部队，在狮腰山与敌激战至黄昏，双方凭山对峙。当晚敌撤退，二支队参战各团也撤驻洞景、瓜园、新寮等村。午夜，驻流沙的胡军两个师在解放大军南下的震慑下，撤向潮阳从海上逃跑。12 日早晨，二支队参战团队浩浩荡荡开进流沙，普宁全境解放。

在抗击胡琏兵团窜扰普宁的斗争中，普宁党政军民积极参战。从阻击台湾新军，全歼黄少初的围点打援，到 9 月、10 月的各次战斗，都取得了很大战果。但由于南下大军尚未入普，胡军的兵力和武器装备都强于地方人民武装，因此在作战中，部队也有一定的损失。胡军所占领的据点和经过的乡村，群众损失更大，被抢劫去大批粮食、财物，全县被抓去 1000 多名壮丁。胡军败走台湾前垂死挣扎，对普宁人民犯下了滔天罪行。

普宁人民在中国共产党的领导下，终于推翻了压在头上的"三座大山"，取得新民主主义革命的胜利。

在解放战争时期，中共普宁地方组织领导人民群众经历了抗日战争胜利后复杂斗争的考验，在孤悬敌后的环境中，党组织贯彻"分散坚持，保存力量，隐蔽待机"的方针，结合普宁的实际，展开艰苦卓绝的斗争；为配合解放战争的正面战场，党指示重建武装，恢复武装斗争，粉碎了国民党反动军队对山区的多次"围剿"，建立和巩固了大南山、南阳山革命根据地；地方人民武装力量迅速发展，并从防御转入进攻，配合南下大军，解放普宁全境。

第六章

建设发展

普宁为山区县（市），亦为革命老区。1988年6月，广东省人民政府列普宁县为山区县，享受山区县的各项优惠政策。1994年，批准普宁市29个乡、镇、场皆为革命老区乡、镇、场。尔后农村基层建设、扶贫开发多向革命老区村倾斜。

第
一
节 **改革开放前建设发展**

　　普宁县解放后，县人民在县委、县人民政府的领导下，进行社会主义改造和社会主义建设，并取得了很大成就。但由于以阶级斗争为纲"左"倾的错误影响，"大跃进""文化大革命"等政治运动此起彼伏，使普宁的社会生产严重受挫。长期实行高度集中统一的计划经济，束缚生产力发展，挫伤人民群众的生产积极性，普宁的经济发展速度不快，经济效益不高，人民群众得到的实惠不多。1978 年，全县地区生产总值 1.88 亿元，农业总产值 3.69 亿元，工业总产值 1.47 亿元，社会商品零售总额 1.16 亿元，集市贸易成交额 4022 万元，出口总额 1049 万美元，财政预算内收入 2054 万元。

　　总结起来一句话：中华人民共和国成立后的近 30 年中，普宁的经济建设取得很大的成就，积累了丰富的经验，但也经历了曲折，有深刻的教训。全县经济发展大体可分为四个时期：

　　第一个时期是 1949—1957 年，即三年经济恢复时期和第一个五年计划时期。这个时期经济发展比较快，顺利完成了经济恢复时期的任务，基本完成对农业、手工业和资本主义工商业的社会主义改造，农业连年获得好收成，粮食产量平均每年增长 7%，水果产量平均每年增长 20%。工农业总产值平均每年增长 9%，社会商品零售额平均每年增长 8%。第一个五年计划的 1957 年与 1952 年对比，全民固定资产投资额增加 5.5 倍，财政收入翻了一番，城乡储蓄余额增加 2 倍。

第二个时期是 1958—1962 年，即第二个五年计划时期。这个时期，普宁兴办了三坑、汤坑等中型水库和大批小型水利工程，进行了农田基本建设。县和社队创办一批工业企业，为县的工业打下基础。但由于"大跃进"和"左"倾的错误影响，忽视客观经济规律，提出脱离实际的指标，农村出现了"共产风"、浮夸风等不良倾向，加上严重的自然灾害和国际形势的变化，经济发展受到严重挫折。粮食产量连年减产，平均每年递减 4%，1962 年全县水果产量不及 1957 年的 40%，年递减 17.6%。工农业总产值净减 2700 多万元，年平均减少 3.5%。物价猛涨，人民生活遇到严重困难。

第三个时期是 1963—1965 年，即"三年调整"时期。贯彻执行中共中央"调整、巩固、充实、提高"的方针，压缩基本建设投资，精简职工，清退部分城市人口，加强农业和日用消费品的生产，使遭受破坏的经济得到迅速恢复和发展。这三年间，全县粮食平均每年增产 1800 吨，年均增长 9%，水果平均每年增产 4000 吨，年均增长 22%，工农业总产值年均增长 13%，财政收入年均增长 15%，人民生活水平有了明显提高。

第四个时期是 1966—1976 年，即"文化大革命"时期，经济遭到严重破坏。这时期，由于广大干部和群众对林彪、江青反革命集团的抵制，社会生产才得以维持。工业生产虽有发展，但经济效益较差，农业生产徘徊不前，1976 年农业产值比 1965 年减少近 1000 万元，水果产量年减少 2.5%，财政收入平均每年减少 0.7%。

改革开放中建设发展

1978 年 12 月 18—22 日，中国共产党第十一届中央委员会第三次全体会议召开，作出实行改革开放的历史性决策。普宁运用党的一系列富民政策，对内实行改革，搞活经济；对外实行开放，招商引资，使经济总量迅速增长，经济实力增强，人民生活水平不断提高。改革和发展的历程分为四个时期：

第一个时期是 1979—1992 年，即经济持续增长时期。普宁县得改革开放风气之先，利用侨乡等政策优势，引进境外资金、设备和技术，发展"三来一补"（来料加工、来样加工、来件装配和补偿贸易）业务，办"三资"（中外合资经营、中外合作经营、外商独资经营）企业、乡镇企业，发展外向型经济。在农村和国营工商企业推行以承包经营为主要形式的改革，生产效率和经济效益明显提高。普宁人发扬善于经商的传统，敢闯敢试，培育和发展专业市场，搞活商贸流通，服装、布料、副食品等十大专业市场遐迩闻名。至 1992 年，全县地区生产总值 19.64 亿元，为 1978 年的 10.45 倍，年均增长 18.25%；工业总产值 20.95 亿元，为 1978 年的 14.25 倍，年均增长 20.9%；财政收入 1.53 亿元，为 1978 年的 7.29 倍，年均增长 15.24%。

第二个时期是 1993—1999 年，即经济快速发展时期。发展社会主义市场经济成为全民共识，宏观经济环境趋好。1993 年，普宁撤县设市，进入一个新的发展时期。普宁市抓住机遇，以完善基础设施为重点，进行大规模的城市化建设。中共普宁市委、市政府先后召开工业发展研讨会、工业大会，确立并实施"兴工立市"战略，推动工业发展一年上一个台阶，从根本上扭转商贸与工业"一条腿长，一条腿短"的状况；在巩固、提高原有市场的同时，新建纺织品、中药材、茶叶、水果等专业市场，强化普宁市场辐射力和影响力。1999年，全市地区生产总值129.24亿元，为1992年的6.58倍，年均增长30.89%；工业总产值227.02亿元，为1992年的10.84倍，年均增长40.55%；财政收入5.9亿元，为1992年的3.86倍，年均增长21.27%。

第三个时期是2000—2004年，即经济调整与恢复时期。1999年，普宁部分中小金融机构发生挤提存款的"金融风波"，1999—2000年出现虚假企业骗取国家出口退税的现象，对普宁经济造成负面影响。中共普宁市委、市政府经过深刻反思，认识到没有雄厚的实业作支撑的普宁经济是脆弱的，从根本上纠正经济发展指导思想上轻工重商的偏差。2000年12月召开全市工业大会，确立"工业立市"战略，引导企业和群众走正道，办实业，诚信经营，树立普宁新形象。整顿和规范市场经济秩序，对市场主体进行大清理，取缔"三无"（无厂房、无设备、无生产）企业。抓环境建设，抓招商引资，抓工业实业。虽然经济发展速度有所放慢，但企业经济效益明显提高，国家税收收入大幅增长。2004年，全市地区生产总值111.42亿元，比1999年下降13.79%；工业总产值178.25亿元，比1999年下降21.48%；财政收入7.41亿元，比1999年增长25.59%。这个时期，农业、工业、商业发展基本情况如下：

农业方面：1989年起普宁加大农业投入，加强农业基础，深化农村改革，推进农业生产结构的调整，农业产值和农村经济持续增长。2004年全市实现农林牧渔业总产值12.41亿元，为1989

年6.09亿元的2.04倍，其中种植业8.84亿元、林业0.13亿元、牧业2.54亿元、渔业0.72亿元、农林牧渔服务业0.18亿元。加快农业产业结构调整，在稳定粮食生产的基础上发展效益农业、特色农业，农业生产逐步向多种经营、效益型转变。普宁市为全国著名的水果之乡，2004年全市水果种植面积55.06万亩、总产量17.28万吨，比1989年种植面积43.04万亩、总产量11.44万吨增加12.02万亩和5.84万吨。1995—1996年，普宁市先后被国务院发展研究中心农村发展研究部、中国农学会特产经济专业委员会等单位命名为"中国青梅之乡""中国蕉柑之乡""中国青榄之乡"，建有国家级"蕉柑标准化示范区"和省级"青梅生产现代化功能区"。还兴办洪阳镇和广太镇花卉苗木、南溪镇淮山生产基地，发展了大西洋马铃薯、优质玉米、反季节西瓜、草莓等种植基地。1992年，普宁林业用地140万亩，绿化栽植率97.54%，为广东省绿化标准县。1989—2004年，全市水利建设累计投入15.09亿元，完成水利工程175宗。开办各类农业专业合作社，发展非农产业，加快农村富余劳动力转移就业，增加农民收入。农村社区环境进一步改善，农村道路、电网、通信网络、自来水厂等基础设施建设取得显著成效，社区卫生、社会保障建设稳步推进。2004年，全市村（居）通机动车、供电、电话覆盖率皆为100%，有线电视为87%。农民人均纯收入3396元，人均生活消费支出2525元，农民家庭人均住房面积为13.50平方米。农民最低生活保障制度和新型农村合作医疗参保制度进一步完善。

工业方面：普宁市加快实施"工业立市"战略，基本完成国有企业所有制改革，加强政策引导和扶持，改善发展环境，大力招商引资，扶掖支柱产业。工业经济规模日益扩大，结构不断优化，形成了以纺织、服装、医药、食品、塑料、电子等产业为主体的工业体系。2004年全市工业总产值178.25亿元，为1989年

9.27亿元的19.22倍。产品档次明显提高，名牌产品不断涌现，拥有部优产品17个、广东省名牌产品4个、广东省著名商标5件、企业注册商标2784件。优势产业逐步形成，纺织、服装、医药行业成为全市经济发展的支柱。民营经济和外向型经济发展较快，以康美、雷伊等上市公司为代表的一批民营企业不断推进体制改革和机制创新，逐步建立起现代企业制度。2004年，全市完成股份制改造企业4家，其中上市公司2家，上规模的工业企业169家，完成产值81.03亿元，其中年产值超亿元的企业有12家，年出口100万美元以上的企业有47家。是年，市科技工业园有民营科技企业12家，实现年工业总产值4.5亿元；流沙中河经济技术开发区有企业41家，年工业总产值7亿元；占陇对外工业园区有企业105家，年工业总产值11亿元。企业加大科技投入，增强技术和产品创新能力，增长方式加快向内涵式转变，推进全市产业升级。1989—2004年，全市涌现广东省级以上高新技术企业9家、民营科技企业24家、通过ISO（国际标准化组织）质量或环保认证企业20家。普宁市先后被中国纺织工业协会、中国中药协会授为"中国纺织产业基地""中国中药名城"试点城市。

　　商业方面：普宁紧靠沿海，县城流沙地处国道324线等3条交通主干道交汇点，是珠江三角洲进出粤东地区和闽南地区陆路交通要道，这为发展商贸市场提供了有利的交通条件。普宁市贯彻国家关于刺激消费、扩大内需的政策，引导消费，开拓市场，搞旺流通。2004年全市社会消费品零售总额44.38亿元，为1989年6.3亿元的7.04倍。普宁市商品专业市场建设较早，市场体系日臻完善，2004年全市集市贸易成交额150亿元。拥有工商登记的各类专业市场和综合市场44个，总建筑面积13.5万平方米，主要有服装、纺织品、中药材、卷烟物流、茶叶、蔬菜、苗木、水产品、粮食和副食品等专业市场，形成设施配套、成交额大、专业性强、门类众多的十大专业市场特色。其中年集市贸易成交额超 10 亿元的专业市场有 3 个。流沙服装专业市场、中国普宁中药材市场的商品辐射全国 27 个省、市、区。有"衣被天下"之称的流沙服装专业市场，年销服装 13 亿套，为全国文明市场和全国百强集贸市场；中国普宁中药材市场为国家批准的全国首批 8 个中药材定点市场之一，年销冬虫夏草 50 吨，占全国总销量的三分之一，参茸销量亦为全国之冠。1991 年 3 月，国务院研究室农村组于普宁调研后撰写的调查报告在《决策参考》上刊发，介绍普宁发展批发市场的经验做法，在国内引起轰动。普宁会展经济发展迅速，每年都举办各种商品交易会，2001 年起每年举办一次国际衬衣节，2002 年起定期举办全国性中药材交易大会。还发展连锁经营、物流配送等新型业态，2004 年，建成康美中药饮片物流配送中心。对外经济贸易持续增长，1989 年引进外资企业 40 家，合同利用外资 1724 万美元，实际利用外资 796 万美元。2004 年，全市在产"三资"企业 68 家，合同利用外资 9476 万美元，实际利用外资 5927 万美元，年出口额 22045.5 万美元。1989 年，普宁县自营出口企业 2 家，出口总值 9784 万美元。2004 年，普宁市有进出口实绩的企业 86 家，年出口总值 26365 万美元。

第四个时期是 2005—2011 年，即经济开始转型升级时期。2011 年，普宁市完成地区生产总值 368.16 亿元，比 2010 年增长 16.7%。其中第一产业增加值 2784 亿元，同比增长 4%；第二产业增加值 232.84 亿元，同比增长 22.5%；第三产业增加值 107.48 亿元，同比增长 8.9%。人均生产总值 17934 元，同比增长 16.3%。

一是工业经济转型升级。2011 年普宁市有规模以上工业企业 345 家，实现工业增加值 221.99 亿元，比 2010 年增长 34.7%。新增投资 1000 万元以上项目 98 个，投资 86.46 亿元；投资 500

万元以上工业项目 126 个，投资 27.15 亿元。拥有上市公司 4 家、高新技术企业 17 家、省级民营科技企业 31 家，高新技术产品 51 个、中国驰名商标 4 件、广东省著名商标 23 件、广东省名牌产品 8 个，有效注册商标共 2.36 万件。

二是商贸物流发展迅速。2011 年，普宁市以重点项目为突破口，加快"商贸名城"建设。全市社会消费品零售总额 204.18 亿元，同比增长 32.4%。新增各类市场主体 2993 户，新登记全民、集体企业 4 户，有限责任公司 358 户，外资企业 3 户，合伙、独资企业 47 户，个体户 2572 户。商贸物流项目加快推进。康美普宁国际药品城、普宁国际商品城完成首期工程并投入使用。普宁国际服装城和普宁国际商品城二期工程、广东普宁南方梅园生态村开工建设。

三是现代农业稳步发展。2011 年，全市共落实粮食作物种植面积 51.38 万亩、总产量 21.34 万吨，其中水稻面积 31.88 万亩、总产量 12.2 万吨。新种水果面积 1 万亩，其中蕉柑 4000 亩、青榄 3000 亩、其他优良水果 3000 亩；青榄品种改良 3000 亩。完成省级防护林工程造林 5000 亩、主干道绿化 100 亩、抚育林 11250 亩，国家防护林工程建设项目 1 个，面积 3.3 万亩。品牌农业成效突出。全市有 8 个产品获得广东省绿色农产品认证，普宁市玉昌农业种植有限公司被国务院评为种植大户，新增广东省农业龙头企业 1 家，"普宁蕉柑""普宁青梅"品牌均跻身中国农产品区域公用品牌价值百强。

四是对外开放卓有成效。2011 年，大力实施乡贤回归工程，继续实施领导带头招商、全员招商，引进了世界 500 强零售商业巨头沃尔玛和卜蜂莲花等著名品牌，广东科元蓝宝石晶体有限公司、广东安诺药业股份有限公司等 3 家企业落户英歌山工业园。全市合同利用外资 14987 万美元，同比增长 71.1%；实际利用外资 4863 万美元,同比增长 14.4%。组织企业参加 2011 粤港经济技术贸易合作交流会、广东省粤东侨博会等国内外经贸洽谈会,大力推介优势产品和投资环境。

五是人民生活水平逐步改善。2011 年,普宁市扎实推进扶贫"双到"工作和社会救助体系建设,全市列入低保 40917 人、"五保"(保吃、保穿、保医、保住、保葬)对象 2191 人,有 4272 户贫困户、1.93 万贫困人口脱贫。社会就业不断扩大,累计新增城镇就业 725038 人,实现城镇失业人员再就业 2240 人,就业困难人员再就业 500 人。全面推行职工基本医疗保险、城镇居民基本医疗保险和新型农村合作医疗保障"三险合一",征收社会保险费 39532 万元,同比增长 16.8%。企业职工基本养老保险参保人数 10.82 万人,农村养老保险参保人数 13.3 万人,城镇职工基本医疗保险参保人数 5.29 万人,城乡居民基本医疗保险参保人数 177.6 万人,新型农村合作医疗参合率达到 99.3%。安居工程有效推进,建设廉租住房 152 套、经济适用住房 294 套,落实公共廉租住房 758 套。财税金融持续增长,全年完成财政一般预算收入 123027 万元,同比增长 19.2%,其中税收收入 87469 万元,比增 17.5%。全市金融机构各项存款余额 381.67 亿元,比 2010 年末增长 159%,其中城乡居民储蓄存款 283.42 亿元,比 2010 年末增长 118%。各项贷款余额 118.58 亿元,比 2010 年末增长 30.9%。

第三节

党的十八大以来取得的伟大成就

党的十八大以来，普宁市贯彻落实粤东西北振兴发展和创新驱动两大战略，开拓创新，埋头苦干，凝聚起全市人民的智慧和力量，以前所未有的决心和姿态，全面发力二次创业，加快打造县域经济"升级版"。思路决定出路。普宁市确立了新的发展战略：大力实施创新驱动、产业强市、商贸活市、城市更新、绿色家园、乡贤联动六大战略，做大做强大健康产业名城、服装名城、商贸名城，培育形成总部经济基地、金融服务基地、产业创新服务基地，努力打造区域次中心城市，经济社会发展取得良好成效。2014 年，普宁县域经济综合发展力跻身全省第五位，被评为中国工业百强县（广东省唯一入围），获省县域财政发展奖。

党的十九大胜利召开后，普宁市委、市政府坚持以习近平新时代中国特色社会主义思想为指引，深入学习贯彻党的十九大精神和上级党委政府的决策部署，坚持稳中求进总基调，走正道、出实绩，有效应对各种困难和挑战，深入推进稳增长、抓发展、调结构、补短板、惠民生、保稳定等重点工作，推动全市经济社会良好发展。

2017 年，普宁市委、市政府以习近平新时代中国特色社会主义思想为指引，认真贯彻落实广东省委、揭阳市委部署要求，按照"一四四"工作思路，以"百日百项大行动"为主要抓手，带领广大党员干部群众奋力拼搏，科学应对改革发展稳定各项挑战，顺利完成各项任务，开创普宁加快振兴发展新局面。

2017 年，实现地区生产总值 675 亿元，比 2016 年增长 5.6%；规模以上工业增加值 403 亿元，增长 4.5%；固定资产投资 461 亿元，增长 11%；社会消费品零售总额 365.3 亿元，增长 12%；一般公共预算收入 21.23 亿元，税收收入 14.8 亿元，同比分别增长 5.23%、5.26%，可比分别增长 6.97%、7.77%。全市金融机构各项存款余额 718.46 亿元，增长 7.17%；各项贷款余额 334.91 亿元，增长 11.17%。全市有上市企业 5 家、新三板（挂牌）企业 5 家，2017 年位列全国工业百强县第 82 位。

一是老区人民的工业梦正向现实迈进。集中人财物保障，全力以赴攻坚克难，推进两大园区建设。纺织印染环保综合处理中心取得重大突破，起步区 420 亩土地征地、拆迁工作基本完成。基础设施加快推进，工业供水、供热供气、道路等工程动工建设，污水处理厂完成前期工作。组织企业入园工作有序推进，印花区厂房已开工建设。英歌山大健康产业园"统一规划、统一征收、统一出让、统一建设"全面推进，历史遗留问题逐步消化，园区规划、环境影响评价、管理办法完成编制，申报纳入国家开发区审核公告目录，布局调整基本完成。泰宝医疗、创美电器等产业项目顺利建成投产。清理处置闲置土地 300 亩，新统征土地 770 亩，引进康美生产基地和直销总部、潮汕江南果蔬物流配送中心等重大项目落地。启动新一轮 1800 亩土地统征工作，威孚包装材料等高新技术企业达成投资意向。园区基础设施及重要配套建设全面铺开，园区服务中心、派出所抓紧建设，纺织路、污水处理厂开工建设，新建的 6 条道路及水磨溪整治工程等基础设施即将动工。

二是创新驱动，增添老区发展新动能。组织 547 家规模以上工业企业实施改造，带动全市技术改造/改革投资完成 172.5 亿元。新增高新技术企业6家，全市达到23家。大力实施"梧桐计划"和产业共建，新增产业共建项目7个。经济户口清理取得成效，新增企业注册1283家，新增"限上""规上"企业31家。产业建设进一步加强，两大支柱产业在压力挑战下积极转型升级。医药产业呈现健康、快速增长，康美药业跻身中国上市公司竞争力100强，连续五年上榜中国民营企业500强，位列第261名，高居全省医药类企业第一名；2017年纳税超15亿元，创历史新高，龙头带动作用更加明显。泰宝、利泰、安诺等高新技术医药企业发展迅速，医药产业向大健康产业迈进步伐加快。纺织服装产业在环境保护压力下，继续保持揭阳市首个千亿元产业集群的地位，市场集聚能力强大，在柏堡龙、中国网库集团的带动引领下，逐步向高端、高附加值模式转化。新兴业态初见成效，在内外乡贤联动下，新引进星河·领创天下、星河COCO City、宝鹰集团供应链结算平台、中国家居服产业电商基地、潮汕江南果蔬物流配送中心等一批产业项目落地。商贸流通持续活跃，康美中药城、星河COCO City、沃尔玛等相继投入运营，成功举办第三届梅花旅游文化节。2015年12月，阿里研究院在第三届中国淘宝村高峰论坛上发布年度全国淘宝村、淘宝镇名单，普宁市名列2015年"全国十大淘宝村集群"第四位。2015年10月，在以"新乡村、新经济"为主题的第四届中国淘宝村高峰论坛上，阿里研究院和阿里乡村研究中心联合发布《中国淘宝村研究报告(2016)》。普宁市池尾街道、占陇镇、流沙北街道、燎原街道、流沙南街道、梅塘镇、军埠镇等7个镇（街道）入选"中国淘宝镇"；华市村等48个村入选"中国淘宝村"，全市"中国淘宝村（镇）"迅猛增长，位列2016年"全国十大淘宝村集群"第三位。在2016年广东县域电商大会上，普宁市荣获"广东电商十佳县""广东大众电商创业十佳县""广东大众网购消费十佳县"称号。

三是扩容提质，革命老区旧貌换新颜。突出规划的先导引领和空间调控作用，明确定位城市的规模、性质和发展方向，完成城市总体规划修编，经揭阳市政府同意上报省政府审批；同步推进南方梅园、高铁新城、海绵城市、交通综合规划、地下排污及管廊等一系列重点区域及专项规划。加大投入，狠抓城市建设。加快市区交通基础设施建设，北二环、环市东路等一批市政道路相继建成通车，池尾平面交叉改造完成，北二环 4 条连接线即将贯通，道路联通更为合理，市区交通有效改善，城市架构进一步拉开。加速截污管网建设，推进流沙中河上游、流沙公园至二中实验学校片区等 10 个项目建设，新建成截污管网 43.6 千米，城市治污能力进一步加强。加快推进盘龙、陌山、时代、横山、润秋、平头岭 6 个大型变电站建设，城市供电保障能力进一步提高。启动汽车总站、公安局办证中心、慢性病防治中心、医疗急救（120）服务中心易址重建，公安局办证中心将于 2018 年春节前投入使用，公共服务功能布局进一步优化。粤东规模最大的城市综合体时代中心建成投入使用，光明一号、帝景城等一批优质高档住宅小区开工建设，宜商宜业宜居环境进一步提升。以创建全国文明城市为抓手，加强管理，市区"脏乱差"问题逐步得到解决，成为省县级文明城市提名城市。

四是环境问题逐步解决，老区恢复碧水蓝天。实施最严环保措施，共削减 70% 的印染总产能，练江水质发生积极变化，生态环境逐渐修复。南溪内河整治取得实效，按 AAAA 级标准打造南溪内河景区的工作顺利推进。

普宁市委、市政府坚决克服"等靠要"思想，主动作为，中央环保督察组指出的存在问题得到有效整改。坚持依法科学治污，网格化清理清查非法排污行为，以最严厉的措施打击非法排污，查处环境违法犯罪案件 37 宗，刑事拘留 159 人，行政拘留 21 人。

落实常态化监管，全面核查、科学核定有牌证印染企业产能，推进技术改造，节能减排成效明显，工业污染得到有效控制。全力补齐环保基础设施短板，污泥处理中心和占陇、洪阳、里湖 3 座污水处理厂建成运营，城镇污水日处理能力从 10 万吨提高到 17 万吨。市区污水处理厂一二期升级改造、三期工程开工建设，英歌山（大坝）、南径、麒麟 3 座污水处理厂即将开工，练江流域 13 个 5000 人以上村生活污水连片治理铺开实施。推广里湖、大坝农村人工湿地公园治污模式，完成 8 个村建设小型污水处理设施，因地制宜开展农村生活污水连片治理。完成云落垃圾填埋场升级改造，加快日处理能力 800 吨的生活垃圾环保处理中心一期工程建设；完成 34 个农村生活垃圾小型无害化处理设施建设，增加日垃圾处理能力 240 吨。加速推进水利工程建设，中央环保督察组指出进度滞后的练江流域水利项目全部开工建设，全面铺开水尾溪、麒麟溪、南洋溪等 14 宗水利工程项目建设。以社会主义新农村建设为抓手，以实施省级新农村连片示范建设工程、南溪水岸同治为带动，全面推进农村环境大整治。生态环境得到明显修复，去年练江青洋山桥跨界交接断面主要污染指标 COD（化学需氧量）、氨氮和总磷平均浓度同比分别下降 47.2%、5.92% 和 37.84%，练江整治出现新拐点。

五是社会事业全面发展，让老区人民共享发展成果。教育创先工作步伐加快，加大投入完善普宁二中新校区、华侨中学、兴文中学等一批校舍建设，完善教育现代化设施设备配套，城乡一体化全面发展。成功引进华南师范大学普宁附属学校，新建兴美职业技术学校。高考、中考再创佳绩，教育事业取得新进步。卫生创强成效明显，统筹市直公立医院优化升级，市人民医院、新中医院、妇幼保健院启动扩建，慢性病防治中心、医疗急救（120）服务中心易址重建等工作有序铺开，建成病残吸毒人员收治医院。占陇、洪阳两个中心卫生院升级改造工程顺利开工建设，6个乡镇卫生院标准化建设和148个公建民营卫生站建设全面铺开，人民医院、华侨医院等医联体建设进展顺利。"文化惠民"工程扎实推进，建成4个乡镇（街道）文体广场示范点和24个村省级综合性文化服务中心示范点，红宫全面完成修缮，八一纪念馆被命名为"全国爱国主义教育示范基地"。交通建设全面加快，汕湛高速公路3999.6亩土地的征地、拆迁工作顺利完成，创造了"普宁速度"。加快推进国道238线普宁益岭至惠来交界段改建工程前期工作，开工建设省道236线池尾至广太段、崩东线云落至高埔段等一批省、县道工程。民生保障日益加强，养老、低保、"五保"、孤儿补助标准和城乡低保补差全面提高。落实"9070"计划取得较大突破，企业职工养老保险扩面征缴43478人，全年缴费人数达到77230人；城乡居民养老保险扩面征缴68516人，全年缴费人数达到455309人。"三农"（农村、农业、农民）工作稳步推进，开工建设广太镇1646亩补充耕地提质改造工程，完成森林碳汇重点生态工程造林1万亩，省级森林抚育2万亩；花卉、苗木、青梅等传统农业特色经济健康发展；农村土地承包经营权确权登记颁证工作进展顺利，实测率、颁证率均达到上级要求。精准扶贫、精准脱贫工作扎实推进，精准扶贫对象全部实现政策性保障兜底，18个省定贫困村创建示范工作全面铺开，全年脱贫4200人。

六是社会治理持续进步，促进老区社会平安和谐。深入开展"飓风2017""众剑行动"，严厉打击各种违法犯罪行为，"盗、抢、黑、环境污染"等突出违法犯罪受到严厉打击，社会治安持续改善，群众安全感进一步提升。高度重视安全生产和消防安全工作，深刻吸取"七·六"和"七·一一"事故教训，坚持长抓不懈、警钟长鸣，全面深入开展安全生产和消防安全大宣传、大排查、大整治，及时扭转安全生产和消防安全的严峻局面。坚持标本兼治、综合施策，强化执法，全面加强国土、殡葬改革、食品药品安全、打假、计划生育等管理工作，社会秩序进一步好转。坚持科学应对，有效提高公共安全等应急管理能力，及时控制登革热、流感等疫情蔓延，确保全年无发生较大公共安全事故。全面加强维稳工作，全年重要敏感节点实现社会稳定的工作目标。

七是实施乡村振兴战略，谋划老区农村巨变蓝图。实施乡村振兴战略，是党的十九大提出的一个全新战略，普宁市委、市政府以实施乡村振兴战略为抓手，高度重视"三农"工作，加大城乡发展统筹力度，补短板、强基础，全力谋划农村巨变蓝图。深入开展文明城市创建工作，推动市、镇、村"三级联创"，顺利成为广东省县级文明城市提名城市，洪阳镇鸣岗村率先被评为"全国文明村"。（1）着力改善农村人居环境。稳步推进农村人居环境综合整治，拆违、种树、治水、搞卫生，做到"三清除、三拆除、三整治"。加快建设农村生活垃圾小型无害化处理设施，实现生活垃圾全部消纳处理。完善乡村公共设施，提升村道硬化覆盖率。推动规划进村，规范村民住宅建设，实施农村立面改造，加强旧屋修缮、新屋戴帽。推进农村"厕所革命"，全面消灭农村旱厕。加强乡村治理，完善民主监督机制，抓好移风易俗，促进乡风文明。（2）全面决战脱贫攻坚。逐步健全扶贫工作机制，完善扶贫建档立卡，加强精准识别，统筹抓好本地就业、转移就业、自主创业、扶贫项目，按时保质完成三年脱贫攻坚任务。完善农村保障体系，发挥政策保障托底功能。结合乡村振兴计划，以扶贫攻坚为抓手，统筹好对口帮扶和乡贤资源，加大财政投入力度，形成合力，确保18个省定贫困村建成社会主义新农村示范村。（3）努力改善农村交通条件。加快推进县道仙贡线、县道麒大线占汤段、崩东线等公路工程建设，上马建设县道新大线里梅段、云落寒妈大道改建工程等项目，改善农村交通条件，优化农村发展环境。（4）着力发展农村经济。深化农业供给侧结构性改革，抓好农村土地确权登记颁证工作。加快农田水利设施建设。发展花卉苗木、青梅、蕉柑、蔬菜等特色农业经济，推进现代农业（青梅）产业园建设。支持农民合作组织、家庭农场、种植大户等现代农业经营主体，提高农民组织化程度，带动农户参与产业化经营。培育农村电商、休闲农业、田园综合体、乡村旅游等新业态，以特色农业产业为依托，打造特色小镇。营造南溪鸿兴江岸生态休闲旅游、鲘溪圆通森林公园、大坪善德梅海等景区景点，从 2015 年开始成功举办了三届普宁市梅花旅游文化节，从而带动乡村旅游业快速发展。特别是 2017 年成功举办第三届梅花旅游文化节，全市旅游接待总人数 999.4 万人次，同比增长 14.5%，旅游收入 61.6 亿元，同比增长 14.5%。普宁城市形象宣传片亮相中央电视台 CCTV－4 国际频道。宣传片《遇见·普宁》在中新网、腾讯、凤凰网、网易、搜狐等各大网站推出，视频播放量达到 170 万次，向外界宣传和推介了普宁。

八是普宁老区人民脱贫奔小康情况。按广东省委、省政府部署，认真抓好 2013—2015 年扶贫开发"规划到户、责任到人"工作。全市有省定重点帮扶村 38 个，相对贫困户 3142 户 13296 人。扶贫开发"双到"任务全面完成，累计投入帮扶资金 23741.7 万元（含财政资金），村平均投入帮扶 624.8 万元。其中帮扶到户 1459.75 万元，帮扶到村 22281.95 万元。累计实施帮扶项目 992 个，其中发展生产项目 66 个、基础设施等公益建设项目 548 个、民生类项目 378 个；实施户项目 32324 个，重点改善被帮扶村公共基础设施建设和兴办村集体经济项目，增加村集体经济和贫困户收入，改善村容村貌，贫困户生产生活质量明显提高。全市 38 个重点帮扶村年均集体经济收入 7.89 万元，比帮扶前 2.15 万元增加 5.74 万元，比增 267%；贫困户人均纯收入 8376 元，比帮扶前 2634 元增加 5742 元，比增 218%；重点帮扶村内贫困户 100% 纳入最低生活保障、符合五保户条件的 100% 纳入"五保"、60 周岁以上老人按照政策规定 100% 参加城乡居民社会养老保险；开展劳动技能培训 250 万人次。2015 年，市投入资金 231.54 万元（其中省补助资金 90 万元），组织实施省山、水、田、林、路综合治理"大禹杯"竞赛活动，南溪镇三福村、云落镇田心村、麒麟镇后山村 3 个示范点的项目建设全面完成。帮扶工作各项指标均达到省总考核目标要求，市委、市政府及 38 个重点帮扶村和帮扶单位的考核均被省评为优秀等次。此外，按照广东省扶贫开发领导小组办公室新时期精准扶贫相对贫困村、相对贫困户的申报条件，上报精准扶贫相对贫困村 18 个及全市面上符合条件的相对贫困户、贫困人口，列入新时期精准扶贫对象。

至 2016 年底普宁市实现相对贫困人口 3902 人脱贫，2017 年底实现相对贫困人口 4575 人脱贫，2018 年底计划实现相对贫困人口 4979 人脱贫。全市脱贫攻坚战吹响冲锋号，以超常规的力度和举措，全力做好精准扶贫、精准脱贫工作，坚决打好打赢脱贫攻坚战。

首先，坚持精准，探索生态脱贫新路。普宁市新时期脱贫攻坚目标任务是：到 2018 年全市贫困户 6773 户、贫困人口 13456 人全部实现稳定脱贫，18 个相对贫困村全部出列。按照广东省委、省政府部署要求，到 2018 年全省要实现"两不愁、三保障、一相当"，即稳定实现农村贫困人口不愁吃、不愁穿，义务教育、基本医疗和住房安全有保障，基本公共服务主要指标相当于全省平均水平。

为如期全面实现稳定脱贫，普宁市坚持精准扶贫、精准脱贫，切实把精准二字贯穿扶贫开发各领域、各环节，真正做到扶贫对象精准、项目安排精准、资金使用精准、措施到户精准、因村派人精准、脱贫成效精准。市委、市政府出台《关于新时期精准扶贫精准脱贫三年攻坚的实施意见》，全市各有关部门也制定各自扶贫工作配套方案。在制定方案时根据贫困村、贫困户、贫困人口实际，对扶贫政策进行科学分类，不搞"一刀切""一锅烩"。按照精准扶贫、精准脱贫的要求，对有劳动能力的贫困人口，通过实施产业扶贫、加大培训和转移就业力度等促进贫困人口加快增收；对贫困村，通过促进集体资产增值收益、加大财政转移支付力度、改善基础设施条件等，提高村集体收入，加快整体脱贫；对生存条件差、生态系统需要重点保护修复的地区，结合生态环境保护和治理，探索生态脱贫新路子。

其次，社保兜底，大力推进全员覆盖。普宁市有省定贫困村18个，贫困户1309户，贫困人口5168人；分散在省定贫困村之外的面上村分散相对贫困户有5464户，贫困人口8288人。

普宁市既集中力量实现点上的突破，着力帮扶相对贫困村的贫困户、贫困人口实现稳定脱贫，又注重面上的推进，同步帮扶贫困村外分散的贫困户和贫困人口，使扶贫资源、扶贫举措、帮扶责任覆盖全部贫困人口，不让一个贫困人口掉队。同时，坚持立足发展，社保兜底。对全部或部分丧失劳动能力的相对贫困人口，全部纳入农村低保，实行社保政策兜底脱贫。农村低保和扶贫加快数据互通信息共享，实现有进有出、动态管理，对符合条件的贫困人口应保尽保，对已稳定脱贫的有序退出，对因灾、因病返贫的及时吸纳，确保贫困人口一个不漏。

最后，多方共济，凝聚合力齐奔小康。普宁市动员安排30家企业挂扶全市28个乡、镇、场、街道，参与精准扶贫帮扶活动。各乡、镇、场、街道党政一把手到挂扶的企业做好捐资动员工作，充分阐明企业挂扶乡、镇、场、街道参与精准扶贫工作的重要意义，使企业主动参与扶贫开发。

这是普宁市广泛动员全社会力量参与扶贫开发，充分发挥贫困群众主体作用的重要举措之一。坚持政府主导、社会参与，积极引导各类资源向贫困地区倾斜配置，发动外出乡贤支持家乡建设，各行业协会参与扶贫济困，着力构建政府、市场、社会合力攻坚的大扶贫开发格局。特别是要建立有效的机制和平台，畅通社会力量扶贫渠道，让更多有能力、有意愿参与扶贫的企业、组织、个人参与扶贫开发，努力营造全社会人人愿为、人人可为、人人能为的扶贫环境氛围。

7

第七章

革命遗址、文物、纪念场馆

普宁是一个具有光荣革命传统的革命老区，是一块"红色土地"。本章收录的 30 处革命遗址，是普宁的共产党人、革命志士及人民群众为反帝、反封建，争民主、求解放进行艰苦卓绝革命斗争留下的历史足迹。

习近平总书记曾说："历史是一面镜子，它照亮现实，也照亮未来。了解历史、尊重历史才能更好把握当下，以史为鉴、与时俱进才能更好走向未来。"普宁的每一处革命遗址都凝结着党的优良传统和革命精神，是我们在新世纪新阶段开拓创新、再铸辉煌的精神支柱，是需要倍加珍惜和永远继承的一笔不可多得的精神财富，也是对广大党员干部、青少年学生进行革命传统教育和爱国主义教育的生动教材。

第一节 革命遗址和文物

惠风亭——共青团普宁支部成立旧址

惠风亭位于洪阳镇"学宫"（当年为县立普宁一中，现为洪阳联中）后面的六角亭，是大革命时期普宁县第一个共青团支部成立地点。1925 年 5 月，方思琼（后改名方方）由杨石魂、方临川介绍参加共青团。7 月，方思琼在惠风亭主持召开第一次共青团普宁支部会议，参加会议的团员有方思琼、彭奕、罗绩、黄中坚、方书略等 5 人，会议选举方思琼为团支部书记。由于当时普宁县还没有共产党的党组织，团支部受党的委托，兼管党的工作。

惠风亭

南山顶——中共普宁支部成立旧址

南山顶位于洪阳镇乌犁村东面的南山头，是大革命时期第一个中共普宁支部成立的地址。1926 年 1 月上旬，陈魁亚在此主持召开普宁县第一次党员会议，正式成立中共普宁支部。参加会议的党员有陈魁亚、彭奕、陈颂、陈宇任、张杰、何石、方家悟、李崇三、方书略等 20 多人。会议主要内容：一是选举产生党支部领导机构。会议选举陈魁亚为党支部书记，彭奕、陈颂、何石、方家悟、李崇三、方书略等 7 人为支部委员。二是指派党员分工到各区发展党员，壮大党的组织。

乌犁塔——普宁县农会办公旧址

乌犁塔原名培风塔，位于洪阳镇乌犁村后坑西南山坡上，建于清乾隆七年（1742 年），塔通高约 36 米，外观 7 层，平面作八角形，系三合土夯筑成的风水塔，为普宁"古八景"之一。大革命时期，这里是中共普宁党组织领导农民运动的活动中心。1926 年 1 月，中共普宁支部领导有 10 万农民参加的围攻县城（洪阳）

乌犁塔

官僚地主集团的战斗，并取得胜利。2 月 6 日，彭湃代表广东省农会到普宁慰问农友，在乌犁塔前集会向农民演讲。县农会领导机构和办公地址设在塔脚。同年在塔脚建立农民市场，称"自由市"，设有中山街、马克思路、列宁路、李卜克内西街等。县农会还在此开设农民银行、商店、学校，塔脚成为共产党领导下全县政治、经济、文化的中心。

1963 年 10 月普宁县人民委员会公布其为县级文物保护单位，1989 年 6 月广东省人民政府公布其为省级文物保护单位，1996 年 11 月其被评为普宁市爱国主义教育基地，2013 年 4 月其被评为揭阳市爱国主义教育基地。

厚积寺——普宁县农民自卫军大队部旧址

厚积寺位于洪阳镇培风塔（乌犁塔）北侧。1926—1927 年，该处为中国共产党领导的普宁农民革命运动活动中心。清代厚积寺为文昌祠，后为联乡小学校址。1926 年，县农民协会、县农民自卫军基干大队部和农民自卫军一、二期训练班也设于此。

林惠山村三山国王庙——潮普惠三县军事委员会旧址

林惠山村三山国王庙

1927 年"四一二"反革命政变后，在党组织的领导下，于此地成立潮普惠三县军事委员会，举行声势浩大的普宁"四二三"武装暴动。李芳岐（李运昌）任暴动总指挥，何石为副总指挥，组织 4000 名农军第二次围攻县城。

九江陈氏祖祠——普宁县临时人民政府旧址

九江陈氏祖祠位于大坝镇九江村。1925—1926 年，陈魁亚、彭奕等在此领导农民运动。1927 年 4 月 23 日至 4 月底，普宁各区农军第二次围攻县城洪阳，以武装斗争对抗白色恐怖。原国民党县党部的共产党员及国民党左派人员集中在此祠堂开会，发出讨蒋宣言，成立普宁县临时人民政府，由国民党左派李志前任县长。这是全国首个县级红色革命政权。

1961 年陈氏祖祠被列为县文物保护单位，1998 年在祠堂布置革命历史陈列室，1999 年 9 月其被评为普宁市爱国主义教育基地，2014 年 4 月其被评为揭阳市爱国主义教育基地。

九江陈氏祖祠

三都书院——普宁党组织活动旧址

三都书院位于占陇镇小北山下村北的砰硼地，1924—1927 年为普宁县立第二初级中学。1927 年 8 月下旬，中共东江特委委员杨石魂在此召开普宁县党组织和农会干部会议，部署建立武装，策应八一南昌起义军入境。同时，决定调集各区的农民武装集中到流沙圩的白塔秦祠，并决定通知各区做好第三次围攻普宁县城（洪阳）的准备工作。

1988 年 10 月普宁县人民政府公布其为县级文物保护单位。

三都书院

流沙教堂——八一南昌起义南下部队指挥部军事决策会议旧址

流沙教堂位于流沙新河东侧，旧址原为流沙基督教堂，清光绪十六年（1890 年）建，为贝灰瓦木平房结构，有前厢房、天井、后大厅、侧厅，阔 20 米，深 17 米，建筑面积 340 平方米。

1927 年 10 月 2—3 日，中共前敌委员会和革命委员会等八一南昌起义的领导机关领导人，中共中央、广东省委部分领导人及南昌起义主要军事指挥员在流沙会合，周恩来等领导人驻流沙教堂。10 月 3 日，由中共前敌委员会书记周恩来主持，在流沙教堂侧厅召开指挥部军事决策会议。参加会议的有李立三、恽代英、彭湃、张国焘、谭平山、贺龙、叶挺、刘伯承、聂荣臻、郭沫若、林伯渠、吴玉章、徐特立等。会议从政治上和军事上初步总结南昌起义以来的经验教训，贯彻中共中央八七会议精神，作出"丢掉国民党革命委员会的旗帜，打出苏维埃的旗帜，搞土地革命，武装人员撤往海陆丰与当地武装结合，领导人员撤离战区转香港、上海另行分配工作"等重大决策。

中华人民共和国成立后，郭沫若、杨成武、宋任穷、彭冲、

流沙教堂

习仲勋等领导人先后参观视察旧址，均留下题赠。1984 年 8 月，聂荣臻为旧址题匾。旧址经 1962 年、1973 年、1979 年、1985 年、1987 年数次修建和整理陈列。常年参观人数约 4 万人。旧址于 1961 年被列为县文物保护单位，1979 年被列为广东省文物保护单位，1996 年被列为普宁市、揭阳市爱国主义教育基地，2011 年被广东省委党史研究室定为广东省中共党史教育基地，2011 年被中国人民解放军第二炮兵设立为理想信念教育基地（2016 年更名为中国人民解放军火箭军理想信念教育基地），2015 年被列为广东省爱国主义教育基地，2017 年被评为全国爱国主义教育示范基地。

承天休——周恩来等撤离战区时掩蔽处旧址

承天休位于流沙南街道马栅村平房片门牌 3 号。1927 年 10 月，周恩来、叶挺、聂荣臻等南昌起义南下部队领导人途经普宁，于 10 月 3 日流沙军事决策会后往海（丰）陆（丰）方向撤退，经莲花山战斗，周恩来、叶挺、聂荣臻等与起义军大部队失散。在此危难之际，中共地方组织领导人杨石魂将周恩来、叶挺、聂荣臻等带领至马栅村承天休隐蔽，随后护送 3 位中央领导人安全撤离战区。

马栅村承天休是潮汕地区下山虎民居，建于清朝末年，建筑占地面积 130 平方米，保护范围面积 130 平方米。承天休原是马栅村人黄伟卿的旧居。

咸寮山洞——郭沫若避难处遗址

咸寮山洞位于下架山镇咸寮村西南马鞍石山坳。洞口已遭采石破坏。1927 年 10 月 3 日下午，南昌起义军在普宁莲花山遭到国民党军突袭。激战中，起义军总政治部主任郭沫若和安琳、傅若、易君等被敌军冲散，辗转来到西社乡瓦窑圩，被中共普宁地方组织派来接应的黄寿山找到，旋即被带到咸寮村找陈开仪（区农会干部，1928 年 2 月选为普宁县苏维埃政府执委会主席）安置。陈开仪将郭沫若等带到该村西南 5 千米处的马鞍石山坷山洞隐藏。数天后,黄寿山、方家悟、陈开仪护送郭沫若等人经盐岭径穿越大南山到惠来县神泉港,后转海路秘密前往香港。

遗址于 2017 年 7 月评为普宁市党员教育基地,2018 年 2 月被评为普宁市爱国主义教育基地。

咸寮山洞

宝镜院陈氏祖祠——中共普宁县委成立旧址

宝镜院陈氏祖祠位于洪阳镇宝镜院村。1927 年 9 月下旬至 10 月,八一南昌起义军进入潮汕时,接受起义军伤病员在此疗伤。1927 年 11 月初,中共东江特委书记彭湃派陈魁亚从海丰带彭奕、陈宇任等党员干部到普宁筹建县委,中旬在此首次正式成立中共普宁县委员会,县委机关也设置在这里,县委书记陈魁亚,组织部部长彭奕,宣传部部长张清典,秘书方家悟,委员有何石、吴棣伍、翁时光等 7 人。

宝镜院陈氏祖祠

陂沟小学——普宁县第一次工农兵代表大会旧址

陂沟小学位于大南山街道陂沟村，原为村里的振声学校。1928年1月，彭湃率红四师第十一团来普宁协助年关暴动，夺取政权。2月13日，普宁县第一次工农兵代表大会在陂沟小学举行，成立县苏维埃政府。选举陈开仪为县苏维埃政府执委会主席。

1961年该旧址被列为县文物保护单位；1997年在旧址举办大南山革命斗争历史展览馆，同年12月其被评为普宁市爱国主义教育基地；2003年6月其被评为揭阳市爱国主义教育基地。

辉祖祠——普宁县苏维埃政府办公旧址

辉祖祠位于大南山街道什石洋村。1928年2月13日，普宁县苏维埃政府在陂沟小学成立后，设在辉祖祠内办公。1997年普宁市（普宁于1993年撤县设市）政府拨专款，并通过募捐集资共15万元，对辉祖祠修葺一新，在祠堂内布设村革命斗争历史展览。

1961 年 10 月普宁县人民委员会公布其为县级文物保护单位，1998 年 2 月其被定为普宁市爱国主义教育基地。

辉祖祠

吴爷宫——中国工农红军第二、四师野战医院旧址

吴爷宫位于大南山街道锡坑村，普宁县解放后作为村卫生站址。1927 年末至 1928 年初，中共普宁县委在大南山成立后方委员会，设立一些后方机构如修械厂等，建立后方医疗所，治疗八一南昌起义军留下的伤病员及年关暴动战斗中的农军伤员。1928 年，中国工农红军第二、四师野战医院也设于此，当时红四师参谋长徐向前曾在此养伤。

1961 年该旧址被列为县文物保护单位；1985 年，徐向前为旧址手书"中国工农红军第二、四师野战医院旧址"的匾额；1996 年 11 月其被评为普宁市爱国主义教育基地。

李春太石屋——彭湃革命活动旧址

李春太石屋是彭湃大南山革命活动旧址，位于大南山街道白

马仔村。1928年2月，中共东江特委书记彭湃率红二、四师到普宁、惠来两县领导平原革命斗争，同年春夏间，因斗争受挫而转入大南山区。彭湃和夫人许玉磬等住于李春太石屋领导革命工作。6月，彭湃在此召开中共东江特委会议，检查潮普惠三县暴动失败的原因，并制定对三县党组织整顿的计划，拟订《惠普潮三县党组织状况与整顿计划》报广东省委。

1985年，普宁县政府拨款对旧址进行维修，保持原来石屋现状。建筑占地面积50平方米，保护范围面积70平方米。该旧址于1988年10月被普宁县人民政府公布为普宁县文物保护单位。

李氏和祖祠——普宁县革命委员会成立旧址

李氏和祖祠位于大南山街道锡坑村。1929年11月，普宁县农民代表大会在李氏和祖祠召开，成立普宁县革命委员会。主席李崇三、副主席何石。会后，县革命委员会设办事处在此办公，延续到1930年下半年。

1961年10月普宁县人民委员会公布其为县级文物保护单位。

李氏和祖祠

德成楼——船埔区苏维埃政府成立旧址

德成楼是大革命时期、土地革命战争时期、抗日战争时期和解放战争时期中共陆惠、潮普惠揭地方组织领导机关驻地，位于船埔镇樟树村。

1925 年 3 月，中共海陆丰县党组织派何原达秘密到樟树村开展工作。8 月，组织成立船埔区农会，开展革命斗争，领导机关设在德成楼。1929 年 12 月 15 日，惠来县第六区（船埔区）苏维埃政府成立，朱荣为主席，领导机关曾设在此处。1930 年 1 月，红军四十九团团长彭桂率领红军到南阳山区和樟树村活动，号召樟树村青年、赤卫队参加红军，团部和陆丰县委也曾设在此处。1932 年，古大存为第二任中共陆惠县委书记，县委领导机关设在此处。1937 年，先后担任中共普宁县工委书记和潮普惠南分委统战部部长的马士纯和担任中共潮普惠分委、潮普惠揭中心县委组织部部长的罗天先后于樟树村一带苏区开展活动，设法恢复党组

德成楼

织，领导机关曾设在此处。1941 年 3 月始，先后由詹泽平、黄友、郑建猷等同志负责的地下活动及武装斗争在樟树村展开，领导机关曾设在此处。

2006 年 7 月，外出乡贤捐资对德成楼进行维修。建筑占地面积 200 平方米，保护范围面积 200 平方米。内设有革命历史文物展览。该旧址于 2018 年 2 月被定为普宁市爱国主义教育基地。

梅仔圻楼——西南红军野战医院驻地遗址

梅仔圻楼位于大南山街道梅仔圻村，为砖木楼房，高约 8 米，面积约 30 平方米。因年久失修，自然风化，楼已倒塌。

土地革命战争时期，中共东江特委所领导的地区分成西北（兴、梅、埔、五、揭、丰、蕉、平）、西南（潮、普、惠、陆、海、惠阳、紫）等区域，故在潮普交界的大南山上所建立的红军医院，称西南医院。1931 年，在大南山中心区域的大溪坝村附近，以各县原来医疗所为基础建立的西南医院，是东江特委、东江军委直接领导的红军野战医院。梅仔圻楼是西南红军野战医院驻地之一。1933 年春，西南医院搬到梅仔圻村，活动于梅仔圻、白水磜、老贼营一带。在这里一直坚持到 1935 年，是大南山红军坚持到最后的一个单位。

大南山石刻革命标语

大南山石刻革命标语位于大南山潮阳、普宁、惠来三县交界处，为大南山革命根据地石匠翁千于 1930—1932 年所刻，共 57 条。普宁境内有"苏维埃欢迎白军士兵拖枪投红军"等 10 条，分布在下架山镇碗仔村盐岭径，均在路旁天然大石上凿刻，今保存完好。

大南山石刻革命标语于 1979 年被列为广东省文物保护单位，1996 年 11 月被评为普宁市爱国主义教育基地。

九德祠、知本堂——泥沟群众学校旧址

泥沟群众学校位于燎原街道燎原中学内，该校是 1936 年初由民众小学（1935 年创办）改名而来。泥沟群众学校是土地革命战争后期中国共产党掌握的一所革命学校，也是重新建立普宁县共青团支部的学校。土地革命战争后期，大南山苏区遭强敌进攻，革命斗争处于低潮，在这种十分恶劣的政治环境下，1935 年泥沟村共青团员张重仁到上海寻找共产党的党组织。上海党组织派共青团员周志明、方泽豪前来泥沟群众学校任教。1936 年 4 月，群众学校重新建立普宁县共青团支部，周志明任团支部书记，并发展了一批进步学生为共青团员。1937 年 7 月一批共青团员转为中共党员，同时成立党支部，陈昌华任支部书记。当时，中共普宁县工委的主要领导人陈初明、马士纯、罗天等经常到学校指导革命工作。1937 年抗日战争全面爆发后，作为普宁县党组织革命活动据点之一的群众学校，成为群众性抗日救亡运动的据点和著名的抗日救亡阵地。群众学校在土地革命战争后期和抗日战争时期

九德祠（知本堂）

为革命培养了一批革命骨干和共产党员，在普宁县革命斗争历史中，承先启后，继往开来，写下了光辉的篇章。

2003 年经向海内外乡亲集资 80 多万元，对泥沟群众学校旧址九德祠、知本堂进行修缮，旧址于 2004 年 10 月修葺一新。现于旧址内由泥沟村党总支、村委会开设泥沟群众学校革命史展览馆，展览馆展出内容分为 10 个部分，共展出历史照片 180 幅，实物 58 件，领导题词 8 幅。

该旧址于 2003 年 2 月被普宁市文物管理委员会办公室确定为文物保护对象，2016 年 3 月被评为普宁市爱国主义教育基地。

兴文中学钟楼——潮汕抗日救亡革命活动旧址

兴文中学钟楼位于占陇镇兴文中学内。兴文中学的前身是私立翰堂高级小学。1934 年 3 月，学校由埠塘所属 10 个自然村民众集资和南洋华侨资助扩建，定名兴文中学。中学开办后，首任

兴文中学钟楼

校长许宜陶先后聘请黄声、邱秉经、马士纯等一批共产党员和进步青年教师到校任教。1936年建立了共青团支部。1937年下半年在教员和学生中发展党员10多人，建立了教职员和学生两个党支部。自此，兴文中学成为潮汕党团组织活动的主要据点之一。抗日战争初期，党组织在该校领导了广泛深入、声势浩大的抗日救亡运动和实施战时教育的革命运动，培养了一大批革命骨干力量，是抗战初期潮汕地区抗日救亡革命学校，被誉为"普宁抗日救亡运动的摇篮"。

兴文中学钟楼建筑占地面积800平方米，保护范围面积800平方米。1988年10月普宁县人民政府公布其为普宁县文物保护单位。

梅峰公学——潮汕抗日救亡革命活动旧址

梅峰公学即现在的梅峰中学，位于梅塘镇梅塘圩内，是抗日战争时期潮汕地区著名的抗日救亡革命学校。梅峰公学前身是梅峰高等小学，由学校周围13个乡村群众集资创办。1927年5月，学校被国民党反动派以"赤派"罪名强令停办。1936年

梅峰公学

春复办。该校在 20 世纪 30 年代是广东省内推行陶行知"生活教育"的著名学校。1937 年 7 月，中共普宁特别支部在此成立，8 月扩建为中共普宁县工作委员会。梅峰公学成为中共党组织领导全县抗日救亡运动的中心。1939 年 6 月，汕头沦陷，潮安、澄海等有志青年纷纷慕名到校就读，追求真理，学校成为开展抗日救亡运动、培养革命骨干的阵地，被誉为"普宁抗日救亡运动的摇篮"。

1961 年 10 月普宁县人民委员会公布其为县级文物保护单位。

合利书店

合利书店位于原流沙中华路门牌 26 号。因流沙旧城区改造，旧址已不存在。1938 年 10 月至 1940 年 4 月，中共潮普惠南分委、中共潮普惠揭中心县委先后在这里开设合利书店和印刷厂。二楼为县委机关所在地。

1938 年 10 月，潮普惠南分委为传播革命理论与普及抗战文化，推动抗日运动的开展，在流沙租用这栋二层楼的楼下开设合利书店并创办印刷厂。书店经常发行《新华日报》、《抗敌导报》（岭东青抗会机关刊物）、《群众》、《解放》、《前驱》（中共闽粤赣边省委机关刊物）等 10 多种共产党的报刊，以及《论持久战》《目前形势与我们的任务》《抗日游击战术》《马列主义问题》《二万五千里长征》《西行漫记》等不下百种的革命书籍；印刷厂编印各种战时课本、抗敌歌谣，供学校和夜校读用，印数达 8 万多册，还印行中共潮普惠揭中心县委主办的机关报《青报》。合利书店通过发行网，把这些革命书籍和报刊输送到全县各地。传播范围东至陈店、和平，西至钱坑，南至盐岭、惠来，北至棉湖、揭阳，远及兴梅、潮澄饶一部分地区，受到党的基层组织和广大群众的欢迎，起到很好的宣传教育作用。

敬爱小学——中共普宁工委办公旧址

敬爱小学位于流沙西街道赵厝寮村。1938 年，普宁党组织在抗日救亡运动中迅速发展壮大，为了更好地领导全县运动，中共普宁工委由梅峰公学迁设敬爱小学，工委书记陈初明、罗天，区委书记林川，县青抗会常务干事郑敦等均以教职员的身份隐蔽在这里，领导全县群众开展抗日救国斗争。

该旧址于 1993 年 12 月被普宁市文物管理委员会办公室确定为文物保护对象。

敬爱小学

杨氏祖祠——潮汕人民抗日游击队成立旧址

杨氏祖祠位于南径镇白暮洋村，为 20 世纪 30 年代初建的二进三开间祠堂。1945 年 3 月 9 日，潮普惠与揭阳两路抗日武装队伍共 300 多人在此会合，成立潮汕人民抗日游击队，发布成立宣言。党代表林美南，队长王武。会后指战员转移到大南山，开辟抗日游击根据地，进行军事训练，然后赴各地抗日。

1961 年杨氏祖祠被列为县文物保护单位；1998 年在旧址内举

办广东人民抗日游击队韩江纵队史展览馆；1999 年 9 月其被评为普宁市爱国主义教育基地。

大窝村——韩江纵队司令部旧址

大窝村位于大南山街道。因年久失修，自然风化，已倒塌。

1945 年 3 月 9 日，中国共产党领导的潮汕人民抗日游击队在普宁县白暮洋村正式宣告成立。林美南任游击队党代表，王武任队长，曾广任政委，林川任政治处主任，谢育才任军事顾问，张珂敏任军需处主任。10 日，游击队开会研究决定以有光荣革命斗争历史的大南山为根据地，开展抗日游击斗争。11 日晚，游击队转移到大南山的锡坑，在大窝村设立司令部、后方办事处和党务工作委员会，并建立宣传、民运、后勤等工作机构。6 月初，中共潮汕地方组织主要负责人林美南在普宁县陂沟村召开潮汕各地党组织主要负责人和游击队主要领导人参加的会议，转达了中共广东省临委关于将潮汕人民抗日游击队扩编为广东人民抗日游击队韩江纵队的重要指示。会议决定在韩江纵队之下组建 3 个支队：以潮澄饶敌后抗日游击队为主，会合正在筹备的揭阳梅北的小北

大窝村

山人民抗日游击大队，在潮揭丰边界的小北山组建第一支队；潮普惠方面的潮汕人民抗日游击队改编为第二支队，以大南山为抗日游击根据地；以曾广、汪硕率领的独立大队为基础，在适当时机前往大北山，开辟以大北山为中心的游击区，成立第三支队。同月底，广东人民抗日游击队韩江纵队暨第二支队在普宁县流沙圩正式成立。广东人民抗日游击队韩江纵队及随后成立的第二支队，以大南山为根据地，打击小股日伪军和国民党顽军，开展抗日游击斗争，为驱逐日本侵略军，收复潮汕失地，夺取抗战最后胜利，作出了重要贡献。

鸣和居——中共潮普惠县委办公旧址

鸣和居位于池尾街道山湖村观里门牌 013 号，建筑占地面积 250 平方米，保护范围面积 300 平方米。

1940 年春，中共普宁二区区委设于山湖学校。同年 4—12 月，中共潮普惠县机关从流沙移驻山湖村，县委书记罗天和县委妇女部部长方东平以兄妹相称住在山湖的一座华侨房屋"鸣和居"。先后住县委组织部部长的张鸿飞、杜修田、宣传部部长林川、青年部部长吴健民等也经常到鸣和居开碰头会，研究指导全县党的工作，深入宣传发动群众投入抗日斗争，揭露国民党顽固派消极抗日、积极反共的罪行。下半年，在区委书记李凯领导下，山湖支部顺利转入隐蔽活动，党支部做好党员的思想政治工作，对党员进行保密教育、纪律教育、形势教育，以提高党员的觉悟，在恶劣形势下坚持斗争。

该旧址于 1993 年 12 月被普宁市文物管理委员会办公室公布为普宁市文物保护对象。

逊敏学校——中共普宁县委旧址

逊敏学校位于军埠镇石桥头村。抗日战争、解放战争时期，中共地方党组织诸多领导人常以教书为掩护，在这里开展革命活动。当时任中共普宁县委宣传部部长、组织部部长、书记的李雪光较长时间住于此。1946 年 2 月至 1949 年 5 月，这里是中共普宁县委机关所在地。

逊敏学校

郑氏宗祠——中国人民解放军闽粤赣边纵队第二支队第九团成立旧址

郑氏宗祠位于云落镇湖寨村。1949 年 2 月 1 日，中国人民解放军闽粤赣边纵队第二支队第九团在这里成立。团长陈扬，政委王家明。第九团是中共普宁县委、边纵司令部领导的一个地方团，共有 870 多人枪。

有祖祠——普宁县人民政府办公旧址

有祖祠位于流沙西街道平湖村（市人民广场南侧）。1949 年 5 月 1 日流沙解放后，这里是中国人民解放军闽粤赣边纵队第二支队指挥部驻地。同年 7 月 1 日，普宁县人民政府在流沙成立。首任县长陈焕新，政府机关设于此。

有祖祠

纪念场馆

一、革命烈士墓

邓宝珍烈士墓

邓宝珍烈士墓位于普宁市大南山街道陂沟村和尚坷虎地山坡。

邓宝珍，河北省人，系八一南昌起义军炮兵连连长，共产党员。八一南昌起义军撤离普宁县时，他因患病留驻普宁县，在中共普宁县委机关所在地洪阳镇宝镜院村的陈开固家隐蔽养病。1927年12月，任广东工农革命军东路军第六团队参谋长兼军事训练班教官，在大南山培训军事骨干，带领地方武装开展年关暴

邓宝珍烈士墓

动。1928年4月6日，在配合红四师第十一团攻打地方武装陇头据点的战斗中壮烈牺牲。忠骸由陂沟村群众安葬在陂沟村官田埔的山上，为土堆墓。

该烈士墓原是葬于陂沟村官田埔的土堆墓，1983年8月普宁县人民政府拨款重建于现址。建筑占地面积80平方米，保护范围面积100平方米。

邓宝珍烈士墓于1988年10月被普宁县人民政府公布为普宁县文物保护单位。

李存穆烈士墓

李存穆烈士墓位于普宁市里湖镇富美村榕江北岸大架山。

李存穆，化名王良，里湖镇富美村人。1927年参加中国共产党，曾任东江革命委员会经济委员兼印刷局局长、潮普惠县苏维埃政府委员等职。1931年10月7日在洪阳镇就义。群众感念他的英烈，漏夜抢回其遗体，安葬在此处。该墓用灰沙夯筑，有封土堆，碑文："潮普惠县政府委员烈士存穆李公之墓"。李存穆烈士墓左旁有1933年8月牺牲的李存瑶烈士墓。

李存穆烈士墓建筑占地面积40平方米，保护范围面积40平

李存穆烈士墓

方米。

李存穆烈士墓于 1988 年 10 月被普宁县人民政府公布为普宁县文物保护单位。

梅林十九烈士墓

梅林十九烈士墓位于普宁市梅林镇梅林中学东北侧。

梅林十九烈士墓

1950 年元旦，普宁县人民政府为纪念解放战争时期牺牲的革命烈士而修建了革命烈士墓（梅林）。墓碑上标明：中共党员中队副队长李秀龙，中国人民解放军班长赖庚申、古石财、邓宜来、郑娘喜、赖戴尚、赖清龙，情报员赖乌镇，通讯员黄武生、温夒，民兵中队长杨兆南、赖坤，民兵小队长赖少，队员吴兴、陈水金、钟开、温增、杨通，村农会长赖敢等 19 位烈士之墓。

梅林十九烈士墓建筑占地面积 200 平方米，保护范围面积 200 平方米。

梅林十九烈士墓于 1988 年 10 月被普宁县人民政府公布为普

宁县文物保护单位。

高埔十一烈士墓

高埔十一烈士墓位于普宁市高埔镇高埔村圩仔顶。

1930年初，中共惠来县委委员温达初任高埔乡苏维埃政府主席，刘乾坤任区委委员，领导农民进行武装斗争，组建了赤卫队。1930年6月26日，高埔乡苏维埃政府主席温达初、区委刘乾坤，赤卫队员温孟、温炎、温质、温森、温演禄、温场便、黄毡、李妙守、刘甲等11位革命人士在高埔洋道隆村温氏宗祠被国民党地主武装杀害。1954年11月16日，普宁县人民政府为纪念在"洋道隆事件"中遭敌围捕杀害的11位烈士而修建了烈士墓。

高埔十一烈士墓建筑占地面积60平方米，保护范围面积600平方米。

高埔十一烈士墓

多年山十八烈士墓

多年山十八烈士墓，亦称十八烈士纪念碑，位于普宁市池尾街道多年山村草鞋地山。

1945 年 8 月 5 日，国民党顽固派向在大南山西部周围乡村活动的广东人民抗日游击队韩江纵队第二支队第二大队和普宁的二区民主政府发起空前规模的军事"围剿"，为保存实力，韩江纵队第二支队第二大队奉命前往阻击，当天下午 2 时许，第二大队第三、第四中队在牛屎山挡住两路敌军的进攻，但由里湖绕道从高明来的敌军又分两路向在多年山村后山上阻击的游击队第三中队夹攻，企图穿过暗径山直抵陂沟村袭击韩江纵队第二支队司令部和二区民主政府。游击队第二大队为完成阻击任务，顽强战斗，一直到黄昏，共毙伤敌军 24 人，成功地掩护了韩江纵队第二支队司令部、二区民主政府及非战斗人员安全撤入大南山。阻击战中，陈欣丰（第三中队指导员）、张珂华（副指导员）、方溜、陈克平、汪瑞枝、吴雄、杨进明、叶兴阳、许淑海、许进家、许龙桂、肖喜鸿、张锡青、王炳河、王如义、李纯金、陈荣山、汪兆水等 18 位指战员壮烈牺牲。

多年山十八烈士墓于 1956 年 9 月 15 日建碑，1985 年 5 月重

多年山十八烈士墓

修、2006 年 10 月再次重修。碑高 6.05 米，宽 5.6 米，碑基面积 35 平方米，碑正中刻着"十八烈士之墓"。建筑占地面积 500 平方米，保护范围面积 1000 平方米。

多年山十八烈士墓于 1961 年 10 月被普宁县人民委员会公布为普宁县文物保护单位。2004 年市政府拨款对烈士墓进行修缮。2016 年 3 月其被评为普宁市爱国主义教育基地。

王武烈士墓

王武烈士墓位于普宁市燎原街道泥沟村鹅地山。

1958 年为纪念抗日战争时期在西陇战斗中牺牲的潮汕人民抗日游击队大队长王武、班长杨少豪和解放战争时期的二区武工队交通员李千等烈士而修建此墓。

王武烈士墓实为王武、李千、杨少豪三合土墓，石碑高 2 米，墓碑刻着"革命烈士王武　杨少豪　李千同志之墓"碑文。建筑占地面积 84 平方米，保护范围面积 84 平方米。

王武烈士墓于 1988 年 10 月被普宁县人民政府公布为普宁县文物保护单位。

王武烈士墓

吕文亮烈士墓

吕文亮烈士墓位于普宁市梅塘镇社山村社山岩。

民政部门为纪念解放战争时期烈士吕文亮（大坝上村人）而修建此墓。

吕文亮烈士墓坐东南向西北，建筑占地面积 13 平方米，保护范围面积 13 平方米。

吕文亮烈士墓于 2011 年 11 月被普宁市人民政府公布为不可移动文物。

吕文亮烈士墓

张伯哲烈士墓

张伯哲烈士墓位于燎原街道泥沟村枫树山山坡上，2012 年 6 月 15 日建，夯贝灰沙，中间碑石筑成半月形墓面，墓地面积 30 平方米。

张伯哲，原名张开明，1920 年 4 月 10 日生，燎原街道泥沟村人。1939 年春参加中国共产党。1947 年 1 月被中共中央香港分局派往台湾，任中共台中地区工委书记。1950 年 4 月 5 日，由于叛徒出卖被捕，12 月 8 日被国民党反动军警押往台北市郊马场町秘密杀害，时年仅 30 岁。

1994 年张伯哲被广东省人民政府追认为革命烈士。1996 年国家民政部颁发给烈士证书。2012 年 6 月，经烈士亲属张庆民多方寻找，在台湾台北市郊找到烈士骨骸，挖掘带回家乡；同年 6 月 15 日，普宁市人民政府在泥沟村三脚岭"归根阁"前举行张伯哲烈士骨骸魂归故土安放仪式，随后烈士的遗骸被护送至墓穴入土安葬。

张伯哲烈士墓

二、革命烈士纪念碑

中国工农红军烈士纪念碑

中国工农红军烈士纪念碑位于普宁市里湖镇汤头村。

中国工农红军烈士纪念碑建成于 1957 年 11 月 28 日。纪念碑碑身正面书"中国工农红军烈士纪念碑",碑座正面写着:"中国工农红军东江十一军第四十六团于 1932 年 11 月 28 日(阴历十一月初一日)在汤头地方抵抗国民党匪军进攻,团长古宜权、排长甘必清等同志英勇战斗壮烈牺牲纪念"。

该纪念碑为钢筋水泥结构,碑座平面 81 平方米,碑高 8 米,方向正南,保护范围面积 81 平方米。

中国工农红军烈士纪念碑于 1988 年 10 月被普宁县人民政府公布为普宁县文物保护单位。

中国工农红军烈士纪念碑

流沙革命烈士纪念碑

流沙革命烈士纪念碑位于普宁市流沙西街道流沙人民公园内。

流沙革命烈士纪念碑为 1958 年全县国家干部和县城职工捐款集资筹建,是普宁人民为纪念新民主主义革命时期牺牲的革命烈士而树立的。纪念碑上书"革命烈士纪念碑",系集鲁迅手稿字迹放大镶古板金，碑座刻有碑文。

该纪念碑为钢筋混凝土洗石建筑，碑高 15 米（含碑座 5 米），1996 年普宁市政府拨专款重新修缮。建筑占地面积 400 平方米，保护范围面积 400 平方米。每年的清明节期间，普宁市（县）党政领导和各界代表前往祭扫革命烈士纪念碑，缅怀先烈的丰功伟绩。

红宫（含革命烈士纪念碑）于 1961 年 10 月被普宁县人民委员会公布为普宁县文物保护单位，1998 年 2 月被中共普宁市委、普宁市人民政府公布为普宁市爱国主义教育基地。

流沙革命烈士纪念碑

大长陇革命烈士纪念碑

大长陇革命烈士纪念碑位于普宁市军埠镇大长陇村山林场。

大长陇革命烈士纪念碑系人民群众为纪念土地革命战争时期牺牲的中国工农红军第十一军第四十七团政委陈开芹等革命烈士

而建立的。陈开芹烈士是军埠镇大长陇村人，1925年参加共青团，1926年参加中国共产党。曾任中共东江军委常委。1933年4月，在海丰县激石溪黄狗地为掩护县委机关转移英勇牺牲，时年28岁。

该纪念碑于1958年5月建于军埠镇大长陇侨联大楼围墙内，1987年迁建于军埠圩，现已迁建白沙溪水库旁大长陇山林场。建筑占地面积40平方米，保护范围面积40平方米。

大长陇革命烈士纪念碑于1988年10月被普宁县人民政府公布为普宁县文物保护单位，2011年11月被普宁市人民政府公布为不可移动文物。

大长陇革命烈士纪念碑

大长陇革命烈士纪念碑（历史照）

赤水革命烈士纪念碑

赤水革命烈士纪念碑，亦称八烈士墓，位于普宁市流沙西街道赤水村松仔岭山。

赤水革命烈士纪念碑于1958年由普宁县民政局拨款修建，是赤水村农业合作社为纪念土地革命战争时期、抗日战争时期和解放战争时期，为革命牺牲的赤水村8位烈士黄光汉、陈春林、陈惠、黄光武、陈勃、陈海涛、陈立道、陈新益等而建立的。纪念碑后是烈士的墓葬。

该纪念碑高6.35米，1979年重修，1997年再修缮。建筑占地面积1750平方米，保护范围面积1750平方米。

赤水革命烈士纪念碑于1988年10月被普宁县人民政府公布为普宁县文物保护单位。

赤水革命烈士纪念碑

泥沟革命烈士纪念碑

泥沟革命烈士纪念碑位于普宁市燎原街道泥沟村三祝岭西侧山坡。

为纪念在新民主主义革命时期在泥沟村开展革命活动的李天海烈士和泥沟村为革命牺牲的张珂朝、张珂白、张桂芳、张亚泉、张珂普、庄赛月、张声文、张鸣蔼、张亚柑、张亚为、张声汉、张丽卿、张珂华、张锡青、张珂敏、许从、张瑞芝、许春色、张木雄、张伯哲、许佑涩等 21 位烈士，泥沟村干部群众和海外侨胞集资于 1992 年 10 月 1 日建成泥沟革命烈士纪念碑。碑两侧竖有大理石刻的"碑记"和"革命烈士英名"。

　　该纪念碑碑高 6.5 米，围栏基础平面 1300 多平方米（保护范围面积）。

　　泥沟革命烈士纪念碑于 2011 年 11 月被普宁市人民政府公布为不可移动文物，2016 年 3 月被评为普宁市爱国主义教育基地。

泥沟革命烈士纪念碑

龙坑革命烈士纪念碑

　　龙坑革命烈士纪念碑位于普宁市大坪镇龙坑村。

　　龙坑革命烈士纪念碑是为纪念大革命时期、土地革命战争期间牺牲的魏荫亭、魏廷思、魏庚可等 30 多位革命烈士而建的。

2006 年 8 月建成。

该纪念碑坐西向东，水泥结构，洗石，碑高约 5 米，宽 2. 45 米。建筑占地面积 624 平方米，保护范围面积 6247 平方米。

龙坑革命烈士纪念碑于 2018 年 2 月被评为普宁市爱国主义教育基地。

龙坑革命烈士纪念碑

林惠山革命烈士纪念碑

林惠山革命烈士纪念碑位于普宁市洪阳镇林惠山村大埔山。

林惠山革命烈士纪念碑是为纪念在新民主主义革命时期牺牲的林惠山村革命先烈而建的。1999 年建成。

该纪念碑共有两座，均为灰岗岩结构，坐南向北。建筑占地面积 16 平方米，保护范围面积 16 平方米。

林惠山革命烈士纪念碑于 2011 年 11 月被普宁市人民政府公布为不可移动文物。

林惠山革命烈士纪念碑（一）   林惠山革命烈士纪念碑（二）

涂洋革命烈士纪念碑

涂洋革命烈士纪念碑位于梅塘镇涂洋村娘仔坟山北侧山坡上。

涂洋革命烈士纪念碑于 2009 年 5 月由涂洋村干部群众和革命老同志集资修建，是为纪念在各个革命时期牺牲的涂洋村 8 位革命烈士官秀炎、曾四良、张永忠、王林、曾三平、方溜、方修亮、方明钦等而建立的。纪念碑碑座前后有大理石刻"碑记"和"革命烈士英名"。

涂洋革命烈士纪念碑

该纪念碑高 6.3 米，保护范围面积 500 平方米。

涂洋革命烈士纪念碑于 2016 年 3 月被评为普宁市爱国主义教育基地。

三、纪念馆

普宁红宫

普宁红宫亦称普宁革命纪念馆、革命文物陈列馆，位于普宁市流沙西街道人民公园内。

红宫建于 1958 年，为贝灰三合土瓦木传统宫殿式建筑，坐西向东，一正厅及两侧室共 3 间，开正门和左右两个侧门，红墙红柱，故称"红宫"。宫深 10 米，阔 20 米，建筑面积共 288 平方米，保护范围面积 320 平方米，建成之日即开馆展出。中厅按新民主主义革命四个时期陈列普宁人民在中国共产党领导下的革命斗争史迹与文物，共展出照片 90 张，实物 131 件，张挂革命烈士遗像和英名表等。红宫是普宁革命烈士陵园（现流沙人民公园）的重要组成部分，是为革命烈士陵园配建的革命文物和革命烈士遗物遗迹陈列馆。

普宁红宫

红宫（含革命烈士纪念碑）于 1961 年 10 月被普宁县人民委员会公布为普宁县文物保护单位，1998 年 2 月被中共普宁市委、普宁市人民政府公布为普宁市爱国主义教育基地。

普宁革命烈士陵园

普宁革命烈士陵园，即现在的流沙人民公园，位于普宁市流沙西街道。

1958 年，普宁人民为纪念大革命、土地革命战争、抗日战争、解放战争牺牲的革命烈士而建。革命烈士陵园以"革命烈士纪念碑"（钢筋混凝土洗石建筑，碑高 15 米，碑文采用鲁迅笔迹）与"红宫"（革命文物和革命烈士遗物遗迹陈列馆）相配合的纪念建筑物为主体，并配以园林。1958 年 5 月 1 日建成，20 世纪 60 年代中期改名"流沙人民公园"，园名为郭沫若所题。建筑占地面积 1680 平方米，保护范围面积 1680 平方米。

普宁革命烈士陵园

普宁革命烈士陵园于 1961 年 10 月被普宁县人民委员会公布为普宁县文物保护单位，1988 年 4 月被广东省人民政府批准为广东省重点烈士纪念建筑物保护单位，2011 年 11 月被普宁市人民政府公布为不可移动文物。

大南山革命斗争历史文物陈列馆

大南山革命斗争历史文物陈列馆，亦即大南山革命斗争历史展览馆，位于普宁市大南山街道陂沟村向东片门牌 0001 号。

1997 年，中共普宁市委、普宁市人民政府拨款对普宁县苏维埃政府成立旧址（陂沟小学）再次进行修缮，并布设了大南山革命斗争历

省、市级爱国主义教育基地牌匾

大南山革命斗争历史文物陈列馆一角

史文物展览。展厅面积 200 余平方米，陈列图照 80 幅，文物（复制品）40 件。大南山革命斗争历史文物陈列馆（大南山革命斗争历史展览馆）在普宁县苏维埃政府成立 70 周年纪念日（1998 年 2 月 13 日）揭幕开馆。建筑占地面积 300 平方米，保护范围面积 300 平

方米。大南山革命斗争历史文物陈列馆备受各界参观者称赞。

大南山革命斗争历史文物陈列馆于 1997 年 12 月被评为普宁市爱国主义教育基地，2003 年 6 月被中共揭阳市委、揭阳市人民政府公布为揭阳市爱国主义教育基地。

杨石魂故居

杨石魂故居位于普宁市南溪镇钟堂村钟堂圩桥头仁厚里。

杨石魂（1902—1929），原名秉强，字昌义，广东普宁人，出生于一个中医师的家庭。五四运动时期，杨石魂积极投身反帝反封建斗争，成为岭东学生运动的领袖。1923 年 11 月参加中国社会主义青年团，成为广东学生运动领袖。1925 年加入中国共产党，担任首任中共汕头特支书记，是潮汕地区党组织创建人。大革命时期，任汕头市总工会执行委员会委员长，出色地领导了工人运动，成为著名的工人运动领袖。当革命遭受反动派镇压摧残时，他在普宁领导了轰轰烈烈的"四二三"武装暴动，带领工农武装奋起反击国民党右派的大屠杀。八一南昌起义部队进军潮汕

杨石魂故居

时，他带领工农武装策应起义军占领潮汕，并建立了红色政权，史称"潮汕七日红"。在起义军遭受敌军截击而失散危难之际，他不顾个人安危，协助起义军领导人安全撤离战区，机智勇敢地掩护周恩来、叶挺、聂荣臻等3位中央领导人撤离战区并转移到香港，为中国革命立下了不朽功勋。在艰苦险恶的斗争环境中，历任中共南路特委书记、北江特委书记、广东省委常委、宣传部主任等职，为广东的革命斗争倾尽心血。1929年被党中央调往武汉，参与重建中共湖北省委工作，任省委常委兼秘书长，同年5月被捕牺牲，年仅27岁。

该故居建于清朝光绪年间，是"四点金"风格的院落式民居，两进六间一天井，墙体为三合土夯筑，屋顶为瓦木结构。2007年，普宁市人民政府筹资修缮。建筑占地面积1205平方米，保护范围面积1205平方米。

杨石魂青少年时读书的书房

杨石魂故居于 2008 年 6 月被普宁市人民政府公布为普宁市文物保护单位；2011 年 11 月被普宁市人民政府公布为不可移动文物；2008 年 6 月被中共普宁市委、普宁市人民政府公布为普宁市爱国主义教育基地，同年 11 月被中共揭阳市委、揭阳市人民政府公布为揭阳市爱国主义教育基地。

方方纪念馆

方方故居

　　方方纪念馆位于普宁市洪阳镇文化站大楼内。

　　方方纪念馆是为纪念中国老一辈无产阶级革命家、中国共产党优秀党员、久经考验的共产主义忠诚战士、党和国家侨务工作的卓越领导人方方同志而建。1998 年 3 月兴建，1999 年 9 月竣工。建筑占地面积 2700 平方米，保护范围面积 2.67 平方米。是普宁市红色旅游景点之一。该馆为 4 层楼房建筑，馆内一层中厅树立方方同志 3 米高铜质塑像，身后是反映流沙新貌的巨幅彩色照片，四周有毛泽东、邓小平、杨尚昆对方方的评价和题词。塑像基座刻有原国家副主席王震题写的"方方同志塑像"。馆内二层陈列厅约 600 平方米，以大量的历史照片、实物、方方手稿、党和国家领导人题词等共 400 多件文献资料展示方方同志革命的一生、光辉的一生。原国家主席杨尚昆题写了"方方纪念馆"馆名。

方方纪念馆于 1999 年 10 月被中共普宁市委、普宁市人民政府公布为普宁市爱国主义教育基地，2003 年 7 月被中共揭阳市委、揭阳市人民政府公布为揭阳市爱国主义教育基地。

方方纪念馆

原国家主席杨尚昆题写的"方方纪念馆"馆名

庄世平故居

庄世平故居位于普宁市燎原街道果陇村。

庄世平（1911—2007），广东普宁人。1934 年北平中国大学经济系毕业。1934—1941 年旅居泰国。1942—1945 年在老挝、越南以及中国柳州、重庆等地从事经济活动，支援抗日。1947 年到香港筹办南洋商业银行及澳门南通银行。1949 年创办南洋商业银行，任董事长兼总经理 40 年。1986 年退休，任南洋商业银行名誉董事长。历任中国银行港澳管理处副主任、华侨商业银行常务董事、集友银行副董事长、侨光置业有限公司董事长等职。1959年起，先后当选为第二至六届全国人大代表，第七至九届全国政协常委，第六届全国人大华侨委员会委员，以及中华全国归国华侨联合会副主席、中国银行常务董事、中国航空公司董事、中国儿童和少年基金会副会长、中国贫困地区发展基金会理事、汕头大学校董会副主席、汕头经济特区顾问委员会主任、香港特别行政区第一届政府推选委员会委员。1977 年 12 月，香港特别行政区颁授其大紫荆勋章。

庄世平故居

该故居始建于 20 世纪初，坐东向西，二进，整体布局为传统"四点金"民居，面阔 13.5 米，纵深 19 米，墙体为三合土夯筑，屋顶为瓦木结构，硬山顶，1989 年修缮。建筑占地面积 2500 平方米，保护范围面积 2500 平方米。

庄世平博物馆

庄世平博物馆是揭阳市的标志性建筑，是潮汕人民的荣耀，是为纪念原全国政协常委、全国侨联副主席、香港普宁同乡联谊会创会会长和永远名誉会长，著名革命家、爱国者、金融家、社会活动家和杰出侨领庄世平先生而建设的，是潮汕人民缅怀庄老爱国爱乡崇高精神和优秀品质、展示庄老一生奋斗历程和丰功伟绩的重要场所，是凝聚广大侨心、联系侨胞、港澳同胞和社会贤达的桥梁纽带，是统战工作的一座大平台。

该博物馆在中共揭阳市委、揭阳市人民政府和普宁市委、普宁市人民政府高度重视下，在广大侨胞、港澳同胞关心和大力支持下，于 2005 年 2 月奠基，2007 年 5 月破土开工，工程总投入约 1664 万元，于 2010 年春节竣工开馆。占地面积 30 多亩，建筑面积 6600 平方米。坐落在美丽的莲花山下、普宁市华侨中学后面小

庄世平博物馆

岛上。一水环绕四周，青山绿水相伴，白云与蓝天相映，雅致清幽，地势钟灵，得天独厚。博物馆主体楼高 4 层，中间增设 3 层塔楼，辅之以圆顶作为观景台，馆内共有 26 个展室、1 个会议中心、1 个接待室、1 个大礼堂，布局合理。小岛上博物馆四周园林建设包括园林绿化、景点、灯饰、照明等自然造景，动静结合。小岛四周设计文化长廊，以精美石刻呈现潮汕名人、墨客诗文字画，自成独特的碑林，使博物馆人文景观更加丰富多彩、文化底蕴更加厚重。

庄世平博物馆镌刻着庄老高尚的人格精神、蕴含着丰富的教育资源，是全国青少年学生爱国主义教育基地，是统战工作的一面旗帜。

第八章

革命历史文献资料

从 1926 年 1 月建立中共普宁党支部到 1949 年 10 月全境解放，普宁党组织领导人民群众与国民党反动派进行了长期艰苦卓绝的斗争。本章收编了战争年代珍贵史料和革命歌谣、描述普宁重要历史事件的纪实文章、普宁革命先烈和重要人物简介，从不同角度，生动反映了红色普宁非凡的历史。

历史文献

普宁地主劣绅压迫农民之经过

（1926 年 1 月）

普宁地主劣绅，对于农民之种种压迫，并且纠合其爪牙保卫团等向农民攻击，以至该地八乡农民惨遭杀戮。其情形经纪前报。现复得本会潮梅办事处特派专员林苏同志，对于此次冲突之远因近因及最近之情形更为详尽的报告，兹呕录之如下：

一、发生之远因

各方面对于农民之压迫：（一）地主恃恶政治势力的保护，逐年增加租额。（二）奸商之重利盘剥。（三）劣绅土豪的压迫掠夺。盖普城方姓占全城人口百分之八十；方姓之劣绅地主土豪当亦较他姓为多。因此占有政治势力最大，向以依恃政治势力压迫农民敲剥农民，其最著事实甚多，远者如前清年间地主压迫农民，血战四十余年，及后方姓地主方耀曾为清政府提台，握有重兵，声威赫赫，胁迫清偿四十余年战时之损失，又硬勒农民加租，农民无力以应，被其杀戮焚掠者不可胜计。农民土地，悉为方耀占夺，如赤过鸟寨仔内水龙寨诸乡被压迫而为方姓地主所有，扣马院桥全乡概被杀戮，该乡建为地主府第，福安里从此更加肆意横行，压迫农民，拜地主为谊父，年献地主租谷数十石不等。且一地主而有数十个谊子者。地主对农民额外谋收田鸡田鸭田米，又斗及盖年年换大等等。每遇年关，地主纷纷下乡讨债，对农民说："你祖父欠我祖父的债。"农民如有抗议，即被殴打或监禁。此项勒索，就附近八乡计，每年达六千余元，地主得此农民之膏血，以供其新年娱乐之用。农民虽有此种压迫然告诉无门，莫可如何。故普宁有句俗话说："普城四门三门方，平民一字不得到公堂。"天下农奴制度，其残酷未有如此之甚者。最近如上月第九区区长方庆祥，擅捕农会会员及宣传员，诬指为烟苗犯一案。（四）附近县城有梁坑仔乡（唐姓）赤过鸟乡，被方姓之压迫，后改为方姓。然伊近亦藉方姓之名，依势来压迫各乡之弱小农民。（五）最近有虎头山乡农民林葵，现年二十三岁，而方姓向他讨债三百余元（利息不在内），该单是二十七年前的，当时农民心中不服，据理与论，地主百方恐吓，卒畏其势力，请人和他说情，被勒索十元了事。又有宝镜院乡一事更为离奇，普城劣绅方伯酉，捏造九十年前到现在之数单一张，四处找寻弱小的乡民以为鱼肉，遇着一个宝镜院小商店张仁合，方竟将其所捏造之数单填写该号，向其讨债，该店问其系何人所欠，他便说你老祖宗仁合欠下来的，那宝镜院乡的农民说：仁合就是我，本号系我所开创的。他见势不佳，便转口佯骂道：管数先生开错了，真是糊涂，连单不会开，做什么财副呢，容我叫他另开再交来，后屡迫还债。农民慑于淫威之下，即请人向其求情，奉送十余元给他便为无事。（六）县长区长民团局自治局之压迫和剥削：如该县长陈志强，原是逆党杨荻参谋长，曾摧残陆丰农会，受和尚寮乡劣绅陈大利、陈泰隆等重金贿赂，将溪东之会员蔡惜金拘禁一案。二区区长陈质文——系谢文炳部下——拘禁会员许娘仔一案。经政府将陈质文撤职。余如该县民团自治局则有以下之陋规：

1. 娶妻及嫁女，须四元至六元。

2. 每卖一只猪，要二元至三元。

3. 每只猪或一牛自生至死，要纳三次捐税，死时应报告该局，否则任其重罚。

从以上看来，我们知道方姓地主劣绅土豪与官吏民团互相压迫农民，是非常厉害了，而以第一区农民受其横索重勒特甚。

二、发生之近因

自我党军收复潮梅后，地主方面减少了一个依靠的陈逆，而我农民亦自觉非组织团体实行革命无能解除痛苦。乃根据政府宣言及国民党党纲、农民协会章程，成立普宁县农民协会。此时地主即百端图谋破坏，而有种种造谣及决定买凶刺杀宣传员及职员，根本推翻农会。一面以恐吓手段对待我农民；一面勾结县长陈志强共同压迫；一面高唱宗族主义以厚其势力；一面鼓吹地方主义，划分城乡界限，挑拨城内居民为己利用，农民投市者，地主劣绅嗾烂崽欺凌，无处不受尽其压迫之能事。

三、冲突之经过

本月十一日黄昏时候，烂崽方汉邱盗取第一区林惠山乡蜜柑，被农友捉交至第一区农会解县究办，方庆全为顾全方姓自身面子计，怂恿方芝骏诬控林惠山乡掳禁其女孩。又秘密召集族人谋刺农友并宣传员，恫吓农民不敢入会，务达其推翻农会、固其势力之目的。

十四日傍午，马头山乡农友邱越房，往普城东门外大街方益兴号店边摆卖菜蔬，该处历来为卖菜地点，而方益兴号竟肆口辱骂，邱凭理与较，该号反用其素来之威势，号召族烂数十，把邱围殴，伤势危重；邱家人闻此噩讯，到县署鸣冤请验，县署受方姓劣绅之贿使，嗾差役拒而勿纳；更凭方姓一面之词，将重伤之邱越房下狱。同日午后，方姓劣绅党嗾烂崽数百人，协同民团团勇，第一区警兵（均系方族无赖充之）肆意凶殴入市农友，计重伤者四人，轻伤者指不胜屈，货物概被抢夺一空。以此乡民甚抱不平，将穷追至歧［岐］岗乡之恶烂方廷意等人捉获，解交第一区农民协会。

十五日早晨，劣绅地主藉农会掳禁为题，号召数百人武装进驻水龙寨乡着着进攻；农会为正当防卫计，而斗机遂从此起。计连日地主指挥烂崽向各乡农会扑攻至数十次，除十六［日］晚几被攻入岐岗乡外，余均被农军击退。此次普宁县各区、乡会来援不可胜计；并同时得到邻县如揭阳各乡农会及海丰之声援，农民非常踊跃。当时地主劣绅方面，如该县第二区果陇乡之庄大泉（系拜普宁县城大劣绅地主方八爷为谊父，八爷乃方耀之第八子也）大林大海三兄弟，率带其族烂土豪四十余人，携带枪械前来助战，并声言：先铲尽第一区农会后，再来本区（指第二区而言），若不如此做去，恐怕农会一兴，我们无立足之地，此次方姓势力万一倒下，则我们势力较少，已不能存在（所以该地人民有句俗话说：普宁势力最大的，第一普宁方，第二果陇庄）等语。又第四区径仔乡大地主赖木昭（系前清大人）助枪二十余杆（机关二枝［支］、余均七九六八）。又第五区埔塘乡劣绅陈益斋（系第五区民团总局副局长），助枪百余枝［支］，又有第三区属涂洋乡土豪等助枪百余枝［支］，第八区林尚书乡百余人乘夜至普助战，枪械不知几多（以上之枪枝［支］除连人一齐来者外，均由方姓大劣绅地主方八爷和十三爷着人取来的）。此指其最著而言，故方姓地主劣绅得此帮助，胆大起来，格外凶猛的［地］进攻农民及农会，务达其摧残之目的。以上所列之地主劣绅，每月敲剥农友苦汗膏血至少约千余元，故农民处此恶劣环境，受其欺凌剥削，痛苦莫名，只敢怨而不敢言。在此次第一区农民与之剧战，实动全县之公愤而出之一战；乃六十年来普宁农民受大地主、劣绅土豪、贪官污吏之压迫掠夺、摧残焚掠的结果。十六日，政治部派组织科［科］长郭德昭，绥靖处派营长胡宗南程营副，率兵二连来城镇压，本日午后召集各方代表会议，解决此次事件（结果详见会议记录），胡营长命令双方限十九日午二时各缴枪五十枝［支］。

四、最近之情形

（一）地主方面：地主之态度强硬异常，乘政府军队撤回之际，暗地购买枪械，将前日雇来之脚（即雇人打战是也），仍留下有二百余人开战壕、筑土城，并要求城内居民认股（即备战之数款），又到未入农会之乡联络，并吓其不好入会，准备再向农民猛烈攻击。

（二）农民方面：从事自身组织之坚固，拟在塔脚乡建设圩场，名为第一区农民消费合作社（详情另报）；并准备组织农民自卫军以自卫；又将县农民协会设在塔脚乡以便指挥而利［于］进行。

（原载《犁头旬报》第三期，1926 年 1 月）

普宁农民之觉醒
（1926 年 1 月 25 日）

普宁县城农民大约三四万人，姓方的约占百分之八十，其余百分之二十皆杂姓。但方姓里头多大地主，附城八乡土地几乎通通都是方姓所占有。当前清的时候，这些地主压迫农民已经非常厉害。此时方姓的地主阶级出世了一个方耀，在清政府做了一个"大人"，拥着重兵，拜见了"皇帝"。这椿事不但方姓的人借作骄傲，即潮州十县的人也引为极大荣幸。所以方姓地主更加欺压贫农。故八乡农民受其残害过甚，恨入骨髓，至今数十年，仍恨不能稍与他们抵抗，这是很多人知道的。

今次普宁农民已发展到附城八乡去了（即第一区），故八乡农民团结，每比较更加有力，所以时时刻刻都想打倒方姓地主，故农民大都是说："最痛恨的是方姓"，一见方姓的人，差不多就要杀他的，开口就是恶族方姓。原来作恶的是方姓一部地主土豪劣绅的家族主义的宣传，而立于反动方面，这是必然的事，乃农民不能用广义的意思去宣传打破家族主义之联合，而更促其家族主义益加团结一致，这是最大的错误。此次农会发展到八乡去，地主绅士土豪已是手忙足[脚]乱了。地主自知力量不足与农民抗争，乃勾结县长陈志强（陈在土匪军队杨耿义的部为参谋，受许崇智收编，驻防陆丰的时候，是反对农会的反动分子），时时妨害农会的进行，这是地主的一个政策。第二个是扩大其家族主义之联合，将所有方姓的人集合起来。第三个是鼓吹地方主义划分城乡界限，设在城里的人，应该联合与乡民对抗，而集合城内部分居民加入其联合战线。这三个政策地主已达到完全胜利，故地主的力量也厚起来。

最近城乡两战线，益加分明，双方恶感甚深，时有冲突。大约十数日前，该县某区区长方庆祥，"方姓地主的亲人"到乡村借查种鸦片烟为名，而暗中勒索，把两个农会会员捕回区去，此时宣传员"农民运动者"彭某，向方区长处保释，区长不准，双方言语冲突，该区长乃扣留宣传员，此事乃呈报总政治部卒把该区长撤职，方被撤后更恨死农会。

本月十一日黄昏时候，该族会赖方汉邱到第一区林惠山乡盗柑，被该乡农会捉获，解交区农会转解县会究办，乃方庆祥唆弄方芝骏诬控林惠山乡农会捉获其女孩（因当时该女孩与盗柑者同行，见农会捉人，警避他县故也，农会是没有捉其女孩)，并召集该地之劣绅开会，其议决：（一）谋杀宣传员及职员。（二）推翻农会。

本月十四日上午十一时，马头山乡农会会员邱越房到县东门大街方益兴店边卖菜，因该处系从来卖菜地，该店以阻碍为题，引起城人对乡人之愤。擅将邱菜乱抛街上，邱问其理由不恤，竟号召十余人将邱围打，遍体鳞伤，流血满面，距该咫尺之县公署置若不闻；邱家人闻讯，即到县署呼冤请验，长官竟使差役阻拦，久哭无效，更受地主劣绅等之运动，把打得半死的邱越房投诸狱。方庆祥、方其骏、方益兴等劣绅甚为得意。同日下午二时，又集合数百人协同保卫团团勇及第一分所警察，将投市农民殴打抢掠，计第一区会员张添禄、张亚造、张教原、李耀瑞等四人重伤。轻伤者不计其数，被抢物件计柑苗一项有十余担，农民也愤恨起来，欲封锁县域，四路截断交通，并捕有方姓之人即殴打。方廷意等三人，据方略同志《普宁县人在该县党部工作者》报告，谓同日同时又发生农民卖番薯与城里的人，当收钱时农民不识毫子之好坏，屡次问换，买者恶而骂之，农民以其无理，打起架来，投市农民甚多，群起来助自己的农民，此时城内的人也群起有劣绅土豪烂崽保卫团等数百人来打农民，于是战闻就从此开始。农民乃召集八乡武装起来抵抗，双方枪声卜卜互相示威，而未有接触。

十五日，地主集中于水龙寨鸣岗华处距八乡里许。下午三时，白厚田岐乡等处乡会开始攻击农民，农运宣传员也集中起来指挥作战，固守不动，一面设法增加武装，以图反攻。十六日，地主军仍进迫，"彼枪好农民枪坏"，下午六时岐岗农会被地主军攻破，男妇老幼狼狈逃走，状极可怜。地主军占据岐岗之后，仍积极进攻，希图一网打尽农会。地主军此刻又增加了三四十枝［支］好洋枪，系城内劣坤庄大泉拿出来的，农民方面武装总数不多，但此刻敌方又增加三四十枝［支］好枪，乃取固守，形势甚危。

以上的报告是根据在普宁工作陈佐邦同志之口头报告，及在普宁县党部中工作者方略同志之口头报告，混合而成的材料。但陈佐邦报告时，不过携报政治部之一本公开的呈文，事实也甚简单，而陈佐邦同志一向不是在第一区工作，也莫明其详细处。此事临时应付办法：1. 请政治部派兵前往弹压制止战争。2. 省协会办事处特派林甦同志前往调查事实。3. 将普农会来呈由办事处转呈省农会。4. 主张双方各自停战，如先违抗即严办。5. 农民地主各派代表二人、县公署代表一人、办事处代表一人，政治部为主席，在汕解决此事。十七日，总政治部乃派营长胡荣带兵二连［前］往弹压，办事处派林甦前往调查。

（原载《犁头旬报》第二期，1926 年 1 月 25 日）

普宁农民围攻县城①

（1926 年 1 月 30 日）

潮州普宁县为农产物富庶之区，八乡之田．多为方姓所有，曩年八乡佃农常拖欠租谷不还，前清时方耀为潮州镇台，权势煊赫一时，曾将佃农严办，一切积欠租谷遂为讨回，从此城乡畛域积怨甚深。十三日，有马头山青菜贩邱某，与东门街益兴瓷店发生冲突，林惠山、坵塘、宝镜院等乡，以邱为乡农会会员，受城厢人欺凌，乃纠集农人百十成群，四出掳掠城厢人。十四日，昌记、义记染布工人，到宝镜石门坑漂布，尽被乡农捉去，并掳麒

---

① 摘录《潮汕工农两界之声势》一文中"普宁农民围攻县城"部分，该文作者署名"锡"。

麟圩小贩数人；十四［日］晚又将附城福安乡之柑林蕉园砍伐净尽，开枪向城厢人示威。十五日，农民更纠集多人，荷枪实弹，在钟堂路上截掳汕头普宁来往行人，并禁止揭阳普宁来往船只，不许驶入。各乡入城购物之人，中途均被阻止。十六日，竟邀集海丰、陆丰等县农人七八千围攻普宁城，全城震动，即以十万火急电至汕告急，文云："八乡匪徒本日仍鼓众扬械迫困县城，全城鼎沸，人民生命财产危在旦夕，队警力薄，弹压无效，乞迅电饬附近防军火速来普救护，号泣陈词，不胜迫切待命之至。"十六［日］晚复来电云："十万火急，顷电谅蒙钧。八乡匪已迫城，弹如雨下，全城危如累卵，急盼拯救，竟无一兵抵县，呼吁无门，乞怜县民命在垂危，迅电附近军队，星夜驰县救援，号泣陈词，不胜迫切待命之至。"

十六［日］晚夜深，绥靖委员会公署得普宁县［县］长陈志强军用电话，谓攻城农民有六七千人，刻恐难守，普宁旅汕同乡闻讯，联同数十人，往见何应钦，请求迅速调兵援救。闻十六［日］晚普宁方姓得棉湖鲤湘［湖］等乡助枪五百余杆，将攻城之农民击败，死伤颇多，农会亦将掳获之城厢人十余戕杀。十七日早，县长陈志强亲带卫队多名，出城弹压，何应钦派往救援之兵亦到，农民仍恃强顽抗，是日率众围攻二次，卒未入城。

据海丰农民协会赴普宁宣传代表陈贯中函述肇事原因云：十四日上午十一时，马头乡会员邱越房，到县城东门大街方益兴店边卖菜，该店斥其迁移，邱不肯，方益兴嗾使十余人，将邱围殴［殴］重伤，家人闻讯到县城呼冤请验，差役阁道，久哭无效，城厢劣绅运动将邱下狱，方某等复将入城农友乱打，重伤四人，轻伤者不计其数。是晚第一区农会据报。急告县农民协会及各区宣传员开临时会议，议决一面派员往汕头报告省农会潮梅海陆丰办事处，一面武装自卫云云。观此则攻城之举，又若辈所谓正当防卫也（一月十八日）。

（原载上海《申报》，1926 年 1 月 30 日）

普宁农民协会敬告田主书
（1926 年 11 月 28 日）

普宁全县田主诸君：

　　我农民以人数及生产能力，占最重要地位，农民生活安稳与否，实关系于国家安危，故农民与工、商、学各阶级有密切的关系，而尤以田主为最。远者不论，中国近数十年来，受帝国主义之侵略，及其工具军阀等之剥掠，致人民遭种种之痛苦，而尤以兵燹所经之处，我农民之村里为丘圩，生命遭残杀，财产被掠夺，妇女被淫辱，致赤地万里，田园荒芜，流离失所，辗转呼号，种种惨状，因农民之不幸，即工、商、学各阶级胥受其害，而田主则以农村破产，毫无租谷可还而不免随亡，既沉离失所。本年春季直、鲁、豫、京兆等省区之惨况，便可为明证。若使农民生活安稳有相当能力，可以捍卫地方，则工人以地方安宁而得安居，做工商人则以农民有购买力而商业发达，学生则以教育经费有所依靠而得机会读书，而田主可享受田租利益，而免受变动之危险，于此便可见工、商、学各阶级，应当帮助农民解除痛苦。而田主则宜自动酌减田租，及废除苛例，减少自身目前些小利益，使农民生活安稳而得无穷之利益也。

　　普宁农民历来受种种敲剥之苦，致终年操作过苦而未得以为生，间接影响地主安危之状况，谅田主诸君，老早明白。乃本季则苦上加苦，年冬荒歉，虫蝶为害，致禾苗不能结实而"树白旗"，总括起来，至高只有五成收成而已。此种情况，谅田主诸君也早已明白，而无容赘述。可是在此种情况之下，若由农民自由减租，漫无标准，则难免纷争，若全数倾还则农民以百物俱尽，告贷无门，将何以为生，势必老弱者坐以待毙，强壮者挺［铤］而走险，则地方安宁受其危害，而后方革命基础，因之而动摇，此不独农民之不幸，而工、商、学各阶级，尤其是田主，则必受绝大之损失。

本会以农民要求减租情况之迫切，为顾全多方面利益起见，特开全县临时代表大会，经多方讨论，决定依照党纲、党政府三次宣言，及最近中央联席会议减轻佣农田租25％，取消苛例，凶年免租等决议案，并农工厅保护农民减租之动令，而实行减租25％，并取消苛例。此种办法为巩固革命基础，维持地方安宁，杜绝主佃纷争之唯一办法，为有纪律有组织之行动，劝谕各农友，强勉遵照此办法还租。而田主方面，此次减租25％，不至致累生计，而于农民方面，以减租所得之数，尚不足抵偿荒歉损失之半数，所谓"减少地主一点福，救得农民千万苦"是也。愿田主诸君，对于本会此次为顾全多方面利益，出于迫不得已之减租苦衷，加以相当之谅解，则幸甚，临诸不胜诚恳之至。

普宁县农民协会

一九二六年十一月二十八日

焦其恺①关于八一南昌起义后行军广东经过的报告（摘录）

——起义军在普宁云落战役及其失败原因

（1927 年 10 月 25 日）②

（上略——编者）

（4）云落流沙之役。汤坑败后，绕路炮台关埠，第三日行军至流沙附近，前左右三面皆为高山，汤坑作战第十师又复早到，埋伏前左右高山一带，待至下午五时我二十军之一、二、三、四、五各团皆通过了，大行李辎重队将至敌有效射击地，敌始开枪出现。我行李辎重队一时纷乱至极，各伕皆弃担向后拥挤乱跑，不可收容。后方之二十四师不明真相，又见四面发现敌人，乱跳的伕子收容不住，军队又散不开，敌从高地四面冲锋而来。我军在此重重包围之中，各团营连多失连［联］络，给敌一良机。战至晚，我军被敌缴械约一团余人。贺总指挥、叶军长、革命委员等带领千余杂兵，由后方大道冲出。此役二十四师消灭殆尽。被截断之［于］流沙前方之二十军，走至流沙［云落］前方约六七里高地一带，其后卫，即听得最后方有枪声，然以为无大敌人，待敌将与二十四师连［联］络道路截断，一点消息又得不着，迟疑不去救应，至晚始派一团搜索前进。此役若二十军早来救应，绝不能失败、损失至如是之大。于是等到明早，敌又追击二十军，我军随令敌各个击破。

---

① 焦其恺是参加起义军的将领。

② 日期是根据文件内容判定的。

（中略——编者）

失败中的观察

从上面报告看来，我军到处都是胜仗，到处敌人都被我们打败，举例来说：（1）会昌头次击破钱大钧全部，二次击退了黄绍竑全部，然都不追击，使敌得有空暇整顿，到后来再来各个击破我［军］。三河坝之败、潮州之失守及影响到汤坑我军主力之退却，也可说我［军］全部失败，都是这次战略上"只知后退，不知前进"，正与战斗原则"只知前进，不知后退"矛盾起来了。若当连续将敌击败之时，分头追击，打他个落花流水，使他无空整顿，全部扑灭了他，到广东后我们解决敌之东路军及王俊部，真是最容易的事。（2）入粤时追敌至留隍，敌疲劳不堪，敌不向潮汕退，向西汤坑退，我军只知强取潮汕，不去追击，使该敌（王俊之补充一、二、三各团及第一补充团）得到汤坑数日休养，并与敌东路军联合，势力增大，给我军一大不利。若当时在留隍派一师跟踪追击，定可扑灭无疑，此一战略上失败也。（3）汤坑之役打了胜仗，又去想救潮州。潮州失了，又绕路三天才走［至］离揭阳三［四］十里之流沙，终了汤坑失败，敌人追来，只走几十里又在流沙包围击破二十四师。本来谁都知道潮州无险可守，我军汤坑战争还没结果，就全部返来救应，两头皆失了利。汤坑、潮州、流沙三方失败是当然的事。若是当时汤坑再有二小时相持，将敌击破，直往海陆丰，再找出路，绝无这样大的损失。［这］也是战略上的失败。

现保存势力

我［军］来时二十军一、二、三、四、五各团向海陆丰去了，闻得二十五师之七十三、七十五［团］向福建去了。报纸上登的叶军在闽被人收编，听说乃是朱德收编的民军，七十三、七十五两团想来尚在闽。贺、叶带有千人冲出流沙，但不知到何方去了。

十月二十五日于汉口

中共普宁县委给叶巡视员①的报告
——关于最近武装暴动的情况
（1928 年 1 月 16 日）

叶巡视员：

一月七日已将此间情形详细报告，兹再报告如下：

旧历十二月十一日攻果陇后，二、九两区以不能得到胜利，恐该乡反攻，均呈恐慌。同日，第一区各乡因截击城内援救果陇乡武装，得到胜利，革命空气高涨几倍。第八区因能够攻破坛墩，各乡农友也高兴起来。旧十三日，城内反动武装百余人，合同揭阳保安队帮助坛墩反攻第八区赤窖等乡。该区因为力量薄弱，被焚去数乡。又第一区各乡武装，因十一日攻至城脚，个个急于攻城。是以城内出武装攻第八区，乡即响鼓攻城，将古份鸣岗等未烧之房屋烧光。在城看第一区攻城厉害，即将于往攻第八区武装抽回。所以两方激战多时，［是］日上午八时开火，至下午四时始停战。是役计城内死伤四十人以上，我方轻伤三人。旧十四日十二时，逆兵五六百人——陈济棠部下由揭阳第二区向第八区进攻，在赤窖等乡焚烧。下午四时半，逆兵分为两路：一路三百余人入普城；二路二百余人由钟堂山向蓝兜等乡出发。其行动欲将第一区包围。接近第一区八乡之第四区会，于旧十一日被该区茅［望］寮等乡反动武装攻破。同时组织保安队一百名将一、四两

---

① 叶巡视员指中共广东省委派到东江地区的巡视员叶浩秀。

区交通断绝。在此种情形底下第一区已给敌人完全包围，故于旧十四［日］晚决定退队，各乡武装着其分组收回。旧十四［日］晚二时，逆军百余人由沙头［陇］到贵屿，于十五［日］早七时合同桥柱、埔塘等乡反动武装三百余人进攻第九区农会及［定］厝寮乡，定厝寮与敌应战，因众寡不敌，即退上山，该乡被抢尽，耕牛被牵去二十余头，北山第九区农会被占踞。同日反动武装，同逆兵向第一区进攻，八乡没有抵抗，被烧去歧［岐］岗草堆数十个。敌人又向毫［雨］堂进攻，给该乡农友枪毙二人即退。逆兵又一方面向第一区西洞等乡进攻，该乡因能力薄弱，抵抗没有几久即退却。西洞等乡被抢及烧特别厉害。旧十七日，城内反动武装三百余人，因攻第六区贡山乡，被虏农友十余人，逆兵围攻贡山乡后，复上上村、月堀寮［寨］、杜吉［香］寮三乡围攻，被虏去农友十余人，均遭洗劫。同时桥柱、埔塘、和尚寮等乡，反动武装——持枪及尖串者共五六百人，向汤坑及十八乡进攻。初我方稍退却，汤坑及十八乡被烧去祠堂及房屋百余间，后各乡响鼓群众出援应，当场毙敌十五人，生擒三人，将其斩头巡行示威，敌大溃散。旧二十二日，第二区乌石周海星等新组织保安队五十余人，开往寮园下吊［市］等乡烧农友祠堂及房屋数间，又到流沙圩虏去大商店黄顺［等］五人。昨日第五区保安队［队］长陈龙波、章烂崑百余人到西社烧去黄昌盛房屋及会宗祠。自前十四日起，［赶］来普逆兵至昨日已完全开回汕头揭阳。自十四日逆军到普后，反动分子多回乡活动，各大乡多加联络集中武装来攻第九区，逆兵系该区北山反动分子陈［许］连顺运动的。张凌云也来普活动，威吓各乡加入乡联会，组织保安队。各乡以我方无力抵抗，逆兵又时时烧乡虏人，大起恐慌，多附白旗，加入乡联会组织保安队，此系农友为环境所迫必然的表现。现在我方已分头派同志反宣传组织联防，各乡虽然接受，但以逆兵大班到普，我方无力抵抗，农民恐慌状态实难减少。许连顺等勒第九区各乡田亩捐，每亩大洋六元，为运动逆兵及组联乡会保安队费用。现在住在北山逆兵虽已离普，该乡仍存保安队数十名，拟解决之事。自此次逆兵到普后各大乡封建势力更加团结集中，有时时向我们进攻之势。农民畏其气焰时起恐慌，多避居山上或亲戚家乡，农会职员及农友过洋者数值［达］千人以上，同志过洋者亦不少。揭阳、潮阳两县工作做得不好，革命空气极沉寂。揭阳第三区差不多成为普、揭两县反动派大本营。该区反动武装时时勾结普宁反动武装向第八区进攻。揭阳县长又分派委员到揭阳第三区各乡光顾购枪弹。所以潮、揭两县工作做得不好，影响普宁极大，请潮、揭两县负责人注意！潮逆兵时时向普宁压迫，这里又无力量抵抗，农民受摧残多次，已发生畏难心理，工作已入困难时期，请示办法！

关于党的文件及各方消息，此间完全没有收到。叫此间同志"土想"去做工作，怎样做得好？这是你们应大注意特注意的！！！

普宁县委

中共普宁县委的报告
——政治状况及党的工作情况等
（1928 年 8 月 4 日）①

一、政治状况

（一）王炯登台后统治群众策略

1. 蒋光焕［鼐］派王（县长）登台后为要讨好豪绅地主以

---

① 日期是根据文件内容判定的。

巩固其地位，即继续搜索"共匪""农匪"。月来警卫队随时落乡拿缉同志，恐吓农民，二区增加通缉名单一百二十名，七月三十日派二百多警卫队进攻南山，并假色水①的全县总搜索。

2. 加紧进行保甲制，督促各乡清查户口，钉门牌。

3. 整顿警卫队，督促各乡组织警卫队后备队，并促组织普通一方准备基干队，这是因普十余警卫队缺乏训练，战争力薄弱，且经济成问题又难维持，而且不普遍。

4. 敌人经济无法维持只有增加捐税，六区增加一倍，二区每亩增加二毛。警卫队伙食更成问题，八区伙食欠人一千七百元，二区每月派警卫队费一元以上、田亩捐每人口钱三毛，逢凶无减。去年失败至今，每亩田摊派几十元已成普遍现象。

5. 豪绅地主借端勒款群众及利用流氓烂徒抢掠赤色乡村产物家私，月来层是累出。

6. 治安警卫保甲概状：（1）有许多乡组织过治安会，但有许多治安会没有警卫队，赤色乡村的治安会，有的是等于为要与反动政府讲案件而成立，与反动派说话减少许多生命危险。（2）全县警卫队一千四百人，最多二区、五区，二区占了全县的一半。这些大部分受豪绅地主领导，一部分乡村警卫队兵倾向我们，且有多少来与我们接近。（3）警卫队经费非常成问题，如八区欠伙食一千七百元，现日益增加，二区每日〔月〕派田亩〔捐〕一元以上每人仍要三毛按月缴收，逢凶无减。（4）这些警卫队没有什么训练，战争力薄弱，且不易调动，如进攻南山只能调二三百人（当然不能攻下南山）。且南山红军三次打败逆军一营，风声鹤唳，五区警卫队非常恐慌，私逃者不少（经济问题也有一部分）。但二区在一二月内增加至二百人，并加防范。（5）

① 潮汕方言，即装模作样之意。

后备队各乡尚未组织，但自动巡夜者则多在黄色（反动派统治不是群众绝对反对的）乡村则为提防赤派，赤色乡村则为防白派，同时借以防土匪。（6）保甲之几个月来极力督促各乡进行，一部分已调查清楚再钉了门牌，一部分才清查户口，大部分正在催促而未开［着］手清查。

二、群众概况

（一）群众生活状况

1. 农民方面。夏收粮食不够维持到秋收，因为：（1）剥削太厉害，去年失败至今普遍的每亩田摊派几十元。（2）夏收不好，全县平均只有三成。（3）南洋入口减少。（4）农产品（除米薯外）便宜，影响农民收入。如麻皮去年每斤二毛多，现一毛多；豆（农民副产）去年每元十个，现在二十个；其他生果、花生也减许多价。（5）米薯较去年腾贵。因此农民生活困难极点，日益赤贫化。

2. 工人生活与农民生活一样痛苦。因为农民生活困难，购买力薄弱，商业冷淡，影响到工人，失业日渐增加。如建筑工人有许多找不到工做，一区（县城）通塔脚的工人挑夫，一百人中减少至二三十人，而且工钱要减少。

3. 群众组织情形。（1）农民方面：二月来组织发展异常迟滞，仍然一千多会员。好几区差不多停止了发展，有些乡会不能按期开会，几个乡会［还］没有成立乡会，乡会工作由区委负责同志执行农会职责。（2）工人方面：有决定计划与预定经费，但不能进行工作成事。

4. 武装组织。驳壳队二十名，已加入四十七团，准备成立一连红军，赤卫队有多少组织，而没有训练。

5. 群众斗争情绪。在国民党铁蹄淫威下讨生活的群众虽然对统治阶级仇视已达极点，但仍不敢公然反抗，惊兵心理异常普遍，还是敢怒而不敢言，至多只能做至图赖拖缴。赤色乡村的捐税款往往比黄色乡村先缴，多少比［较］勇敢坚决的群众，虽然表示要与敌人拼个你死我活，也是一时之冲动，消极的表示，如说："丢他妈，来骗敌人干，干了来散，人过南洋……"① 但党不能从实际去领导小的斗争、对封建斗争思想已有逐渐纠正，黄色乡村已逐渐分化，如赖捐税成为黄色乡村普遍现象，但党的工作未打进，不能领导斗争。

三、党务方面

（一）县委本身情形：这月来不能尽到集体指导，二个常委到东委出席代表［会］回来，一个因病，一个出发各区巡视，现已变更组织。

（二）各区情形：因负责多是农民同志，在县委本身工作又是不能普遍到各级巡视，对县委的一切指示信，已成为农民同志眼中的电文，而且能活动的同志只有一二个，故各区都很不健全。如一区只有崇三同志独脚戏的活动。现崇三同志调了，更要成问题；四区负责同志因调动后人地生疏，一人往洋了，只存一人。原有十多个支部，也不能按期恢复。八区工作算比较有基础，但在一次拜祖、一次捐丁情形之下，前所有工作至今仍不能恢复过来。发动游击后因受勒索更加恐慌，工作难做，不过能逐渐打进平洋工作。六区因鸿杨常到县委帮助工作，月来没有什么进展，支部与农会多不能按期开会。其他都是同样的不健全。

（三）支部情形：全县虽有五十多个支部，但能起核心作用的很少。在县、区委工作情形底下，许多支部许多［久］没有开

---

① 原文如此，下同。

会。一月来支部不但不能增加，而且更加散漫。

四、宣传工作状况

（一）宣传要点：发动斗争，反对军战、反治安警卫保甲、反改良主义，［拥护］党的十大政纲，反世界大戕为目前主要宣传原则。

（二）工作情形：因人才关系没有建立宣传机关，且没有印刷的［树皮刷］，在文字宣传不能经常出版定期刊物，只能做到应付时局发出宣言、传单、口号等工作，其他便是口头宣传。

（三）在口头或文字宣传虽有发生效力，或在市场发散宣言、传单影响比较大，还不能扩大与深入群众。

五、巡视工作

巡视工作都是由县常委兼，但常委中工作能力又差，往乡派出的不能完全执行巡视工作。现在还不能找到巡视员负责巡视。

六、CY 工作情形

党团县委分化后，一个委员兼党的工作，一个工作能力太差，故只有一个书记负责，团县委工作由此可见。现在分化有三区二十余支部，成立了两个区委。

区委也很不健全，支部会仍要党负责召集，这是团负责［人］缺乏之关系。

普宁县委

八月四日

中共普宁县委致东委报告（第四号）

——双十节工作状况

（1929 年 10 月 16 日）①

东兄：

关于双十节工作状况：

我处在省委东委正确指示底下，为冲破群众沉闷的暮气，对于双十节这一工作的布置，坚决的［地］动员同志、动员会员执行开［展］武装示威运动，兹特将事前的布置开会的情形、文字宣传的状况、事后的影响，分别报告你处：

一、事前的布置。县委接到上级双十示威的指示后，当面决定全县的布置，一面经常在参加下级会议中提出报告这一工作之重要，鼓舞同志执行之勇气。其布置之情形，详通告各区委支部的普字通告第十一号"关于双十节工作"通告内，兹将该通告附上以资参考。

二、会议中的情形。各区接到县委通告后，当各分别举行，方式多样，其详情录下：

（1）一、六、八、九等区俱举行群众大会。一区于十号晚举行，到会群众三百余人，没有武装，内有未组织农民数十人参加；六、九区于九号晚联合举行，到会群众五百余人，武装六十余人，内有未组织农民十余人参加，未开会前有六区童子团七十余人列队操练唱歌，到会农民甚为兴奋；八区于十号白天举行，到会群众四十余人；四区于十号晚举行，到会群众六十余人。

（2）二、十区因在反动派进攻南山未久时间，负责人恐慌心理尚未肃清，故不坚决的［地］照县委指示去召集群众大会，而

---

① 日期是根据文件内容判定的。

改为代表会议四十余人，十区到会代表三十余人。

（3）三区因负责人逃跑，无人负责召集；五区究〔竟〕情形如何至今尚未报告区〔县〕委；九区亦有一部分另外举行的，无报告来，故未详。

（4）这次各地会议，CY领导，来参加的青年群众约占全数十分之三。

（5）各区在这〔次〕会议中的议事日程普遍是：A. 详述召集这个会议的意义；B. 报告彭、杨牺牲的经过与志哀；C. 揭穿国民党的罪恶，联系到反帝国主义，反第二次世界大战拥护苏联；D. 特别报告目前军阀混战局面与秋收斗争的工作方针；E. 高呼口号。

（6）到会的群众因为在盲动主义失败后，久未过此生活，都感觉到十二分兴趣，精神奕奕，而在高呼口号时，虽有少数人恐怕"惹入"，但经鼓动后及大多数人之反对，非常热烈。

三、文字宣传状况。县委事前印出"纪念彭杨宣言""纪念双十宣言""县农〔会〕纪念双十宣言""主要口号"（备发贴及炭笔队依样书写）共一千三百张分发到区委，并指示各区委应如何分发粘贴，各区委自己也依照主要口号写成标语，大约每区一百张。这次标语宣言之分发、粘贴颇为普遍，重要地方如在城、棉湖以及各黄色乡村、城市及交通孔道，均五光十色，红绿纷纷，大有从前公开宣传时之状态。

四、事后的影响。据各区委调查所得汇集如下：

（1）反动派方面：因我们沉寂已久，今日异军突起，并不表现恐慌，各地加紧戒严，尤其是在城、大坝、棉湖尤为严重，且多说："秋收将到农匪又将生事了？"

（2）群众方面：有组织群众在这次会议后，都说这样公开号召才好，不然我们做到死都是无用不能发展的，精神兴奋了许多。

在未有组织的［群众］则以为红军又要来了，赤派才有这样的贴标语，开大会（外面传一区到会有千余人）都想要来找农会。

（3）同志方面：同志方面最初未开会时，恐怕"惹入"，尤其是一部分负责同志尤为甚迫，开会后受着群众的刺激才明瞭［了］这样公开号召策略是对的，工作精神也相当的［地］提起；其次县委对这一次的结束［果］，除一面纠正负责人不坚决执行这一次工作之错误观念外，一面指示各区应乘此时机加紧工作，尤其是扩大［到］黄色乡村中去，但同时却不要忘记了秘密技术。

普委

中共普宁县委给东委报告（第五号）

——朱毛红军进东江后的形势，县委对秋收斗争的布置

（1929 年 10 月 31 日）

东兄：

十月二十号发来的第一号紧急通告及第二次捷报等均已收到，勿念！我处情形本来预备作一较详细的报告给兄，嗣因常委多数出发，存在县委又忙于应付日常工作，现在常委有的又是出发各区去布置和督促工作，同时各区又没有详细的工作结束［果］之报告寄来，所以目前只能把较重要的几点情形报告你，呈整个总的报告，候多数天斗争做就报告去。

1. 政治情形：自两广战争爆发，普守防军调动，特别是朱毛红军移向东江的消息传来之后，和各处普遍宣传品之分布的影响，敌人确实起了相当多的恐慌，各地反动［派］逃跑时有所闻，五区龙［陇］头警卫队同潮属大长陇与陇头乡界械斗，要使该警卫队参加作战，警卫队不愿加入战争旋涡而解散。八区警卫队亦各

自逃散，队长因看队伍已解体，自己胆怯亦逃之天天（现在当地主土劣虽有压迫各乡重新集中组织，结果到者寥寥）。云落区警卫队因我们派人到该处贴标语时，空放二枚冷枪，惊得自己爬上屋顶去，也是其动摇之一般［斑］。普宁城内在这风云紧张中也起多少动摇，听说有一部分人在准备如果红军真的来时，组织欢迎局、筹备军需来欢迎我们。此中［种］情形自然因我们工作不能打进去，而得不到确实之真相，但从此可以看出城内已起了多少变化。可是敌人虽有起了相当的恐慌、动摇，但他们向我们进攻仍是异常坚决，最近二次到一区八乡之马头山乡、宝镜院内部围捕群众（派去武装一次二十余人，一次四十余人），几次到六区赤色乡村示威（每次人数至多也是二十余人）。二、八、九、四各区也有反动武装到赤色乡中摇头摆尾，借故恐吓和重勒的事发生。上面所说的几十个人来包围赤乡，固然说不上有什么计划的包围，但视敌人的一举一动中，可以看出敌人在动摇中还要做他最后的挣扎而进攻我们。

最近又听说城内反派于本月二十日召集桥柱、埠塘、果陇等乡豪绅开会讨论进攻南山及赤色乡村，二十六日流沙及反动［派］也召集各乡豪绅讨论进攻南山事，是否成为事实，还未等［得］到当地党部的报告，又据报城内最近组织加冬防队二百名，分配在各城门原有的警卫队及附城黄色乡村中合同防止共匪？①之来源，这种组织据说每年到这个时期都有，名义上是冬防队，事实上是保护在城豪绅地主，各乡收租收债的，过去历史上固然是如此说，但有无别种用意，我们还不能确定。

2. 斗争布置：我处对整个斗争计划，已在前次寄到兄处，这里可以不必再述。我处根据这种决定除了加紧我处本身应有准备

---

① 原文如此。

的工作外（如宣传品等），对各区则加紧巡视及督促工作。特别是催促贫农的武装组织之建立与扩大，除了秋收的工作以外，我处为促成"秋斗"能够扩大，所以在这个期间中则着重于普遍游击战争的布置，以期与"秋斗"相配合。关于游击战争发动的地点，已在四联会中决定了，△△兄谅有报告你处，我处对于四联的决定，完全同意，且根据这种决定开始布置了。现在已先通信给各有关系的区委，先执行调查侦探及应准备的一切工作，县委并准备最近派员到各有关系的区委去召集区委会详细讨论、布置的计划，务使最短期间实现出来。但这种斗争的发动还需要与邻县的布置，互相配合而动作的，一方面布置，另［一］方面我处更接受四联会指示"各县在斗争中剧烈中要先造成一部分基本的武装力量"——组织第四十七团第二营第八连事——的决议开始进行这一工作，现在已先通信各区限定七天内找寻强壮勇敢的工农分子来集中并将所存长短枪追齐，连部最近亦拟成立。

普宁县委

普宁青年救亡同志会成立大会宣言

（1937 年 12 月 15 日）①

亲爱的同胞们！！

普宁青救会已经成立了，它是由我们几百个青年，在"抗日救国"的立场上，在全面抗战［的］号召下建立起来的。

普宁青救会的成立，正当日本法西斯成立"战时大本营"加紧灭亡中华民族战争的时候，正当国府西迁，决计抗战到底的时

---

① 是署在原件上的日期，至于普宁青年救亡同志会正式成立时间，在纪念普宁青年抗敌同志会成立五十周年暨老同志学术研讨会上，定为 1937 年 11 月 14 日。

候，正当敌机敌舰积极进犯华南，威胁着我们家乡的时候，普青在这时候成立，是表示我们协助政府抗战和保卫我们家乡的更加坚决与具体。

特别在这个时候，因为前线军事略受顿挫，使部份［分］认识不够的人们悲观失望，动摇退缩，再加上汉奸的乘机活动，在后方上，甚将形成一种张惶失措的现象，此种现象的滋长与蔓延，不但足以啮噬着少数不坚定者的心灵，销磨他们的民族自信心与勇气，而且进一步可以影响前线军心，动摇我国人抗战到底的决心与意志。为要克服此种现象，扫荡一切失败主义的情绪与思想，造成坚强不拔的民族自信心；此种民族自信心，是我们战胜敌人精神上的保证，基于这个迫切的需要，所以普宁青救会便决然的［地］成立起来了。

亲爱的同胞们!! 我们不能否认，中华民族的兴亡，今日是遭遇着绝续的严重试验。不生则死，不存则亡，还能希望苟安以图存，侥侥以求生吗? 今日不是我们驱除了敌人，就是敌人杀绝了我们。为民族的生存，其实就是为自己的生存!!

从九一八起，我们请看，在敌人的炮火下，东北四省同胞陷入了十八层地狱，失却了自由，失却了一切生存权利，黑暗与屠杀，夺去了他们的光明和生息。如今华北和华东的同胞又尝到了血腥滋味，陷入了火坑，绞杀与奸淫、轰炸与焚毁威胁着每个人的生命，是死是活，谁都预料不到一时一刻以后的遭遇。而这危运这凄惨现在是临到每个同胞的身上了，沿岸的被封锁，切断了我们的外援，飞机的轰炸，到处是血肉横飞，房舍皆毁。这惨痛我们能够忍受吗? 这凶暴我们能够宽容吗? 而且，就是提起从前，要不有敌人的挑拨离间，中国连年何从会继续着惨烈的内战? 要不有敌人杀人不见血的经济侵略，中国的农村何从会破产? 工商业何从会无法振兴? 中国的灾情，中国人的贫困，苛捐什［杂］

税的繁重，压到我们这等凄惨的，哪一件不是直接、间接出于敌人的毒手？今日我们整个民族，已到只有作决死的搏斗，才能争取生存的境地，再不能有屈服和退让，我们假如要活下去，一定要争取最后胜利，获得自由解放！！

我们坚信顽强的敌人不是一朝一夕可以击退的，民族解放需要很大的牺牲去争取，因此吾们的抗战，是长期的全面的，在长期抗战中歼灭敌人极大的力量，要以全力，争取最后决斗的胜利。

我们尤其坚信，在目前，并不是因为太原的和南京的失守，便以为抗战不能获得胜利，以为没有力量抵抗暴日的侵略。军事上一时的胜败、国土上一时的得失，原是长期抗战中所不能免的事，决不足以动摇我们誓死抵抗的决心，减灭我们对于最后的胜利信仰。

但我们却又不应抹杀的，在这几个月的抗战当中，不但全面的抗战没有展开，而且充分的［地］暴露出政治的落后、民众的没有组织、汉奸的跋扈跳梁；军事和政治脱节了，人民和军队又脱了节。以单纯军队的作战，前有暴敌，后有汉奸，这怎奂免遭挫折。如果这些缺点和错误，不立刻设法纠正和补救，抗战的前途，自然是很危险的。为挽救这种危险，保证抗战的最后胜利，普宁青救会谨提出：孙总理的三民主义做我们奋斗的总目标。这就是：

（一）民族方面：全国民众起来参加争取中华民族的独立自由与解放。我们全国民众应该自动组织起来，动员起来！！我们要十分恳切地和政府合作，和军队合作，实现全面的全民族抗战。

（二）民权方面：实现民权政治。政府应迅速而诚意的［地］给与人民以民主的权利，给与人民以集会、结社、言论的自由。

（三）民生方面：安定民生，发展国防经济，解除人民痛苦。要切实地实现，"有钱出钱，有力出力"的抗战口号。

亲爱的同胞们！！在孙总理的三民主义的指示下，在蒋委员长坚决抗战的领导下，普宁青救会谨以最诚恳和迫切的态度，愿与全国同胞为彻底的实现三民主义而奋斗！！为争取中华民族的独立自由幸福而奋斗！！同胞们！！起来！一致的［地］团结起来！！我们要坚决的［地］抗战到底！！胜利是属于我们的！！

普宁青年救亡同志会启
二十六年十二月十五日

普宁县青年抗敌同志会给各地友会的一封信

（1938 年 8 月 11 日）①

亲爱的同志们：

我们谨以至诚代表普宁全体青抗同志向忠诚勇敢的你们致真挚的热烈的兄弟的敬礼！

同志们！我们能生长在这伟大的时代里，并且在同一的战线上结合起来成为亲密的战友，实在是幸运不过的事情！为了完成这时代所赋给我们的任务，在过去，我们已竭尽我们的力量来从事我们的工作，把我们这光荣的名字——青抗，带到每个僻静的角落里去，放出灿烂的光辉，把雄壮的歌声灌过草舍牛间里去，震荡了整个的乡村的空气，并把我们这些年青［轻］的心密密［切］地连串在一条线上！

但是，同志们！一直到现在，我们间却还没有建立起密切的联系来，步调不一致、发展不平衡，处处都表示我们的团结还没达到应有程度，这实在是一个不能忽视的缺点。为了巩固和加强青年的统一战线，我们今后必须切实注意这问题并为完成它而奋斗！

---

① 日期是根据文件内容判定的。

普宁在过去虽不至成为一个救亡运动中的孤岛，然而这里的一切情况，也非各地一般同志所熟知，为了使彼此能更互相了解，并交换工作经验与意见，我们现在诚恳的［地］写了这一封信给你们，请你们批判［评］，并请同样地给我们写信。

普宁青抗会是由青救会改名而来的。青救会产生于去年十月间，而那时刚好是军委会政训处工作队来普工作的时候，因此在工作队中的两三位汕青救同志推动与帮忙之下，经过了个多月的筹备的时间，就宣告成立了。因为那时正是抗战形势极端紧张，普宁剧运随着客观形势像雨后春笋般的［地］发展的时候，所以青救的宣传工作就一时表现出蓬蓬勃勃、怪有生气的现象来，直把整个普宁都卷入救亡的热潮中，成为一股有力的支流。这一高潮一直至流沙全县剧社联合大公演以后，才逐渐低落下去。以后感觉到宣传工作已有一点基础，随着抗战形势的发展，工作必须转入更切实、更深入的组织阶段，于是便在各乡尽力开办民众夜校和妇女识字班，提高他们的文化水准和政治认识，奠定了自卫团的组织基础。不久，学期结束，寒假开始了，因为人事上起了一番变动，所以工作中心就转到自我教育方面来，有些地方则尽可能继续办民夜，直至今年一月间，接到后援会的命令，才改名为青抗会。此后一学期来，工作中心都注重在协助自卫团、加强农民政治教育、完成武装家乡的任务。至于本身组织方面，则注重向较为落后的地区发展，成立青抗会。这一期中［间］因为潮汕形势的紧张，所以宣传工作也非常活跃。不过有些地方，因为领导人对潮汕形势估计的不正确，致在工作上犯了急性病，产生了不良的后果。组织方面则因为领导机关不健全而呈现了散漫、上下脱离、情绪低落等不良现象。至这个暑假来，因为感觉不调整和健全组织，必弄至不能开展工作的境地，因此特别注意于健全组织的工作。另一方面，则大规模开训练班，培养干部，但是因为领导机关自己都并不健全，无力整顿各区组织，所以这项工作一直到现在还停留在计划阶段。

这就是我们十月来工作的概况。

在这十月当中，我们全体会员的努力，究竟换取得些什么代价呢？第一，我们提高了一般民众的抗敌情绪；第二，我们协助政府，把一些热情的青年农民和小孩子们组织起来；第三，帮助自卫团一些工作；第四，帮助乡公所提高壮丁政治认识；第五，提高会员政治认识和工作技术。但是因为普宁地域辽阔，交通不便；人力缺乏，不够分配，以及一些政治上的原因，所以在工作上和组织上还表现了不少的缺点，如：1. 领导机关不健全；2. 没有提高政治警惕性；3. 工作计划性还提得不够高；4. 工作发展不平衡；5. 对统一战线运用没有整个计划；6. 对民众组织工作做得不够；7. 忽视了青年本身的特殊要求；8. 工作作风不切实、不沉着、不深入；9. 忽略了干部的培养和教育；10. 部分地方犯了"左"倾关门主义的毛病等是。而这些缺点中表现得特别严重的是领导机关的不健全！

同志们！有了上面这些缺点，可知我们本身对于理论的修养和工作的技术与经验还多么不够啊！但我们并不因之而消极而灰心，我们知道这是工作过程中必然会发生的现象，要消除去这些缺点，也只有在不断的工作中逐渐地去克服。因此，为了我们今后的工作，我们在本月十日召集了一个热烈的盛大的全县各区中队联席会议，对过去工作来一个痛快的严格的检讨，并决定以后的工作。结果决定现阶段工作中心任务中心口号："团结全普宁青年，在政府领导下，为保卫潮汕、保卫武汉、争取抗战的最后胜利而奋斗"。并规定了工作方向八点：1. 用竭力协助政府工作的方式去争取合法地位；2. 争取社会同情；3. 注意工作技术的改进，反对过左过右倾向；4. 注意青年本身特殊要求；5. 实行民主集中制；6. 应在自己的岗位上来开展工作；7. 团结互助，发扬自我批判［评］精神；8. 提高工作热情，严肃私生活。

同志们！目前的铁蹄已踏到我们的腹心。抗战形势困难一分，我们的责任也增重一分，目前第三期抗战，已转入一个更严重更困难的阶段，压在我们两肩的任务是多么重大啊！为了保卫潮汕，保卫大武汉，争取第三期抗战的胜利，我们必须赶快更亲密地团结起来，为巩固和扩大潮汕青年的统一战线而奋斗，为动员千千万万的民众起来保卫自己的家乡而奋斗！

此致
民族解放敬礼！

普宁青年抗敌同志会启
八月十一日

《普青》发刊词①
（1938 年 9 月 1 日）

日本帝国主义的进攻，威胁着整个中华民族的生存。为了战胜敌人，争取民族的自由与解放，必须全国大团结、总动员起来参加抗战。

我们，是一群活泼的青年，有一颗热烈为人类的心，有火样的热情。为了抗战，我们在抗日救国的旗帜下团结起来；为了抗战，我们刻苦工作，把一切都供［贡］献给民族解放事业！

但是，因为我们是一群血气方刚的青年，在工作上有时不免要犯了一些错误，因此，我们诚恳地迫切地请求翁将军、王县长、

---

① 《普青》是普宁县青年抗敌同志会宣传部编辑出版的小报。每期四版，逢一日、十五日出版。

方特派员以及各当地的长官来领导我们，指示我们工作，使工作能顺利开展，使我们能协助政府动员民众，保卫潮汕。其次，我们热烈地希望各机关团体、各界人士，多多给我们批判［评］和指示，把对于我们工作上和组织上的意见提供［给］我们，使我们能在错误的克服中逐渐生长。

最后，我们希望全普宁以至全潮汕的青年同志迅速地和我们拉起手来，消除一切成见和界限，在抗日救亡这个共同的目标下，共同工作、共同学习、共同研究，把千万颗赤诚的心合成一颗伟大的为民族求生存的心；把点滴的力量汇成战胜一切的力量，在最高领袖领导之下，为驱逐日寇，争取抗战的最后胜利而奋斗到底！

（原载《普青》第一卷第 1 期，1938 年 9 月 1 日）

抗战后普宁的小学教师

（1940 年 2 月 1 日）

山　丁

（一）在饥饿线上的教师生活

敌人残酷野蛮的侵略与屠杀，骚动了我们各阶层各角落的人民的生活，加紧把中国优秀的儿女迫入支离破碎、疾病死亡、惨绝人寰的境地。同样的，这个荒僻的山县——普宁的小学教师也跟着总的情况而走到饥寒线上。

先从他们的收支说起，他们的薪水，每年最多的是大洋券三百元至三百六十元，其次是二百元到三百元，再其次是几十元至百几十元。前两项是代表学校经费充足、规模宏大、最少数的高小校长及一些部务主任，后者是代表最纯洁、最积极、占全数百分之八十以上的一般小学教员。他们的收入，除了这些微薄的

"硬工资"以外，就没有别的了。

但，他们的支出呢？最低有哪几种类？到底需要多少钱？在一般的学校，烟茶油炭要自己出，笔墨纸也要自己出，衣服费、零用费、膳费当然更要自己出，其余还要应酬校医董、乡人、朋友及医药等用款。膳费在过去每月最高不过9元，现在却非15元不可，米价的腾贵，实在令人可怕。在抗战前每斗是一元左右，抗战后特别"六二一"以来，就由一元、二元、三元直升到四元五角，平均每人吃稀饭单算米钱就要九元，此外柴盐油茶都涨价几倍。这样一来，教师们由吃饭转到吃粥、吃蕃薯，每人由三餐不得不变为二顿，挨着肚子克苦过活。许多学校不得不提前结束，许多教师不得不回家取款来应付伙食、赊借来应付伙食。

一个教师极力俭约，只顾自己的生活，就已入不敷出、无法维持，何况他们大批是贫苦的子弟，大部分有父母弟妹妻儿的系累，等待着他们［的］钱去奉侍抚养呢?!

在普宁第×区一带，有许多教师是从沦陷区逃出来的。他们没有钱又没有衣服，没有亲戚朋友也没有产业；只带来赤手空拳，带来一大批妻儿弟妹，你想这每月十几块钱的"硬工资"将怎样生活呢？

笔者有一个朋友，因为自己的薪水用光了，而家庭又很穷苦，父［亲］又很严厉，妻儿又多，他骇［害］怕被家人谴责，结果虽学校放假了也不敢回去。

一些经济支绌、环境恶劣的学校，更有发生欠薪岐［歧］视教师、侮辱教师［的］骇人听闻、使人痛心［的］事情，简直，他们就把教师当做奴仆，把学校当做养活"教书人"的收容所。学校现在还欠着上学期的教薪，如××小学不发膳费，不发零星用款，教员抚腹上课等都是模范的例子。

教师在一般别有用心和一些对教育没有认识者的眼里，真是半文钱也不值，这固然有由于过去教育的失败及少数不自爱的教师的坠落，招致他们的轻视破坏，但同时最主要的，还是顽劣者骇［害］怕青年进步团结别具用心的具体表现。岂此，有好多克苦努力的教师，无端被革职、无端被诬蔑，被套上了高帽子。群众虽爱戴他们，挽留他们在一起生活工作，但总要受到恶势力的打击而不得不割爱。

（二）是一支打击敌寇有力的队伍

神圣进步的自卫战争发动后，特别是"六二一"以来，这个山县的教师们就是一支有力［的］铁的队伍，他们在前线、在后方都表现了英勇的姿态，他们在每一个角落站在自已的岗位上叫醒了千万沉醉的同胞，做了无数为民族为国家的严正工作，奠下了创造三民主义新中国不可磨灭的基础。

他们的目标只有一个，驱逐日寇建设祖国，纯洁求真、热情坦白是他们的本性，除了这些，就没有别的居心，这是可质天日的。虚荣利禄是他们的公敌，他们只知工作奋斗，丝毫也没有别的不正当的欲念和企图。

极困难的生活条件、恶劣的环境，与慈母的热爱、娇妻的温柔，是不能阻止他们前进的，不能放松他们工作的。

他们除了经常努力儿童教育，执行教师任务之外，在百忙中要挤出时间来举办民众夜学，做时事广播演剧宣传，进行慰劳抗属、社会服务、征集寒衣、募捐、助耕、冬收、肃奸等有益社会国家的繁重工作。

去年下学期，在教师们的领导下，只×区就办了八十几个民众学校，受学的民众就三千多名以上；时事讲座十几个，每三天或每周讲话一次；岭青一万封慰劳信运动，普宁就完成了一万二千封；余如救济金、棉衣捐款，更有惊人的成绩。

社会服务是最实际有益于社会的运动，在这里是一件新兴的最博得群众们热烈称赞的工作。本学期在×区有好几个学校破天荒地做了全乡大扫除、补路修桥，破除迷信，帮助抗属及贫苦人家秋收冬耕，在工作中团结了许多群众，发现了好多爱民族爱国家［的］优秀的农民学生，大大地提高了学校和师生的威信，打破了学校和社会界隔膜，树立了教育界在群众中的模范领导作用。而且在无形中扬弃了旧的坏的教育方式方法，真正的［地］体验出"做教学"合一的正确性，在无形［中］坚定与提高了群众们抗战建国的信心，最后还组织了他们。

政府的每一个号召，他们都异口同声地响应执行，如上述的许多工作，就是他们服从政府、执行法令具体的例证。余又好象［像］帮助乡保甲长调查米谷户口物价，调停各种纠纷械斗，说服顽抗法令的奸商土豪及帮助解决种种困难的问题。总之，无论是对上层、对中层、对下层，只要有利［于］民族社会，他们都竭尽心血热诚，克苦服务。

有的为了直接打击敌人、保卫家乡，毅然脱离了职业、抛弃了家庭，情愿去做着那最艰苦的工作，过着那最辛涩的生活。有的因营养不良、工作操劳过度，把身体弄坏了，甚至于牺牲了生命。

这种种坚苦卓绝、正义凛然的精神，凡稍有心肝的一切同胞（汉奸除外）闻之，都要肃然起敬，感动到流泪的！

（三）他们还有严正虚心的学习态度

这里的青年教师们，在饥寒线上奋斗着神圣的工作之外，还以严正的态度、警觉的眼睛，正视着青年的重要任务——学习。他们正确认清了学习就是武装自己跟着时代，推动社会的革命武器；要做一个进步的教师，对自己的事业有所贡献，就非不断学习不可。

首先，他们积极虚心学习了抗战建国的理论——三民主义，抗战建国纲领，抗日民族统一战线的怎样实现、怎样不受汉奸们诬蔑歪曲、怎样和教育及生活联系起来。

其次，他们学习如何专一技之长，如何执行教师的实际任务，对自己的事业有更深长伟大的贡献。这也就是说，他们尽力地研究儿童心理、教育方针方法特别是推行抗战教育实施的具体办法，力求"做教学"合一。

再其次，他们以纯洁求真的精神，探讨与研究前进的革命理论和实践，迫切地追求着一切真理。

最后，他们不仅在理论上学习，而且还在工作中学习。他们诚恳虚心地去接近群众，去倾听群众的呼吸；学习如何团结群众、动员群众、组织群众；如何待人接物，如何感化顽固分子减少抗战的阻力；他们把理论在工作中体验，证明理论是否正确，在工作中吸收经验教训，充实理论。

他们利用一切的时间去进行学习，早上晚上课暇的每个时刻，都是他们学习最好的时机，他们利用一切的形式去进行学习。室内野外读书会、讨论会、辩论会、议事会、自修、请教朋友等等集体的个别的方法。

（四）教育界还存在著［着］一些荒淫与无耻

上述的许多事实，是说明大部分的教师们受了战争的提炼是大大地进步了，但这决不是代表全数的。相反的，一部分不自爱已经死了心的，还在硬着头皮执迷着过去守旧腐化无耻的生活。

×区××乡的校长，上学期开学不到半个月就赌输了校董们几拾［十］块钱，继续下去，整个学年就在"打竹城"的生活里过了一年，最后拐了女教员提先［前］逃之夭夭。最近，某地演梨［戏］，也因赌博被捉去十三人，内居教员校长八名；其他还有好多公私立学校也是这样胡里胡涂地结束他们去年的教书生活，但他们仍然收了学生的学费，赶完了教本，学生是否进步、家长是否同意，似乎当教师的都忘记了。

除了赌，还有嫖。××乡校窝藏了妓女，在附近过了好几夜。简直，这些人们就忘了自己是个教师是个公民。同时更忘记了日寇在穷凶极恶的［地］屠杀与奸淫我们的同胞，在进行掠夺我们的一切生机，要致［置］我中华民族于万劫不复的境地。

一些是不赌也不嫖，抱了得过且过不负责任的态度，除了"教死书、死教书、教书死"之外，什么工作，都和他们不相干。此类教师在这里为数颇有可观。

还有一部分是顽固执谬，这些人不仅不努力工作，还要整天整夜评东击西、挑拨离间，简直就等于汉奸。

这些不良的现象，在封建势力牢固的地方表现得最厉害，而且，最难改造铲除，因为他们和地痞土劣狼狈为奸，互相勾结、互相利用。

七七前，正是满目疮痍使人惊心随处布密［满］此种现象，今天，是大大地减少了，在普宁只有少数人昧着良心在继续着。自然，这个进步的神圣战争坚持下去，一直到把日敌［寇］赶过鸭绿江的对岸，收回一切的主权及维续建国，教育界这些违背时代的荒淫无耻，无疑地是可以肃清的。

（原载《抗敌导报》新一卷第五期，1940 年 2 月 1 日）

潮汕人民抗日游击队成立宣言

（1945 年 3 月 13 日）

潮汕全体同胞公鉴：

自中原湘贵正面战场相继溃败后，潮汕也跟着沦陷了。纵横数万里的地方，敌军正在扩大和巩固他的占领。我们的正规军，非被击溃驱逐，即自行退走，甚至叛变投降。伪组织正在各地产生。数百万同胞已身为奴隶，生命财产毫无保障，将被敌人任意宰杀掳掠，荒乱饥馑的恶象繁生，数万万里的锦绣河山，如今变成火城泽国了。

同胞们！应该认识，今日这种惨祸，是多年来政治不良的结果。军队的无能，政府的贪污，捐税的繁重，物价的飞涨，人民饥寒转徙，陈尸道路，抗日青年、进步人士被捕杀，人民各种自由权利被摧残，种种原因，不独使抗日力量不能生长，反而削弱。我们的家乡，遂转瞬沦陷，本队同志原自卢沟桥抗日爆发之日，即奋起呼号，为团结与组织潮汕人民共同抗日而斗争。汕头沦陷后，我们也曾手执武器与独九旅在前线共同作战。可惜当时政府不能相容，横行压迫。一切抗日组织被解散，我们不得已分散各地，逃藏在危险艰难的境况中从事抗日救国工作。时至今日，政府和军队，已遗弃我数百万同胞于敌手。本队同志不愿做亡国奴，所以组织武装起来和敌人搏斗，我们不顾自己的身家生命，决心作战到底，直至把敌人赶走，把家乡收复，把同胞解放，建立自由幸福的新潮汕而后已。

今天，当本队成立之日，本队同志，谨掬至诚郑重宣言：我们要驱逐敌人，恢复家乡，最主要是依靠潮汕人民的民主团结，组织武装和坚决斗争。各抗日党派、各阶层、各武装部队，必须精诚联合一致，对日寇作战。我们有数百万敌忾同仇的同胞、有充裕的民枪、有复杂的地理环境，只要能够团结和武装起来，一定能够打击敌人，也一定能够配合盟军的反攻把敌人赶走。

我们仅郑重诚挚宣布：只有日寇和真正的汉奸民族叛徒是我们的死敌。一切抗日党派、抗日武装部队、抗日人民团体，以及一切不愿做奴隶的人们，不论过去对我们如何，今天都是我们的战友。我们不仅和敌人汉奸作战，维持地方治安、保护公正绅商利益也是我们的责任。我们愿意和一切抗日力量互相合作，共同奋斗，直至最后胜利！

全潮汕人民团结起来！

武装驱逐敌寇！

队长：王武

三十四年三月十三日

潮汕人民抗日游击队反对内战宣言

（1945 年 5 月）

各抗日党派、各武装部队、各地方绅士、各界同胞公鉴：

当此蟊贼周英耀疯狂攻击本队之际，本队特郑重宣言，反对内战！

日寇三次进攻普宁，周英耀三次逃跑，本队于县境最后陷落之日，奋起抗战，打击日寇，消灭汉奸。周英耀专制一县之时，压迫人民，逃跑之后，贻人民为日寇奴隶，本队决死斗争，不仅欲解放人民于日寇之手。也且欲解放人民于专制者之手。周英耀私党自为，贪污自利，本队推诚待人，团结抗日力量，自我牺牲，维护群众利益，两相对照，周英耀疯狂攻击本队，其用心可明若观火。

内战即危害抗战，乃地方之灾祸、社会之危难、人民之痛苦，而周英耀竟丧心病狂，不顾一切，悍然挑动内战。本队为维护抗战，顾全地方社会人民之安宁，刻苦忍让，紧急呼吁和平，人不犯我，我不犯人；人若犯我，我必犯人。此乃本队严肃之立场。

本队最后忠告周英耀，停止一切攻击本队之军事布置与行动，接受团结民主之主张，减轻人民负担，改善社会生活，发动群众抗日力量，积极准备反攻日寇。否则，如仍冥顽不灵，本队为自卫计，决予还击！

　　国民党中进步人士，各抗日党派人士：本队谨向你们宣言，为坚持抗日民族统一战线而奋斗，为实践中国民主同盟宣言所主张而奋斗，本队提议，民主同盟之组织应扩展于潮汕，方能巩固团结，实现民主，积极反攻日寇。

　　各武装部队士兵兄弟：本队谨向你们宣言，本队与你们，实负共同之任务，即抗战建国是也。本队与你们，唯有携手并肩，互助互匡，协助反攻日寇之亲爱友情；内战罪人，欲你们与本队相残杀者，本队与你们均可杀之。

　　各地方绅士：本队谨向你们宣言，桑梓安宁，社会幸福，不容他人破坏，本队同人，大多普宁子弟，爱护桑梓，服务社会，往迹可稽，今日奋不顾身，目的唯在创造民主自由快乐幸福之乡邦。对于企图内战、危害桑梓者，本队与你们均可驱逐之。

　　各界同胞们：你们是普宁的主人，你们如果热望抗战胜利，热望建设民主自由快乐幸福的新社会，你们如果痛恨内战，你们必须团结在本队周围，共同反对制造内战的蟊贼！

　　各抗日党派联合起来！

　　各地方绅士联合起来！

　　各抗日武装联合起来！

　　各界同胞联合起来！

　　团结抗日！

　　积极反攻！

　　反对内战！

　　立即实行民主政治！

　　改组国民政府，成立各党派联合政府！

　　改组统帅部，成立国共联合统帅部！

1945 年 5 月

潮汕人民抗日游击队反对内战第二次宣言

（1945 年 6 月 18 日）

六月十四、十五两日，本队于普宁的赤水、乌石、西陇一带遭受反动派周英耀所部一再围攻，内战爆发矣！潮汕抗日事业，地方社会安宁，自兹遭受破坏，人民痛苦，自兹开始矣！

本队为青年队伍，工农学商与殷户子弟，本队出没敌后，对敌伪斗争，颇著功绩，然竟被诬为"奸匪"，必欲"剿灭"。当内战危机，如箭在弦之际，本队曾郑重宣言，恳切反对内战，事实昭彰，故于被迫应战之下，谨向各界指明，反动派、专制主义者周英耀及其上峰，乃制造内战之罪人。

周英耀之发动内战，全为遂其横暴掳勒之私欲。西陇、赤水之民众何辜而遭劫掠？且同室操戈，徒速寇患，内战专家自投日寇诡计，祸国殃民，罪大恶极！

战斗之中，本队有赖民众之拥护，各界之同情与我战士之英勇，卒将周英耀所部击碎。然而纵目所及，尸横遍野，生灵涂炭，劫后村舍，家室一空，心怀为之沉痛。再若总观粤东战局，危危岌岌，潮、梅危急，尤为迫切隽煎。局势如此，要当发动抗日民众武装集中一切抗日力量，共赴时艰。于是本队谨向各界再次宣言：坚决反对内战，要求团结抗日。

内战固已发矣！将何以消灭之，以维护抗战，以恢复地方社会秩序，以解除人民痛苦，乃潮汕各界当前共同之紧急任务也！

本队为此再次发出号召：

各抗日党派团结起来！

各武装团体团结起来！

各界同胞团结起来！

反对内战的军令政令！

反对一切内战负担！

消灭内战！

争取抗日民主自由！

潮汕人民抗征队告各界同胞书

（1947 年 12 月）

各界亲爱的同胞：

日本投降以后，我潮汕人民，正切望和平民主，以图复兴建设、安定民生，不料蒋政府竟叛依美帝国主义，出卖国家民族，撕毁政协决议，实行内战专制政策，两年以来，征兵、征粮、征税，苛重无以复加。保甲管制，"进乡进剿"，事事以民为敌，生杀予夺，为所欲为，迫得商贩裹足，鸡狗不宁，人民骨肉离散，饥饿冻馁，转徙流亡。八年抗战浩劫之后，复受如此荼毒，国家元气、民族命运，将何以堪！

同人等深感在蒋政府苛政迫勒之下，饱受凌辱恐怖和饥饿死亡之威胁，已无生存自由之可言，计自其执政廿年以来，国家民族日陷绝境，人民无时不在水深火热之中。时至今日，反动派业已走向政〔众〕叛亲离、天人共愤之绝境。同人等为求得自由解放，乃高举义旗，出而组织本队，反抗"三征"，借以达到改善民生，结束内战，实现和平民主独立自由之目的。半年以来，深得各界同情拥护与支持，感幸无似！兹谨略陈本队态度主张于各界同胞之前，希维亮鉴：

蒋政府反人民反民主之内战独裁政策，已严重威胁各阶层人民的生存，故乃争取和平，结束蒋政府四大家族专制统治，乃为全民的共同任务。在此共同目标下，本队同人除对特务及反动分子之外，愿与一切民主党派、地主绅商、工人、农民、学生、市民、知识界、自由职业者、公务人员、退伍官兵等，真诚密切合作，争取和平民主的最后胜利。

我们主张不分地域、阶层、性别、宗教信仰，团结一致，维护各阶层人民利益，共同反对"三征"与"清乡进剿"的一切反动措施：举凡地方治安、社会福利、商旅维护、乡里守望、纠纷调解，本队同人必竭力以赴，深望地方人士能力合作，共同推〔维〕持，尤望各界着重生产救济，实行减租减息，确保佃权，照顾债权债务业佃双方利益，救济失业饥饿和被〔避〕难的人民，使免于转徙流亡，庶我潮汕同胞痛苦得以减轻，社会得早日趋于安定。

同胞们！时机到了，大家应迅速奋起自救，目前反动派前线军事已遭受严重挫折，后方政治经济危机日形尖锐，全国大规模反内战反饥饿的运动，风起云涌，这一切表现民主革命高潮快要降临，反动派自食其果已为期不远。愿各界同胞迅速奋起，争取真正和平民主日子的到来！

一切被蒋政府压迫剥削的人民联合起来！

反对"三征"，反对内战独裁！

反对美帝国主义干涉中国内政！

消除敌〔特〕务分子，反对勾结蒋政府戕害地方的歹徒！

减租减息，确保佃权！

争取和平民主独立自由！

潮汕人民解放军万岁！

中华民族解放万岁！

潮汕人民抗征队

大南山人民打胜仗（韩江通讯）

——粉碎敌五路"围剿"

（1948 年 4 月 10 日）①

文　南

是杏花怒放的时候，滔滔的潮水冲激着大南山男女英雄的心，松涛有节奏地咆哮着，虽然只是初春，这几天气候特别热，热得战斗员们的手心发痒，预示着一个新的战斗的到来。

三月十五日，晨风正兴奋着战士们民兵英雄们，敌人的尖兵突然在枪声里钻出来，一个激烈的战斗开始了。

敌人屡窥大南山，妄图一鼓剿灭，以遂其稳定潮普惠南的血腥统治的美梦，在伪指挥官林贤察策划领导下，倾其四县局所有的兵力，发动五路进军，并从汕头调来伪保警二中队，作为主力，进攻锡坑；第二路为林达部"清剿"大队，由云落突入樟树棚［坪］；第三路由圆堆北溪；第四路由林樟河田；第五路由鸭母岭，其总兵力约在五六百人以上，打算对南山大扫荡后即会师锡坑。哪知好梦不成而首先损兵折将，其主力被阻于下湳剧战终日，未能越雷池一步，于是第三四路在梅仔坜、白沙溪迟迟不前，不敢轻进，第五路又被我阻于白马仔而会合不得，慌乱不堪，在我军分路伏击下，四面枪声人影，使敌望而却步，全无斗志。直至暮霭迷蒙时分，人民部队始作主力转移。次日，敌仍在各村庄各山头搜索，但民兵英雄的韧性战斗，予敌严重威胁，使他们心惊肉跳，在死伤惨重下，第三日也被迫全部撤走。

此次大南山人民部队在民兵英勇配合与民众高度热情的协助下，充分发挥巧妙的战斗艺术，予敌严重打击——是役计敌死十

---

① 这是文章发表的时间。

余人（内有汕头升平路派出所所长一名），伤十余人，共三十二名，逃散者二十余人。人民部队则仅战斗员二名轻伤。

敌人"大围剿"的美梦被粉碎后，喻英奇、周英耀等反动匪首大为震恐，潮普惠南民众则额手称庆，沸腾着人民胜利的信心，准备打垮敌人势必再来的攻势。

（原载《正报》84 号，1948 年 4 月 10 日）

潮汕人民抗征队告农民书

（1948 年 5 月 20 日）

亲爱的农民同胞们：

我们屈指算来，在社会上一百人当中有八十个以上是农民，你们每天握着锄头，从天亮做到天黑，每年以无数的血汗劳动，换取到成千成万担谷米，你们对政府纳税，当兵是最多的，对国家民族的贡献也是最大的。但是你们虽然出了那么多的谷米，结果是受着饥饿寒冷；你们虽然是纳税当兵，结果得不到政府保护，且还要受政府压迫摧残，这些是什么道理？

很明白的，第一是因为目前潮汕的政府，为蒋介石的专制独裁的政府，不是农民有份的多数人的民主联合政府。第二是这个蒋政府，是保护少数封建的反动地主的，帮助封建地主剥削农民，使农民失去了土地，没有土地耕种；即使（得）到了多少土地，租息也很苛重，收割到的谷米，不够给地主债主。因此，你们没有保护自己的民主政府，又没有土地耕种，你们永远就要被人压迫和饥饿的！

所以现在你们坚决的［地］去反对内战，打倒蒋政府，建立保护自己的民主联合政府，废除残酷的剥削，实行减租减息，进一步争取实现耕者有其田的土地改革，就是为你们目前改善生活及今后子孙的解放道路，没有得到土地革命，你们一生也没有出头的日子！

"耕者有其田"在中国古时就有人提倡过的，孙中山先生也主张"耕者有其田"，所以孙中山先生在民国十三年就决定联俄、联共、扶助农工的三大政策，和共产党合作一齐干，不久，打倒陈炯明，统一广东，顺利的［地］北伐。但在各省正在进行建立民主政府，实行分田［的］时候，蒋介石就背叛了孙中山先生的三大政策，反转枪头来反共，屠杀农民，蒋介石依靠农民力量，升官发财，倒转来忘恩负义，是最可耻的。蒋介石僭位二十年来，是最仇恨农民、杀农民是最多的！比任何朝代的农民也没有象［像］今天这样的痛苦！

我们在蒋介石专制统治二十年来，既得到了惨痛的教训，深知欲达到自己的解放目的，非广大农民组织起来、武装起来，勇敢反抗"三征"斗争，是不能实现的。在北伐时期，革命所以遭受挫折，农民所以被欺侮杀害，就是因为农民自己还害怕蒋政府的残暴，没有坚强组织，没有坚持斗争的结果。现在情势不同了，广大农民已经觉悟了，在东北、华北、华中千千万万农民，在共产党领导之下，英勇地抗击蒋军的进攻，现在他们已建立了自己的政府，实行耕者有其田，建立数百万强大的人民解放军，且在全国大举反攻，蒋政府的失败，我们的胜利是决定了，广大农民大翻身［的］日子到来了！

我们潮汕农民，在过去有了光荣的斗争历史，曾表现自己的伟大力量，现在各地反内战"三征"，反对蒋政府的专制统治，正风起云涌，你们应更大胆起来，参加战斗的时候到了！你们要学习解放区的英勇斗争气概，迅速地抛弃害怕畏缩的现象，团结起来，摆脱自己的痛苦锁链！

我们抗征队是人民的队伍，反抗"三征"，主张减租减息，都是为了农民。你们在此时期应立即组［织］起来和本队配合斗争，因此我们为你们提议：

（一）在各乡立即组织农民团体，立即组织建立自卫的武装队伍，坚决和本队配合作战，粉碎宋子文进攻人民的阴谋计划！

（二）在各乡村应立即起来，推拒蒋政府内战摧残，反"三征"抽剥的法令，在蒋政府统治势力薄弱地方，立即取消乡公所、取消联保办事处、取消伪联防反动武装，立即建立由人民选举的乡政村政，人员实行和平民主自卫斗争一切设施，处理乡民日常生活福利事业，为争取民主联合政府而奋斗！

（三）积极动员人民参加本队，协助军队解决军粮给养，使自己的部队加速壮大起来，使［给］为人民争取自由解放工作上一个有力的保证。

（四）广泛协助本队交通情报工作，捕捉特务奸细特务活动，清除土匪抢劫，保护地方治安！

亲爱的农民同胞们：害怕退缩依赖是痛苦的延长，团结奋斗是争取解放的正确道路！大家果敢起来，为争取生存道路而战斗！

民国 37 年 5 月 20 日

潮普惠南人民行政委员会赎业清债暂行办法
（1949 年 1 月）

一、废除各地限期每年于冬节日或二月春分日为期的旧例，准各地□□□□期之前取赎。

二、取赎期限可缩短如下：

甲、三年以下者照期限取赎。乙、六年以下者三年即可取。丙、十年以上者五年即可取赎。

三、期无论远近，其赎额以按契面价额值折算，口口千折一口口口并得依据双方贫富情形酌量增减（如取赎人家庭富裕，被赎人或债主家贫者，可增高利息一成至二成。如取赎人家贫，而被取赎人家属留分者可减为口口口口口成。如双方生活相当，则照一成取赎）。取赎时即收回原契约及抵押品。

四、取赎时如有积欠谷利银利，可清算历年口口口如已超过原本一倍者，照本办法第三条取赎，如超过原本二倍者，母利免还，因贫困无条件收回其契约及抵押品，如未及一倍者，则应还至原本一倍后，以本办法第三条取赎。

五、凡民国卅四年以前（卅四年在内）的债务，如债主是地主富农已一律停付本息，其抵押品应无条件交还债户。

六、凡利用高利盘剥，及利用积欠田租复利，强迫债户将产业抵偿，经债户向农会或政府投诉证明属实，如该项产业历年收入而足抵偿其债主的原本时，该项产业应无条件交还债户。

七、如取赎人家庭富裕，被取赎人家庭困苦无法生活者，该赎取之田，应让予被赎者批耕纳租。

八、取赎时如再有曲折纠葛，或强迫情事，可报告乡政府或本会委派之政工同志，召集双方取［处］理之。

九、凡工商业货品买卖来之帐［账］项，由人民自行处理，概不在清理之列。

十、农民与农民间之债务，应本互助团结原则，由农民自行处理，如有纠纷，由农会政府照顾双方生活情形调解之。

民国三十八年一月

大南山清债赎业办法

（1949 年 3 月 10 日）①

一、凡民国三十四年（三十四年在内）债务，如债主是富户一律停付本息，无条件交还产业、契约和抵押品。

二、凡利用高利贷盘剥及利用积欠田租复利，强迫债户将产业抵偿，经债户向农会或政府投诉者，该项产业应无条件交还农民。

三、凡三十五年以后（三十五年在内）借实物者，其历年所付利息已满母本及每年百分之三十之利息者，得无条件收回其契约或抵押品，未满母本及每年百分之三十之利息者，则还满此数后即可收回。

四、赎业和借债的利息（指三十五年以后的）原契约定以实物计算者还实物，如伪币者，则按契面钱额折合当时之谷物若干按一成为标准，再依据双方贫富情形，酌量增减，取赎和清还（如取赎人或债户家贫者，可减成一成以下至半成；如取赎人或债户家为富裕家庭，被赎人或债主家贫者，则应以一成半至三成清还）。

五、凡以农产品先行定价之买卖，贷款（如放菁苗），其先定之价无效，应照借贷时之市价折算谷物，再另行补息百分之三十。

六、凡工商业货物，买卖往来之账项，由人民自行处理，一概不在清理之列。

七、农民与农民间之债务，应本互助团结原则，由农民自行

---

① 本办法 1949 年 2 月 27 日传达，3 月 10 日公布，并在大南山特区实行。

处理，如有纠纷，由农会政府照顾双方生活情形调解之。

八、赎业时如遇有曲折转卖者，向原转手人取赎。

九、被赎人如家庭困苦无田可耕者，则该田应与本赎者批耕。

十、本办法公布以前已有清赎者，则不在此例。

我军扫荡普宁境内反动联防
（1949 年 4 月 11 日）

（本报讯）我人民解放军某部，乘张凤耀连部起义反正后，继续扩大战果，于 4 月 11 日（农历三月十四［日］）晚前往普宁属围缴十赤乡反动联防。该联防起初尚企图顽抗，经我军略加打击和政治教育后，才全部放下武器，计缴获白朗林轻机一挺，榴弹枪一枝［支］，步枪十八枝［支］，子弹一千八百六十四发，枪榴弹四颗，手榴弹二十二枚，电话机二架，军服十三件，子弹带二十二条。俘虏经政治教育后，全部释放。

（原载《团结报》，1949 年 4 月 20 日）

欢迎起义官兵书
（1949 年 4 月）①

南山圩各界欢迎起义官兵大会

光荣起义的官兵们：

你们识时务明大义，毅然在流沙起义，枪杀了反动长官，投向我解放区，把武器放下，接受我们的整编，我们为你们祝贺，因为你们解放了，你们脱离了苦海，踏上了光明大道。你们过去

---

① 日期是根据文件内容判定的。

跟着喻英奇、张凤耀走，他们把你们带上反人民的道路，这条道路的前面就是坟墓！二年多来在那坟墓里面埋葬了成千成万的屈死鬼！那些屈死鬼都是为蒋介石陪葬的，他们太冤枉了！但也有成千成万象〔像〕你们一样解放了，他们回过枪口，就向蒋介石的走狗们打！为人民立了许多功劳！人民是宽大的，不管他们过去做了多少罪恶，只要他们反对蒋介石，投向解放军，人民就热烈的〔地〕欢迎他们、优待他们，就是曾经杀害了成千成万人民的战犯傅作义，人民也宽恕了他。今天，我解放军已浩浩荡荡准备渡江，向华南进军，解放全华南人民！大军所至，将无坚不克！薛岳、喻英奇的死日已经不远了！你们今天离开他们，就是解放了自己，也为人民立了功，我们全解放区的党政军民都热烈的〔地〕欢迎你们，为你们庆祝！

如果你们还有朋友在当蒋军，你们应该写信告诉他们赶快离开苦海，能起义的就起义，能拖枪的就拖枪，否则就逃走也好。蒋介石、薛岳、喻英奇的死日就要到了，你们应该警告你们的朋友，大祸临头，从速打算！否则，悔之晚矣！起义的兄弟们，我们现在站在同一战线上了，让我们拉起手来欢呼吧！

中国共产党万岁！

中国人民解放军万岁！

华南人民解放万岁！

全中国人民解放万岁！

中共闽粤赣区党委关于解放里湖棉湖的贺电

（1949 年 5 月 1 日）

刘司令、铁副司令、林主任转参加出击里湖及阻击流沙敌援的全体同志们：

正当我边区党政军民热烈庆祝大军渡江解放南京，占领太原的时候，你们于二十八日一天之内全歼保警联防二百余人，击溃匪伪二百余人，并解放拥有万余人口的里湖和进驻三万余人口的棉湖两大市镇，捷报传来，全区振奋！尚望坚决执行毛主席、朱总司令"奋勇前进"命令。彻底、干净、全部歼灭敢于持枪抵抗的国民党反动团队及争取一切愿意和平的坚决签订地方性的协定。

中共闽粤赣区党委

五月一日

（原载《团结报》第52期，1949年5月8日）

普宁县人民政府为征收公粮告普宁同胞书
（1949年6月18日）

亲爱的同胞们：

我人民解放大军于四月二十一日渡江之后，所向无敌，四十日之内，解放了南京、上海、杭州、南昌、武汉等重要城市。席卷了苏、浙、皖、赣而深入闽中，横扫东南蒋匪之残余，反动力量已土崩瓦解了！全潮汕全中国之解放，很快就会到来，和平民主的新中国，就要实现了！

为争取全面解放早日实现，我党政军民应当加倍努力，共同奋斗。我人民解放军正在前线奋勇消灭残敌，后方广大民众就得动员一切人力物力，来支援前线，完成艰巨之任务。

过去我们之军需给养，除局部地区征收公粮之外，大部分是依靠殷商富户之捐献。现我普〔宁〕即将全面解放，普遍征收公粮，是公平合理的负担，也是我解放区全体人民应尽的义务。

我们征收公粮，与反动政府征收地税，是截然不同的，我人民解放军及一切工作人员，无不刻苦俭朴，廉洁奉公，全心全意为人民服务，人民的利益就是解放军的利益，解放军的利益亦就是人民的利益，我们是取之于民、用之于民的。

我们是摧毁了万恶的反动统治，改善人民生活之后，才酌量人民的负担能力来进行征收的。伪政府呢？那还了得，新兵地税，横征暴敛，百般苛勒，不顾人民的死活，要钱要命，贪污舞弊，巧取豪夺！弄得民不聊生，岁无宁日！而我们征了公粮之后，便无其他摊派了。

同胞们，我南下大军已直指闽粤而将与我地方解放军会师了，为了迎接全国胜利和解放大军的南下，为了巩固我解放区养军建政的基础，为了我们自己的解放，我们当尽一切的努力，坚决的［地］干净的［地］彻底的［地］消灭敌人，希望我全普宁的同胞，热烈来响应这一号召，完成支前拥政的光荣任务，建设新普宁，解放全潮汕，自由幸福的日子就［要］到来了。

普宁县人民政府

1949 年 6 月 18 日

普宁县人民政府通告

（1949 年 7 月 31 日）①

在潮汕全面解放前夕，面临绝命运的残匪，为要在最后一刻抢夺一毫逃命资本，流窜我普宁各地，奸淫、掳掠，鸡犬不宁，其中以流沙、大坝、大圩（南阳山区）周围为最甚。各地同胞，目击此情形，莫不恨之入骨。现普宁县人民政府为了抚慰被蒋匪劫掠蹂躏的同胞，特于二十六日发出"抚慰被蒋匪劫掠同胞通告"，并发动一元抚慰运动。办法如下：（一）凡是受蒋匪军劫掠的同胞一律登记，以便分别抚慰；（二）各地发动一元抚慰运动，

---

① 这是文章发表的时间。

党的同志应起带头作用，在支部展开讨论，然后由支部到群众团体，到一般热心革命的群众，部队中尽量来节俭，造成捐献热潮。政权机关由乡村政府号召，开会讨论，发扬互助互爱的精神，学校、新青团等必要可以组织抚慰募捐队；（三）迅速建立各区、乡支援前线委员会（乡叫支会）即时展开支前工作；（四）这个一元捐献抚慰运动应是群众性的深入而普遍的；（五）各区各乡建立竞赛制度，成绩最好者得奖励；（六）这项工作［应］于十日内完成。

（原载《团结报》，1949 年 7 月 31 日）

潮汕我军再获胜利　流沙军管会成立

（1949 年 8 月 5 日）

（本报讯）潮普惠南的交通中心和军事重镇流沙圩今日宣告解放，守敌伪潮阳保安第一营，伪普宁保安第一营第二连，第二营第三连，伪流沙警察所等部匪军 210 余名，弃下物资无数，于昨夜向潮阳方面怆惶逃跑，我解放军于上午 11 时半分三路在嘹亮进军号声中浩浩荡荡开入流沙市。沿途围观群众人山人海，欢喜若狂。我军进入流沙市后，当即宣布成立流沙市军事管制委员会，委任黄友同志为军事管制委员会主任，委员即日进行接管市政，清理敌产及维持治安工作。

（原载《团结报》，1949 年 8 月 5 日）

中共普宁县委和普宁人民政府关于撙节办法的决定

（1949 年 9 月 1 日）①

中国共产党普宁县委会暨普宁县人民政府为响应地委"撙节"号召，发扬廉俭劳苦的精神，昨特召开所属各机关，举行会议，讨论"撙节"财粮办法，并决定如下：

一、日用开支检讨：（1）各单位日用开支，有部分尚欠"撙节"，如火油、火柴、烟、茶等；（2）各单位对于膳食部门，未能按［定］额执行管制，以致有超过制度；（3）公用单车有些同志不小心保护。

二、"撙节"办法：（1）关于膳食方面，除早晚两餐外，不设午膳招待客人，有特殊情况者应经首长许可；（2）切实废除公家烟、茶等不必要之消耗；（3）各单位如无特别事故，不准随便使［用］手电，以节省公帑；（4）各单位不按期结账者不发给伙食费。

（原载《团结报》，1949 年 9 月 1 日）

说明：

1. 本章节文献所选资料，仅对个别明显的别字、重字、掉字、倒字作了若干订正，其他均未作修改；

2. 对明显的错字、漏字，将正字改于后，并加"［ ］"；

3. 字迹模糊，无法辨认的字，以"×"代替；

4. 原件上的缺损字，以"□"代替，缺字数较多的则加注说明；

---

① 这是文章发表的时间。

5. 有的档案资料需酌加删节时，均以"略——编者"说明；

6. 对标点符号不规范予以订正；

7. 书中注释均为编者所加，以①②③依次标明置于页下；

8. 有关资料出处在文章后面加括号说明。

第二节 红色歌谣、歌曲

颂塔脚自由市

塔脚自由市，交通真便利，

货物如轮转，童叟不相欺。

普城臭奸商，终日如坐禅，

货物生蛛网，结得不见天。

青苔满街路，行走戆戆颠。

输服不输服，玩火自遭殃！

（作于 1926 年 1 月）

颂普宁县农会

叹思起，当初时，

塔脚农会有架势，大家团结擎红旗，

打倒贪官共豪劣，乜事由俺来主意，

抗租抗债又抗税，称心快意过日子。

地主虽然心唔愿，农会有势欲怎呢?!

（作于 1926 年 11 月）

革命民歌五首[1]

张声文

（一）

东畔一点红，走起（起身）即到田。

割有二粒粟，担去还富人。

（二）

透（刮）风落雨天，手牵一牛儿。

富人肚食饱，礤仔（穷人）肚困饥。

（三）

香港本是中华地，轻轻拱手送外人。

红毛（洋人）仗势相欺负，自己同胞受凄凉。

（四）

极好中华国，物产多丰足。

工业不发达，外货来争夺。

通商数十年，损失亿万圆。

金钱原有货，枯竭真惨悽。

（五）

溪照（这）畔，溪向（那）畔，红白冇相刣（打仗）。

红军扣下排头火，白军死掉一大坪。

注：①以上革命民歌是张声文烈士于1931年冬在泥沟乡办民众夜校时自编的识字教材。由当年夜校学员张亚泅口述，张珂杰、张声华记录整理。

抗日歌谣二首

一、抗敌歌

兄弟姐妹听我言，快来救国勿放松，
现在只有二条路，唔①是抵抗就投降。

谁人愿做亡国奴？谁人愿去做汉奸？
除非无知个猪狗，除非无耻个臭人！

俺大家，唔投降，欲甲②潮汕共存亡；
肉殿殿③，血红红，死在战场心也甘！

注：①"唔"即"不"。②"甲"即"同"。③"殿"即"坚实"。

二、奴仔歌

恁勿笑阮奴仔鬼，奴仔细细上色水！
衫袖扎凭猫鼠仔①，裤脚扎凭脚大腿！
欲来去，饶②掉日本鬼！
饶呀饶，饶到门脚口，
遇到汉奸大走狗，吠呀吠，跳呀跳，
给我一下踢，死翘翘呵死翘翘。

（作于1937年10月）

注：①"猫鼠仔"即"胳膊"。②"饶"即"赶"。

募集棉背心歌①

梅峰一分校募征队

洞景个人上顶好，人哩有来钱又多，有事件件都来做，
无有一件落烧胎。抽壮丁甲克田亩，四厝②个人通呵罗，
呾到好心甲行善，者哩做来愈更好。这一次，欲棉衣，
唔知做年笃捐无，亚是唔愿克出来，反是许内凑遇无。
前方战士在烧台③，个人条枪无七个。冒霜冒雪个伊干，
照生功劳大母个。战士既然功恩大，来去慰劳理应该，
担④请叔伯婶姆伙，猛猛去内克出来。你块椊花我块布，
凑磨甲仔就一个，若是物无钱也好，铜镭纸票通通来。
凑了送到前线去，战士穿烧会烧台，胆大气壮冲锋去，
日狗一刀就一个。许时中国得胜利，个脸大大是俺个。
这件事，欲亚勿，由在各人去安排，如欲国泰民安乐，
哩着猛猛拿出来。无硬掠，加减好，勿咸涩，勿烧胎，
你也出，伊也出，好心了正有好报，许时节·俺中国，
得自由，得幸福，包领大家笑呵呵吐笑呵呵。

（作于 1938 年 10 月 2 日）

注：①1938 年下半年，普宁县青抗会发动各区青抗会开展募
征棉衣活动，支援在前线作战部队。梅峰公学一分校（洞景村）
的青抗会组织了一支募征队，用通俗易懂的潮汕方言编成歌谣，
对全村群众进行宣传发动，取得很好的效果。②"厝"应是
"处"。③"烧台"是战斗的意思。④"担"应是"呾"。

潮汕人民抗日游击队队歌

野伙　词　魏生　曲

我们是潮汕的人民，

我们是抗日的游击队，

大伙儿一条心，

在山明水秀的家乡，

和凶残的鬼子拼拼，

用我们钢的意志，

火的热情，

去团结一切抗日的力量，

实施民主消灭敌人，

同志们向前进，

用我们钢的意志，

火的热情去战斗，

变革战斗建设，

把解放潮汕的任务完成。

[原载《军中文艺》（创刊号）]

解放战争时期革命民歌一首

马毅友　供稿

（一）

喻英奇，有乇奇，呾破值无半个钱。

夸口三月清"共匪"，至今四月无了期。

上月进攻大南山，汕警死伤三十外。

清明再打沈蔗寮，丧掉一支潮阳兵。

南阳山，反动联防队，

一打如风扫落叶，惊到支辫好晾衫。

清剿第一期，你个战绩顶呱呱。

（二）

二月二十七，调动三个正规营，

预定会师戏仔潭，三路剿平大北山。

怎知一战被围蟾田，再战围在戏仔潭，

滩下这条路，有如龟入瓮，

南山一路冒死来救援，

思茅棚，中埋伏，又是送肉上刀砧。

清剿第二期，你个战绩更惊人。

（三）

俞大炮，上任至今日日车，

相刮次次是你赢，粗坑一役岂记得，

十日前，你又死伤廿外在长滩。

抗征队，人人自愿一当十，

唔比你，硬逼硬掠豆腐兵，

百姓全欲食你肉，到处有你个死敌，

此番血战十日夜，满山遍野是民兵。

鬼火愈打愈更旺，民众愈剿愈敢二，

唔信你就再剿看，包你统治愈猛崩。

（作于 1948 年 5 月）

第三节 重要革命烈士

杨石魂

（1902—1929）

杨石魂，1902 年生，普宁南溪钟堂村人。1919 年五四运动时，任揭阳县学生会会长、岭东学生联合会主席。1923 年 11 月参加中国社会主义青年团，1925 年 2 月转为中国共产党员。同年 3 月，任中共汕头特别支部书记。1926 年，他在汕头领导学生运动和工人运动，历任共青团汕头特别支部书记、汕头市总工会执行委员会委员长、中共汕头地委委员兼工委书记，是著名工人运动领袖。1927 年 7 月，任中共汕头市委书记，重建工农武装，迎接八一起义军占领潮汕。10 月，他亲自护送起义军领导人周恩来、叶挺、聂荣臻等安全转移到香港，为革命作出重大贡献。1928 年 12 月，任中共广东省委常委兼宣传部主任。1929 年 2 月，党中央调他到武汉，任中共湖北省委常委兼秘书长。5 月，杨石魂不幸被捕，坚贞不屈，壮烈牺牲，年仅 27 岁。

陈魁亚

（1897—1933）

陈魁亚，1897 年生，海丰县海城镇人。12 岁进海丰县第一高等小学读书，17 岁考入海丰中学，22 岁毕业后在海域第一高等小学任教。

五四运动后，他在彭湃的领导下，积极从事海丰县的学生运动、农民运动和教育改革。先后担任海丰县教育局职员、局长、总农会负责人。1925 年加入中国共产党。2 月，他受彭湃派遣与陈颂、彭奕、吴棣伍等 10 多人到普宁县协助开展农民运动，发展党团组织。1926 年 1 月，首任中共普宁县支部书记，领导普宁一区、八区等 10 万农民围攻县城（洪阳）地主集团，取得围城斗争和减租减息的胜利。1926 年 11 月，任中共普宁部委书记。1927 年"四一二"反革命政变后，为了反击国民党反动派的血腥大屠杀，组织 4000 多名农军举行"四二三"武装暴动，第二次围攻普宁县城，歼灭了从汕头调来救援的尤振国连 117 人。1927 年 11 月，任中共普宁县委书记。1928 年初，他和县委成员领导普宁农军配合东江工农红军（红四师）举行暴动，并成立普宁县苏维埃政权，后带领武装在大南山区坚持斗争。

1929 年秋后，历任东江革命委员会常委、东江苏维埃政府主席、中共东江特委委员。1932 年春，国民党军队对东江苏区进行残酷"围剿"，他在大南山一带领导反"围剿"斗争。1933 年春，东江特委机关在大南山的龟山湾被敌人包围，陈魁亚在战斗中牺牲，时年 36 岁。

方临川

（1899—1928）

方临川，1899 年生，普宁洪阳镇南村人。他在汕头礐光中学读书时，便与杨石魂等人发动学生支援北京学生五四运动，成为岭东学生联合会主要领导人。后到广州铁路专科学校读书，继续参加进步学生运动。1923 年 11 月参加中国社会主义青年团，1924 年加入中国共产党。1925 年 2 月，他随东征军回潮汕，任普宁、揭阳特派员。3 月，他在洪阳成立国民党普宁县党部筹建处，任主任。5 月，他和杨石魂介绍方思琼（后改名方方）等青年加入中国共产主义青年团，并成立共青团普宁县支部。同月，调任潮安县特派员，建立中共潮安县支部。他深入各区、乡农村，宣传发动群众成立农会，开展反帝反封建斗争，全县农会会员达 1 万多人。

1927 年"四一二"反革命政变后，他和方方等人组织 100 多人的农民武装开展斗争。后带队到普宁参加"四二三"武装暴动，并任惠潮梅农工救党军前方特委委员。10 月，任中共潮安县委书记。1928 年 2 月 9 日，他到汕头市参加各县党团书记会议时，因叛徒出卖被捕。在狱中，他坚贞不屈，义正词严，同敌人进行顽强斗争。2 月 13 日，方临川在汕头遭敌杀害，牺牲时年仅 28 岁。

方达史

（1902—1928）

　　方达史，1902 年生，普宁洪阳镇德安里中寨人。自幼父母双亡，由庶母陈金菊抚养长大。1920 年考入广州铁路学校，后转读广东公路工程学校。1923 年 11 月参加中国社会主义青年团。寒假回家乡与杨石魂等人组织洪阳集益社，传播新文化、新思想。1924年，遵照青年团广东区委决定，以个人身份加入改组后的国民党。1925 年 2 月同杨石魂一起回到汕头，发动、组织青年学生和工人群众进行革命斗争。五卅运动发生后，为援助上海人民反帝爱国斗争，他和杨石魂等人成立汕头国民外交后援会。1925 年 11 月，任共青团汕头支部干事会书记，12 月转为中国共产党员。1926 年，方达史的公开身份是国民党汕头党部委员，汕头国民外交后援会常委、秘书，并以此作掩护，任中共汕头国民外交后援会支部书记。

　　1927 年，蒋介石发动"四一二"反革命政变后，他被国民党悬红通缉。他和杨石魂带领部分武装，开赴普宁参加"四二三"武装暴动。4 月 26 日在平径山全歼国民党的增援军队尤振国连，后北上武汉。1927 年 8 月回汕头，组织工农武装，攻破监狱，释放政治囚犯，迎接八一南昌起义军进入潮汕，后随部队到流沙。1928 年春，调任中共广州市委委员兼工人部部长。7 月底，任中共广州市委秘书长，在白色恐怖中做党的地下工作。8 月 17 日，中共广州市委机关遭破坏，方达史在石龙火车站被捕后牺牲，年仅 26 岁。

杨振世

（1896—1928）

杨振世，1896 年生，普宁麒麟镇后山村人。从小思想进步，支持反帝反封建斗争。1925 年 5 月，他带头发动后山村农民成立农会，任农会主任，并带动周围几个农村也成立农会和农军队伍。1926 年 1 月，他带领普宁四区农会和农军队伍参加围攻县城战斗，取得胜利。同时被吸收参加中国共产党。2 月成立后山村党支部，担任村党支部书记。在村办起贫民学校，宣传发动群众，并帮助南陂、大埔寮等乡村成立中共支部。1926 年下半年到贵屿区开展农民运动，任贵屿区农会主席。1927 年蒋介石叛变革命后，他带领农军攻打贵屿，惩办几个反动头子，取得重大胜利。1928 年初，他带领农军举行年关暴动，攻打反动据点，并成立普宁四区苏维埃政府，被选为苏维埃政府主席，带领农民开展土地革命。后因敌人大兵压境，"围剿"革命乡村，后山村被敌人烧杀达 13 次，他本人房屋也被敌军烧毁。他在艰难环境中带领赤卫队员坚持斗争，9 月 20 日，在一次对敌战斗中不幸被捕。在狱中，他坚贞不屈，表示生为工农群众解放而奋斗，死为工农群众而献身。10 月，杨振世被敌杀害，牺牲时年 32 岁。

方家悟

（1902—1928）

方家悟，1902 年生，普宁洪阳镇鸣岗村人。1923 年 11 月参加中国社会主义青年团，1924 年转为中国共产党员。他早年投身反帝反封建革命斗争，1926 年 1 月普宁第一个党支部成立时，被选为中共普宁支部农运委员，参与领导 10 万农民围攻县城地主集团的战斗，并取得胜利。10 月，中共普宁部委成立，被选为中共普宁部委农运委员。1927年 4 月，他参与领导普宁"四二三"武装暴动，以革命斗争反击国民党右派的大屠杀，并在大坝成立普宁县临时人民政府，被选为县临时人民政府委员。后他带领小型农民武装队伍，坚持在大南山区开展革命斗争。

　　1927 年 8—9 月，为策应八一南昌起义军南下潮汕，他和农军基干大队大队长何石等人调集 300 多人的农军队伍，肃杀区、乡反动头子，并在起义军帮助下，带领农军于 9 月 28 日攻陷普宁县城，取得重大战果。后在流沙设点接待起义军人员。10 月，他和五区农会主席陈开仪一起，护送起义军领导人郭沫若等 4 人安全撤离战区，抵达香港，为革命作出重大贡献。12 月，中共普宁县委成立，任县委秘书，参与领导普宁年关暴动，并协助成立普宁县苏维埃政府，开创土地革命斗争新局面。后革命转入低潮，他仍带领农民赤卫队坚持在大南山开展斗争。1928 年 7 月，他在革命危难中任中共普宁县委书记，并带领部分农民赤卫队坚持在棉湖、大坝一带开展斗争。11 月，在恶劣环境中，因事繁食少，患病乏医，为革命鞠躬尽瘁，方家悟不幸在大坝上村因病殉职，时年仅 26 岁。

杨德秀

（1907—1928）

　　杨德秀，女，1907 年生，普宁占陇定厝寮村人。1926 年春，她在进步学生黄光成的启发下，进普宁二中高小部六年级读书，成为全县第一批到二中就学的女生之一。9 月在校参加中国共产主义青年团，为普宁县首名女团员。1927 年 10 月，她配合杨石魂等人接待到流沙的八一南昌起义军，并接应在莲花山战斗中被冲散的周恩来、叶挺、聂荣臻等领导人安全脱险。

11 月，她到中共普宁县委驻地洪阳宝镜院村从事妇女工作。12 月加入中国共产党。她经常深入农村，发动妇女投身反帝反封建斗争。1928 年 2 月，她深入大南山区，宣传发动妇女投入土地革命，建立苏维埃政府。还创作《童子团》歌谣，发动少年儿童参加革命斗争。

1928 年 8 月，敌军疯狂"围剿"大南山，她在樟树坪一个山寮不幸被捕，被囚于惠来监狱。在狱中，她大义凛然，守口如瓶，表现了一个女共产党员坚贞不屈的革命气节和视死如归的英雄气概。敌人气急败坏，将杨德秀杀害于惠来城郊，牺牲时年仅21 岁。

何　石

（1895—1929）

何石，1895 年生，普宁流沙南园村人。1923 年参加农会，为县农会筹备会委员。1926 年 1 月参加中国共产党，任中共普宁支部军事委员，领导全县农军围攻县城地主集团，取得胜利。4 月，被选为县农会执委会委员。5 月，当选为省农会第二届执委会候补委员。11 月，任中共普宁部委军事委员、县农军基干大队大队长。1927 年 4 月，他参与领导普宁农军举行"四二三"武装暴动，并带领农军歼灭敌正规军一个连。10 月，被选为中共广东省委委员。12 月，任广东工农革命军第六团队长，组织农民武装举行年关暴动，成立普宁县苏维埃政府，着手开辟大南山革命根据地。1929 年 7 月，任红军四十七团团长。11 月，任普宁县革命委员会副主席。为迎接朱德带领的红四军进东江，他率红军四十七团进军五华县。11 月 26 日，在攻打坪上敌军据点时，何石不幸中弹，壮烈牺牲，时年 34 岁。

陈开芹

（1905—1933）

陈开芹，1905 年生，普宁军埠镇大长陇村人。1924 年在汕头商业学校读书时，受到革命思想熏陶，1925 年在校参加中国共产主义青年团，1926 年加入中国共产党。1927 年"四一二"反革命政变后，他回家乡以教书为掩护，在大南山一带开展革命活动，组织农会，建立农军。1928 年 1 月，被选为中共潮阳县委常委。同年秋，革命趋于低潮，他仍坚持在大南山中开展斗争。

1929 年初，他根据上级指示，重建中共潮阳县委，任县委书记，带领贫苦农民与反动势力作斗争。1929 年 7 月，潮普惠县的农民武装成立红军四十七团，任团政委。此后，他和团长何石带领红军与敌军展开斗争，多次击退进犯大南山之敌，打了多次胜仗。1930 年 12 月，红军改编，他先后任红二团、红一团政委。

1933 年 1 月，任中共东江军委常委。时国民党军队加紧"围剿"大南山革命根据地。为引开敌军，他和红一团团长彭桂率领红一团转战陆丰县的深坑、芹菜洋和激石溪一带。4 月，为掩护中共海陆紫县委机关转移，他带领红军在激石溪黄狗地与数倍于我军的敌军展开激战。在血战中，陈开芹不幸中弹，壮烈牺牲，时年仅 28 岁。

李存穆

（1905—1931）

李存穆，化名王良，1905 年生，普宁里湖富美村人。1918 年，他先后就读于里湖上社书院、三都书院、厦门集美师范学校。1927 年初在集美学校参加中国共产党，同年 9 月毕业后回普宁在梅峰公学任教。1928 年 2 月，在领导年关暴动中，任中共普宁县第九区区委书记。1929 年 8 月，任普宁县黄色乡村工作委员会主任。1930 年，应聘到泥沟乡弥高公学任教导处主任，向青少年灌输革命思想。泥沟乡反动士绅要辞退他，他奋笔写下一联："不敬师长，天诛地灭；误人子弟，雷击火烧。"1930 年起，任中共大坝区委书记，组织农民武装，成立区联队，开展革命斗争。

1930 年 10 月，他到大南山大溪坝村参加中共闽粤赣边第一次党员代表大会，被任命为东江革命委员会经济委员兼印刷局局长。11 月，被选为潮普惠县苏维埃政府委员，挑起为大南山红军集资筹粮的重担。1931 年 8 月，他前往定厝寮村筹集资金粮食时，因叛徒出卖被捕，被囚于洪阳监狱。他受尽严刑拷打，坚贞不屈，怒斥敌人的罪行，被砍去五只手指，仍骂声不绝。10 月 7 日，李存穆在洪阳被敌杀害，时年仅 26 岁。

魏荫亭

（1899—1928）

　　魏荫亭，1899 年生，普宁大坪塘唇村人。1924 年，他毕业于陆丰龙山中学，后发动群众集资创办振文学校，让贫苦农民子女入学读书。1925 年 3 月，他参加农会和农军，活动于大坪、后溪一带乡村，发动农民成立农会，开展反帝反封建斗争。他在斗争中参加中国共产党。1926 年 9 月，被选为大坪地区农会筹委会主席。

　　1927 年，蒋介石发动"四一二"反革命政变后，他带领一批农会骨干转移到陆丰的南塘、碣石一带，秘密开展工作。11 月，被选为中共陆丰县委委员，并被彭湃派回南阳山区成立苏维埃政权。他到船埔镇樟树仔村，指导南阳山各地恢复区、乡农会，成立赤卫队，开展武装斗争。1928 年 1 月23 日，他在大坪圩主持召开各乡村农会会员、赤卫队员共 400 多人参加的集会时，遭陆丰县保安队的突然袭击。他带领 10 多名赤卫队员英勇迎击敌人，掩护群众撤退。由于寡不敌众，魏荫亭在战斗中身负重伤被捕，受肢解杀害，牺牲时年仅 29 岁。

温达初

（1898—1930）

　　温达初，1898 年生，船埔樟树村人。1925 年参加反帝反封建的农民运动，同年 7 月参加中国共产党。历任船埔区农会主席、农军大队长、中共陆丰县委委员、中国工农红军第六军第十七师第四十九团第八连副连长、惠来县第六区高埔乡苏维埃政府主席等职。1930 年 6 月 26 日，他与赤卫队员刘乾坤等在高埔乡坪上村东门的洋道隆温氏祖祠住宿，因叛徒温继周出卖，遭葵潭敌军 60 多人围攻。敌众我寡，温达初带领 10 位同志突围时，在激战中不幸中弹，壮烈牺牲，时年32 岁。

黄香莲

（1912—1935）

　　黄香莲，1912 年生，普宁大南山灰寨村人。因家贫，她从小就分给大南山溪尾村农民李阿山的儿子李娘之做童养媳。尔后，李阿山、李娘之相继病逝，她与婆婆相依为命，度过 18 个艰难困苦的年头。

　　1930 年，中共东江特委领导建立了大南山苏区，开展轰轰烈烈的土地革命。9 月，她入伍参加革命工作，住在潮普惠南山特区锡云路办事处，从事妇女工作，并与负责特区党组织工作的李应结婚。她文化低，便在工作中刻苦学习，并用革命歌谣宣传发动群众。在她的教育下，大南山梅石柯村的黄林妹、益岭村的江凤玉等妇女也入伍参加工作。1931 年参加中国共产党。1932 年，在敌兵"围剿"大南山时，她协助党组织建立供应站，组织秘密运输，使红军队伍所需粮食和物资得到补给，出色完成了党组织交给的任务。她革命警惕性高，协助党组织清除了敌人派进大南山的女特务。1932 年底，任潮普惠县宣传队队长，经常带队下乡做宣传工作。1934年，她丈夫李应在反"围剿"战斗中壮烈牺牲，她强忍丧失丈夫的痛苦，坚强地为党做更多的工作。1935 年，敌邓龙光带兵围攻大南山。5 月 4 日，她带领 8 位女宣传队员住的盐岭老仑石洞受到敌军重兵围攻，她带领女宣传队员英勇顽强战斗，直至弹尽粮绝，在冲出重围时不幸被捕。她与 8 位女队员被禁押在惠来县城的监狱中，敌人对她们软硬兼施，收买加酷刑，都不能使她们屈服。7 月，敌人无计可施，将她们押往惠来县城西门外枪杀。她们坚强不屈，沿街做宣传工作，唱革命歌谣，高呼"中国共产党万岁"的口号，壮烈牺牲。

卢笃茂

（1903—1935）

　　卢笃茂，1903 年生，普宁洪阳镇新铺村人。1917 年起，他先后就读于汕头职工中学、省立商业学校，组织师生成立社会科学学习组。1923 年秋参加中国社会主义青年团。1924 年，在普宁县麒麟、广太一带乡村组织农会。1925 年冬转为中国共产党员。11月，任中共揭阳特支组织委员。1926 年 3月，任中共揭阳部委组织部部长。1927 年"四一二"反革命政变后，他组织揭阳三区农军，参加普宁"四二三"武装暴动。同年冬，任中共揭阳县委巡视员。八七会议后，接任揭阳县武装团队长，带领工农自卫军于展土地革命。

　　1929 年 8 月，他被选为潮汕七县联委委员，后任中共东江特委农运部部长，多次带领武装配合古大存攻打揭阳新圩。1931 年春，任红军独立二团政委。1932 年 1 月，被选为中共东江军委委员。1933 年 9 月，任东江红军第二路总指挥。不久，东江红军改编为东江游击总队，任参谋长。1934 年，调任东江红军第二团团长。6 月，他带领一支 190 多人的红军队伍转战揭丰华边山区。6

月 11 日，红军遭敌重兵围攻，伤亡惨重。他在大腿负伤的情况下，命令部队从小道突围，他留下断后。后被一农民接到家中治伤。因流氓告密被捕，他被囚禁于汕头石炮台监狱。敌人对他软硬兼施，都不能使他屈服。后被押到广州感化院，他立场坚定，决不屈服。1935 年 3 月 7 日，卢笃茂在广州黄花岗英勇就义，时年 32 岁。

张浦昭

（1894—1936）

张浦昭，曾用名张锄、张标，1894 年生，普宁南溪村人。1925 年 11 月参加中国共产党。他深入南溪、潮来港、仁美等村，组织农民参加农会。1926 年，他到仁美村、广新村领导农民开展"二五"减租斗争和扩建农军工作。不久，全区有 2000 多名青壮年参加农军和赤卫队。11 月，任中共八区区委书记。12 月 31 日，他率农军在钟堂渡口截获地主方十三大炮轮 5 个、子弹 2 箱、制弹机 1 架。

1927 年 4 月，他率领八区 2000 多名农军参加"四二三"武装暴动，围攻普宁县城，并与何石率领的农军在平径山顶围歼来援普城的国民党军尤振国连。后因众寡悬殊，武装暴动受挫。9 月 28 日，他和何石、卢世光率农军发起第三次围攻普宁县城的战斗。他率 700 多名农军主攻南门，在八一南昌起义军叶挺部一个营的帮助下，激战 3 个多小时，毙敌 20 多人，终于迫使县政警献城投降。1928 年 1 月 7 日，他率领农军攻打坛墩地主武装，缴步枪 7 支。2 月 12 日，他率领农军 200 多人攻打钟堂保安队，击毙队长刘柱石。5 月，担任普宁第八区苏维埃政府主席，指导各乡建立苏维埃政权和进行土地革命工作。1929 年 7 月，被选为中共普宁县委委员，调任一区区委书记。11 月，因病隐蔽于林惠山治疗。他边治病边坚持工作，编写民谣、童谣，宣传革命道理，鼓舞群众斗争。1932 年 8 月，任中共东江特委委员、潮普揭县委书记。他和卢笃茂等一起带领红军和苏区人民坚持反"围剿"斗争，给敌人以沉重的打击。10 月 1 日，他率领县赤卫常备队埋伏于七亩坎地方，伏击从县城返麒麟的国民党军，击毙和俘虏共 22 人，缴获步枪 9 支、手枪 4 支。

1933 年秋，国民党军队调集重兵对潮普揭苏区发动"围剿"，他组织红军第一、第三游击大队进行英勇反击。由于力量悬殊，游击队伤亡严重。在异常艰难困苦的情况下，他机智勇敢地与国民党作斗争。1935 年，国民党对他绑花红银 1300 元，他家遭迫害，但他革命意志没有动摇。5 月底，在同上级党组织失去联系的情况下，他仍带领部分游击队员坚持在潮普揭边区开展斗争。1936 年 3 月，他带领两个游击队员到西胪一带开辟革命新区时，因叛徒告密被捕，囚于流沙监狱。国民党军团长何宝书以高官厚禄劝降，遭他严词拒绝；又用烧红的铜板烙他的身体，他始终坚贞不屈。3 月 29 日，张浦昭于流沙操场就义，牺牲时年 42 岁。

陈开基

（1907—1930）

陈开基，1907 年生，普宁洪阳镇宝镜院村人。1923 年底，他在杨石魂、方方等人的教育下，参加了村农会。他积极参加反帝反封建的斗争，参加了村农军队伍。1926 年 1 月，他积极参加普宁党组织领导的围攻洪阳县城地主集团的战斗，在围城战斗中英勇顽强，冲锋在前，不久即被中共普宁支部吸收参加中国共产党，并被挑选参加县农军大队。由于他机警灵活，智勇双全，1926 年

6月，被挑选为县党组织领导人陈魁亚的保卫员，担负保卫县领导人的重任。

1926年9月，他参加了驱逐贪官县长熊矩的斗争。同年冬，积极参加县农会领导的"二五"减租斗争，严厉打击那些对抗运动的地主劣绅，确保减租斗争的胜利。

1927年，蒋介石发动"四一二"反革命政变后，他积极参加党领导的"四二三"武装暴动。他在战斗中多次负伤，经过治疗，继续参加对敌战斗。1929年春，他在中共普宁县委领导下，上大南山参加东江红军队伍，经过学校培训，他成长为红军的军事骨干。7月，红军四十七团成立，团长何石，政委陈开芹，陈开基任团参谋。他协助团长何石指挥红军队伍扫清大南山周边地主民团据点。11月26日，红军四十七团在北上五华郭田村迎接红四军南下、攻打敌据点的战斗中，团长何石不幸中弹牺牲。上级任命陈开基任四十七团团长。他继承老团长未竟事业，带领红军狠狠打击反动军队和地主武装，为夺取土地革命的胜利而英勇战斗。1930年2月，他率红军四十七团攻打揭阳新寮守敌，取得重大胜利。在回师八乡山时，途经丰顺埔仔寨，遭到地主武装伏击，陈开基指挥部队进行英勇反击，在激战中不幸中弹，壮烈牺牲，时年仅23岁。

杨少岳
（1901—1930）

杨少岳，1901年生，海丰县红草区新村乡人。他少年勤奋好学，追求进步，积极支持彭湃领导的海丰农民运动。1924年，他被彭湃选派到广州工人运动讲习所学习。1925年参加中国共产党。1926年夏，任共青团海陆丰地委委员兼任中共红革区组织委员，继任中共田墘区部委书记。

1927年"四一二"反革命政变后，他积极参加党领导的6次武装起义，为建立海陆丰苏维埃政府作出贡献。1928年2月13日，在彭湃的指导下，普宁年关暴动取得胜利，并在大南山陂沟村成立普宁县苏维埃政府。为加强对普宁土地革命斗争的领导，他受彭湃的委派，任中共普宁县委委员。在敌人派重兵"围剿"大南山的艰难困苦的斗争环境中，普宁县委书记彭奕于1928年7月11日在云落战斗中牺牲。继任县委书记方家悟也于同年11月在大坝上村殉职。这时，杨少岳接任普宁县委书记。此后，他带领小型武装队伍，继续开展革命斗争。1929年，经过他艰苦细致的工作，普宁县的革命队伍和党团组织得到很大恢复和发展，受到中共东江特委的表扬和肯定。

1929年9月，出席中共东江特委第二次全会，会后被派往潮安县任县委书记。1930年5月，出席东江地区第一次工农兵代表大会，成立东江苏维埃政府。9月，他奉命领导12名骨干，潜入南澳岛领导武装暴动，攻占南澳县城。后汕头敌军赴岛增援，暴动遂告失败。10月初，在撤离海岛的对敌战斗中，杨少岳不幸中弹，壮烈牺牲，时年仅29岁。

古宜权

（1904—1932）

古宜权，1904年生，五华县梅林优行径村人。1919年五四运动时，他积极参加反帝爱国学生运动，被选为三江书院学生会主席，并组织学生开展反对贪官校长的斗争。1925年，他到广州考入黄埔军官学校（第三期），在周恩来、叶剑英的教育培养下，

在校参加中国共产党。1926 年，他参加北伐
战争，任第三路第三军中左翼军的党代表。
1927 年，他调回五华县任县农军教导队的教
官，协助县农会会长古大存开展工作。他积
极培训工农武装骨干，为五华县工农武装的
建立和发展作出重大贡献。1928 年初，他带
领工农革命军第七团队积极开展武装斗争，
狠狠地打击了敌人。后和古大存等领导人进

入八乡山。1929 年夏，任中国工农红军第四十六团团长。1930 年
5 月，红十一军成立后，任教导团团长。同年冬，他率教导团 300
多人从内线转到外线作战，与敌周旋，有力地支援八乡山和大南
山的反"围剿"斗争。1931 年初，他带领红军游击队，运用灵活
机动的战略战术，狠狠地打击敌人，巩固苏维埃政权。

1932 年 4 月，他率红军第二团在大南山开展武装斗争。4 月
19 日，他指挥红军在大南山锡坑村的牛牯尖下，痛歼敌陈东中一
个独立团，经 6 个小时激战，毙伤敌副团长以下近百人，缴枪
100 多支、迫击炮 11 门及一大批军用物资，取得重大胜利，保卫
了大南山苏区。10 月，他奉命率领红军开拓揭普惠新区，配合地
方武装，很快打开了斗争局面。11 月 28 日，敌张瑞贵部派出
1000 多人兵力，围攻红军驻地汤头、罗坡地、半坑、鹧鸪岭等
村。他沉着指挥红军分兵二路，带领排长甘必新等 8 人阻击敌军，
另一路红军掩护群众冲破缺口，迅速转移。在激烈的阻击战中，
古宜权等 3 人壮烈牺牲，其他红军和群众则安全转移到五峰山一
带。古宜权牺牲时，年仅 28 岁。

朱　荣

（1904—1938）

朱荣，1904 年生，陆丰县河口区高潭乡人。他家庭贫困，仅读 4 年书，后当药童。1923 年，他在彭湃的带领下，积极宣传组织农民成立农会。1925 年冬，他到海丰农民运动讲习所学习，并参加中国共产主义青年团。1927 年，由团员转为中国共产党员，后任中共河口区委组织委员。1928 年 3 月，他受陆丰县委派遣，到普宁南阳山开展革命活动。当时，革命乡村遭受反动军队的围攻烧杀，革命环境十分恶劣，他以医寓作掩护，勇敢机智深入各个乡村，动员和领导贫苦大众投入革命运动，坚持艰苦卓绝的革命斗争。他与南阳山农会领导人温达初取得联系，互相配合，恢复发展党团纮织。南阳山的樟树仔、大湖里、深水、龙坑、梅田、利坑等村建立了党支部，党员达 100 多人。中共陆丰县委机关也移驻深坑、龙坑等村，使南阳山成为指导陆丰县革命斗争的中枢。

1929 年 12 月 15 日，陆丰县船埔头区苏维埃政府在柏子社村成立，他被选为区苏维埃政府主席，领导群众开展土地革命。打土豪，分田地，受益的有 14 个村 7000 多名农民。同时，配合林基夏在南泗坑村成立一支 12 人的赤卫队，开展革命斗争。1930年，他发动南阳山革命乡村青年入伍参军参战，壮大红军四十九团力量，狠狠地打击进攻南阳山的敌军，取得重大战果。1931 年春，他被陆丰县委调任揭石区委书记，在新的岗位上坚持顽强战斗。1938 年 8 月，朱荣在陆丰县河口小学开展抗日救亡宣传活动时，不幸被反动地主叶巽庵雇用的凶手杀害，时年 34 岁。

吴秀远

（1920—1939）

吴秀远，1920 年生，普宁占陇陂头村人。1937 年，她考进兴文中学读书，是抗日救亡运动的积极分子。1938 年 12 月加入中国共产党。

1939 年 6 月，日军入侵潮汕腹地。6 月 7 日，她参加"汕头南洋华侨战地服务团"，随独九旅参与对日军的战斗。8 月 19 日下午，日机轰炸潮安县黄沙田。吴秀远在疏散中不幸中弹负重伤，翌日伤重不治牺牲，时年仅 19 岁。她是抗日战争时期为保卫潮汕而献身的第一个抗日女战士。

陈　惠

（1919—1941）

陈惠，1919 年出生于泰国叻丕府一个华侨家庭，原籍普宁流沙赤水村人。他少年勤奋好学，追求真理，向往革命。1935 年 10 月参加中国共产主义青年团。1937 年 7 月，抗战爆发后，他带领一批同学回国参加抗日武装斗争。同年 9 月在汕头参加中国共产党。1938 年 2 月，他带领首批泰国归侨青年 12 人到福建龙岩参加新四军。历任新四军《抗敌报》记者、军政治部青年科科长。在对日伪军战斗中，他冲锋在前，英勇杀敌，多次受到军部表彰。1939 年秋，他被新四军选为出席中国共产党第七次全国代表大会代表。1941 年 1 月，国民党顽固派制造了震惊中外的皖南事变。面对敌人的重重包围，他带领战友们浴血奋战，奋力冲出敌人包围圈。在战斗中，陈惠不幸头部中弹，壮烈牺牲，年仅 21 岁。他是一位海外爱国赤子，中华民族的精英。

邱抟云

（1906—1941）

邱抟云，化名林英，1906 年生，普宁梅塘溪桥村人。1929 年，他离开家乡到暹罗（今泰国）曼谷，应聘在黄魂学校执教。后同邱秉经、许宜陶等人创办崇实学校。1933 年，他回国到上海大厦大学学习，结识了共产党员徐扬，在徐扬的教育下，他先后参加中国共产主义青年团和中国共产党。后被党组织派去开展工人运动。1933 年 9 月，他不幸被国民党特务机关逮捕。在狱中，他坚贞不屈，后经党组织营救，1935 年出狱。出狱后，调任共青团上海法南区委书记。1936 年初，他与从普宁到上海找组织关系的张重仁接上关系，后派方泽豪、陈逸之与张重仁认识，并派他们 3 人回普宁开展工作，建立团支部，为普宁的共青团建设作出贡献。

1938 年，他参加党领导的"八一三"抗日救亡运动。后参加战时工作队到武汉开展抗日宣传。1939 年 1 月，他辗转桂林、昆明和重庆等地，进行抗日救亡宣传工作。1940 年，他被党组织派到江苏省海门县东乡工作，化名林英。5 月，任海门暑假服务团总干事，教育训练海门中学等几十名学生走上抗日前线。1941 年 3 月，任海门警卫团政治处主任，把这支队伍教育改造成抗日队伍。同月，国民党反动军队派兵数百人进攻海门警卫团驻地江家镇。为保存有生力量，他带领队伍迅速撤退。由于时间仓促，有一包文件遗忘在江家镇驻地。当晚，他冒着生命危险潜回驻地取文件，不幸被敌哨兵发现而遭逮捕。敌对他软硬兼施，逼他自首。他大义凛然，坚贞不屈，痛骂敌人。翌晨，邱抟云被敌人杀害于江家镇南市的麦田里，牺牲时年35岁。中华人民共和国成立后，为纪念邱抟云烈士，中共海门县委、县政府将他牺牲前开展革命活动的驻地海洪乡公行村改名为林英村。

陈初明

（1915—1941）

陈初明，1915年生，潮安县黄金塘村人。1930年秋，他到广东省立第二师范学校（韩山师范）读书。1931年九一八事变发生，他和师生一起投入抗日救亡宣传活动。1933年夏，他在韩山师范毕业后，到北平参加中国大学组织的"读书会"，10月改为"反帝大同盟"。他经常秘密参加抗日讨蒋宣传活动。1934年9月，他和一批同学到上海参加中国共产主义青年团，并到工人中做宣传抗日工作。12月，他不幸被捕，但坚强不屈，没有泄露团组织的一点秘密。1935年秋刑满出狱。他回潮汕后，投入到新文化运动中去。1936年10月，他在汕头参加李平（中共党员，时任华南人民抗日义勇军潮汕大队政治指导员）领导的"人民抗日义勇军"，接着又协助成立"岭东小学教师校园会"，他是该会负责人之一。12月，他由李平介绍参加中国共产党。

1937年，他经党组织委派，到普宁梅峰公学任教，并从中发展了一批党员。7月，中共普宁特别支部成立，任特别支部书记。

8 月，中共普宁县工作委员会成立，任县工作委员会书记。他积极筹建普宁县青救会，11 月 14 日，普宁县青救会在流沙成立，打开了普宁抗日救亡运动的新局面。1938 年春，他到流沙赵厝寮村敬爱小学任训导主任，以教师身份作掩护，在该村发展组建了赵厝寮村党支部，领导群众开展轰轰烈烈的抗日救亡活动。他经常为村民举行抗日形势报告。1935 年 4 月，调任中共潮汕中心县委书记。7 月，任中共潮普惠揭中心县委书记。1940 年后，因革命形势逆转，他有计划做好党员的撤退隐蔽工作。1940 年 4 月，他被调到福建任中共龙岩县委组织部部长。在反共逆流十分猖獗的情况下，他坚持深入群众，做好宣传教育工作。1941 年 1 月 23 日，闽西南国民党顽固派保安团围攻龙岩县委领导机关，他为掩护同志突围，不幸被捕。在狱中，敌人对他软硬兼施，却不能使他屈服。1941 年 12 月 27 日，陈初明遭敌秘密活埋杀害，牺牲时年仅 26 岁。

马士纯

（1910—1941）

马士纯，1910 年 11 月生，潮阳县和平里美乡人。1925 年他在铜盂中学读书时，就追求进步，学习进步书刊。1929 年上半年，他在汕头市立一中读书时就光荣参加中国共产党。暑假时他回家乡组织"励志社"，开办农民夜校，传播革命道理。1930 年 5 月，他作为汕头市学生代表，出席在雷岭下厝仔召开的工农兵学代表会议，途中不幸被捕。他立场坚定，旗帜鲜明，与敌人进行针锋相对的斗争，表现了共产党员坚贞不屈的革命气节。后经党组织营救，于 1932 年春出狱。他到上海求学，并参加进步文学活动，不久又被法国巡捕所逮捕，并移交国民党政府。他再度入狱，备受酷刑。又经党组织和亲友多方设法，终于获释出狱。

1932 年秋，他前往暹罗（今泰国），到崇实学校当教师和教务委员。1933 年底回国，不久到普宁兴文中学任舍务主任兼语文老师和班主任。1936 年春，他与陈逸之接上关系，在兴文中学建立团支部。1937 年 3 月，他恢复了党籍，并在兴文中学积极开展抗日救亡宣传活动。7 月，任中共普宁县工委组织委员，在学校发展壮大党组织。1938 年 4 月，接任中共普宁县工委书记。6 月，调任潮汕中心县委组织部部长。8 月，他和兴文中学一批进步教师到揭西石牛埔创办南侨中学。1938 年 10 月至 1939 年 7 月，任潮汕中心县委委员兼潮普惠南分委统战部部长。1939 年春，他在潮阳和平乡创办南侨中学第三分校，并任主任。1940 年后，由于革命形势逆转，4 月他调到梅县任梅县中心县委书记。12 月，被选为中共潮梅特委委员。1941 年 1 月，任中共梅县县委书记。同年春，由于以前他受尽酷刑，积劳成疾，患严重的肺结核病。1941 年 11 月 11 日，马士纯病情恶化，医治无效，不幸逝世，时年 31 岁。

王 武

（1921—1945）

王武，1921 年生，普宁梅塘四方园村人。1937 年 11 月加入中国共产党。1939 年，历任汕头市青抗会战时工作队第三队指导员、汕头市青抗会武装大队第三分队分队长，带领队伍，开展抗日锄奸斗争。1944 年 7 月，调任中共揭阳县委负责人，领导行动小组，成功处决了大叛徒姚铎，为党除了一大害。1945 年 3 月，任潮汕人民抗日游击队队长，带领突击队，深入敌后，抗日锄奸，取得重大胜利。6 月 14 日，王武率游击队第一大队在乌石村伏击顽军，在战斗中不幸中弹负重伤，翌日伤重不治牺牲，年仅 24 岁。

陈 勃
（1922—1945）

陈勃，1922 年 8 月生，普宁流沙赤水村人。他少年读书时，聪明好学，喜爱书法，字写得漂亮。1939 年，他和本村一批进步青年报考党创办的南侨中学，在校积极参加抗日救亡宣传活动。同年 10 月，他经陈彬、詹益庆介绍，在校参加中国共产党。1940 年初，他被选为学校学生会干事，负责宣传工作。8 月，他回到家乡任赤水村党支部书记。9 月，他被党组织调到大南山什石洋小学任教务主任，以教书为掩护，秘密从事党的工作。他在党内任什石洋特支负责人和马泗总支特派员。为了支持普宁县委在石头圩开办"合兴泰杂粮店"作秘密联络站，他说服父亲贷款 2 万元支持办店，后把这笔钱献给党作活动经费。

1940 年春，国民党顽固派制造反共逆流。普宁县青抗会被迫解散。原普宁县委主办的《青报》遭查封。县委青年工作委员会宣传部部长吴健民住在赤水村黄光武家，继续领导编印《青报》，转入地下油印出版，陈勃负责该报的缮写印刷工作。他白天教书，晚上为《青报》刻印，常常通宵工作。他发挥特长，为党的报纸刻印很多文件和消息，为党的宣传工作作出很大贡献。1942 年"南委事件"发生后，党组织暂停活动。他坚决执行党组织提出的"勤业、勤学、勤交友"的指示，隐蔽待机。1943 年 6 月，在潮汕地区发生大饥荒时，他带领家人到江西省泰和县苍岭开荒种田，渡过难关。

1945 年春，潮汕党组织恢复活动并建立潮汕人民抗日游击队，他回家乡到大南山参加抗日武装队伍，被安排在司令部直属出版组工作。6 月 1 日，他调任韩江纵队第二支队第一大队第一中队指导员，先后参加了围歼里湖、棉湖等地敌人的战斗。7 月 25 日，他奉命带队到陇头村参加围攻敌军的战斗。陈勃冲锋在前，不幸被炮楼里敌人的子弹击中，身负重伤，经送后方医院抢救无效，于 7 月 31 日光荣牺牲，时年仅 23 岁。

张珂敏

（1909—1945）

张珂敏，1909 年生，普宁泥沟村人。1926年，他考进汕头南强中学，常阅读《新青年》等进步刊物，追求真理。1931 年，他与同村共产党员张声文、进步青年张鸣昌创办寄庐小学，组织新文艺研究社，发动青年到大南山参加红军。1937 年 10 月加入中国共产党。后以教书为掩护，先后任中共普宁三区区委、澄海县隆都区委书记，发动群众和师生抗日救亡。

1940 年，他受党组织委派，到里湖圩创办集源书店。无经费，他卖掉自家 1.2 亩地和妻子一对金耳环，于 3 月把书店办起来，传播进步书刊，并把书店当作党的联络点。1945 年 3 月，他参加潮汕人民抗日游击队，负责军需工作。6 月，潮汕人民抗日游击队改称广东人民抗日游击队韩江纵队，任军需处主任。部队给养困难，他千方百计发动群众为部队筹枪筹粮。他生活节俭，廉洁奉公。他家中因缺吃少穿，4个儿女先后饿死，其妻子带仅存一个儿子外出乞讨度生。他从不向组织伸手。1945年10月，韩江纵队在大南山被包围，他奉命带2名战士到潮阳的盐岭、两英一带侦察敌情，准备开辟新区。到盐岭村时，他被当地伪保长带领伪乡公所所丁围捕，囚于南山管理局。他受严刑拷打仍不屈服，始终保守党的机密。10月17日，张珂敏遭敌杀害，牺牲时年36岁。

陈国龙

（1906—1946）

陈国龙，1906年生，普宁下架山和寮村人。1924年7月，他进入普宁第二中学读书，阅读进步报刊，追求革命真理。1926年6月，他受中共普宁特支委派，到汤坑平民学校任教，从事农民运动。1927年10月，他到流沙参加接待八一南昌起义军工作。不久，参加中国共产主义青年团，1928年1月转为中国共产党员。大革命失败后，他被迫到南洋一带学习汽车修理、无线电技术，到学校任校长。

1935年春，他回国从事教育事业，以学校为阵地，发动师生开展抗日救亡工作。1938年1月，他到福建龙岩参加新四军，任司令部无线电总队机务员。1940年初，他参加新四军教导队受训，毕业后提为少校机务主任，在战斗中屡立战功。1941年1月，顽固派制造震惊中外的皖南事变。他在激战中不幸被俘，囚于江西上饶集中营。他备受酷刑，坚贞不屈。1942年5月，在迁徙途中他参加暴动，冲出牢笼，当年秋辗转回到家乡。

1945 年 3 月，他参加党领导的潮汕人民抗日游击队，任军事参谋，认真抓好军事训练，并动员家乡 20 多名青年入伍参战。6 月，潮汕人民抗日游击队改称广东人民抗日游击队韩江纵队，他先后任韩江纵队第二支队第三大队大队长、第一大队大队长，带领队伍多次粉碎敌人的"围剿"。1946 年 12 月 13 日，他从大北山回家乡寻购组装无线电台零件，行至秀陇村时，被秀郭乡公所所丁发觉追赶，双方在陂乌村田间枪战，陈国龙不幸中弹牺牲，时年 40 岁。

张伯哲

（1920—1950）

张伯哲，原名张开明，1920 年生，普宁燎原街道泥沟村人。他少年在普宁兴文中学读书时，就积极投身抗日救亡运动。1939 年春转到南侨中学读书，不久即参加中国共产党。历任学生党总支组织委员、广东省立第二师范学校（韩山师范）党支部书记。1944 年 9 月，他参加广东人民抗日游击队东江纵队，同年底回潮汕建立抗日武装队伍。1945 年 6 月，任韩江纵队第二支队第二大队政委，先后参加西陇、里湖、棉湖、陇头、多年山和跳坑等地战斗，英勇打击日伪军。同年底，后历任韩江纵队第一大队教导员、潮安县工委书记。1947 年 1 月，被党组织派往台湾从事地下工作，任中共台中地区工委书记。1950 年 4 月 5 日，他不幸被捕，在狱中坚贞不屈。12 月 8 日，张伯哲遭敌杀害，牺牲时年仅 30 岁。

多年山十八烈士

1945 年夏，中国共产党领导的广东人民抗日游击队韩江纵队第二支队，在抗日反顽战斗中不断取得胜利。7 月 24 日，普宁县流沙区抗日民主政府成立，更使国民党顽固派惊恐不安。

8 月 4 日，国民党广东省第五区保安司令部前方指挥所，命令国民党军普宁兵团和从外地雇请来的由海盗悍匪改编的第七战区挺进队第一纵队共 1000 多人，分两路从里湖向驻流沙的韩江纵队第二支队和流沙区抗日民主政府发动进攻。韩江纵队司令部根据敌情迅速作出对策，决定利用有利地形，痛击顽军。即调韩江纵队第二支队第三大队到赤水、贵政山一线警戒，第二大队的第三、第四中队到多年山、牛屎崇山等前沿阵地监视顽军，准备伏击。

8 月 5 日下午，阴雨绵绵。两路顽军来到池尾的多年山一带，先后与严阵以待的韩江纵队第二支队的第三、第四中队遭遇。遭到游击队的猛烈截击，顽军被打得人仰马翻。大队长被当场击毙。但顽军凭着人多势众、武器装备精良，调整队伍后，即抢占山头，发起进攻。战斗打响后，韩江纵队第二支队司令部发现顽军已占据有利地形，并以优势火力威胁游击队阵地，形势不利，便命令主力部队和流沙区抗日民主政府人员迅速向大南山区转移，由第二大队第三、第四中队负责掩护。第三、第四中队指战员接到命令后，马上调整队形，坚守阵地，沉着勇敢，以低劣武器顽强阻击顽军的多次疯狂进攻，共毙伤顽军 24 人。战斗一直坚持到夜幕降临，使顽军未能越雷池半步，胜利粉碎顽军的大规模军事进攻。陈欣丰、张珂华、方溜、陈克平、汪瑞枝、吴雄、杨进明、叶兴阳、许淑海、许进家、许龙桂、张锡青、肖喜鸿、王炳河、王如义、李纯金、陈荣山、汪兆水等 18 位指战员在阻击战中英勇牺牲。他们付出了鲜血和生命，胜利完成掩护韩江纵队第二支队司令部和流沙区抗日民主政府人员安全转移的任务，为革命作出重大贡献。

多年山 18 位革命烈士的英名永垂青史，浩气长存人间！

重要革命人物

方　方

（1904—1971）

　　方方，原名方思琼，1904 年生，普宁洪阳镇西村人。1919 年五四运动期间，被选为普宁县学生联合会会长。1924 年到广州农民运动讲习所学习，后回到普宁从事农民运动。1925 年 3 月加入中国共产主义青年团，任普宁县第一个团支部书记，1926 年春转为中国共产党员。1927 年起历任中共潮安县委书记兼赤卫军第三团党代表、普宁县委书记、汕头市委书记、潮阳县工农革命委员会党团书记。1930 年调闽西苏区工作，历任中共闽粤赣边区省委职工委员会书记、福建省委常委、福建省委代理书记。参加了中央苏区第二、三、四次反"围剿"。1934 年 10 月中央红军长征后，率闽西南红军和游击队坚持三年游击战争，受到党中央毛泽东、朱德等接见，得到很高的评价。

　　1937—1942 年，历任中共闽粤赣边区省委常委兼组织部部长、省委书记、南方工作委员会书记。1943 年 5 月，到延安参加整风运动。1945 年 5 月，出席党的第七次代表大会。1946 年 1

月，任北平军事调处执行部中共代表团顾问、军调部第八小组中共首席代表，保证了东江纵队胜利北撤。解放战争时期，历任中共中央香港分局书记、华南分局书记。领导华南地区党组织和武装斗争，建立了大片根据地，为迎接大军南下、解放华南作出重大贡献。

中华人民共和国成立后，任广东省人民政府第一副主席、省土地改革委员会主任。协助叶剑英主持广东省工作和土地改革运动。

1955 年奉调北京，历任中共中央统战部副部长，国家华侨事务委员会党组书记、副主任，全国侨联副主席等职。他积极协助廖承志主持中华人民共和国华侨事务委员会的日常工作，贯彻执行党的侨务政策，创办了几十个国营华侨农场和华侨投资企业，华侨中学等补习学校以及暨南大学和华侨大学。他亲力亲为接待安置从印尼回国的十几万难侨，是国家侨务事业的卓越领导人。

方方曾当选为党的七大、八大代表，第一至三届全国人大代表，政协第二至四届全国委员。1971 年 9 月 21 日在北京逝世，享年 67 岁。

苏　惠
（1909—1996）

女，又名苏蕙，原名庄启芳，小名庄玉兰，1909 年 4 月生，普宁果陇村人。其父庄耀庭举家迁居海丰县田墘做小本生意。她于 1915 年进入田墘小学读书。1921 年，庄耀庭参加彭湃在海丰组织的农会，秘密掩护革命者的革命活动。1923 年 1 月海丰县总农会成立，苏惠在彭湃的鼓励下，于 1925 年 2 月参加海丰县妇女解放协会和农民协会的工作，5 月加入中国共产主义青年团和中国共产党，任海丰妇女解放协会驻会常委。同年夏，赴广州参加广东区团委举办的训练班学习。国共合作时期，苏惠和彭湃等一起于 1926 年 1 月作为海陆丰地区代表，参加中国国民党第二次全国代表大会。会后被派往惠来县开辟新区，4 月初回海丰，任共青团海丰县委常委兼妇女委员，并任汕尾平民女校校长。1927 年秋至 1928 年夏，历任海丰县苏维埃政府执行委员、农妇部主任和中共五区区委委员。

　　1928 年夏，其弟庄启锡在海丰为革命牺牲，她转移到新加坡，在陈嘉庚工厂当工人，一年后到曼谷任光华公学教员。1935 年春，到香港参加民族解放大同盟工作。1936 年，在中共南方临时工作委员会机关工作。1937 年 2 月，受派到上海为驻沪联络站负责人，在潘汉年（中共党员，当时在上海负责统战工作）领导下负责与延安中共中央的联系工作，曾分别接待过张云逸和方方等。七七事变发生，全面抗战开始后，回香港传达中共中央指示。同年 9 月，任中共韩江工作委员会潮汕分委组织部部长，期间曾领导过美洛孚工厂女工争取年终双薪的斗争。1938 年 3 月调任中共闽粤边区党委妇女部部长，先后在闽西、厦门和大埔工作。1939 年 11 月，同闽西代表团方方等一起辗转步行抵延安，向中共中央汇报闽西南三年游击战争的情况。后在中共中央高级党校学习，参加延安整风运动。1944 年 4 月在延安同方方结婚，彭真主持婚礼。

　　1945 年 12 月，国共停战谈判时抵重庆，在中共中央南方局组织部工作。1946 年 5 月 16 日抵香港，协助方方组建中共中央香港分局，任中共香港工委组织部部长、机关总支书记。

　　中华人民共和国成立后，历任广州市人民政府委员、妇联主任、监察委员，中共广州市委常委、妇委书记，广东省监察委员、妇联副主任、妇联党组书记和中共中央华南分局妇委副书记。1955年3月21—31日，参加中国共产党全国代表会议。会后调任中华人民共和国华侨事务委员会党组成员，先后任侨委国内司、人事司和国外二司司长，机关党委副书记。曾为全国人民代表大会代表、全国政协委员，第二届中华全国归国华侨联合会副主席，尔后连任顾问。1996年7月在北京病逝。

伍治之

（1905—2000）

　　1905年10月生，普宁白坑村人。1924年9月进入广州第二届农民运动讲习所学习。1925年3月任广州新学生社汕头分社社长，11月任共青团汕头地委书记。1926年6月到中共广东区委党校学习，9月任共青团海陆丰地委书记，12月转为中国共产党员。1927年3月出席共青团第四次全国代表大会。1929年12月被派往暹罗（今泰国）作联络工作，1930年10月同妻子蔡楚吟在暹罗被捕。1939年4月被暹罗当局逐回潮汕，任南侨中学教员，后到上海南屏女子中学任教员兼曼谷《中原报》驻上海特约记者。1940年8月调到重庆中共中央南方局华侨组工作。1941年5月起历任中共香港工委、中共中央华南分局侨务委员、中共中央统战部东南亚室研究组副组长。

　　中华人民共和国成立后，历任广东省华侨事务委员会主任委员、中华人民共和国华侨事务委员会生产救济司副司长、中华人民共和国驻越南大使馆参赞兼领事部主任、中华人民共和国华侨事务委员会国外司副司长、中印（尼）华侨双重国籍问题联合委员会中方代表、华侨大学（址于福州）党委第二书记、福建省革命委员会外事组副组长。曾为政协第二至四届全国委员会委员。1977 年离休后曾任汕头市归国华侨联合会名誉主席。1981 年被聘为中共汕头地委党史顾问，先后撰写革命回忆录 20 万字，部分文章发表于《汕头党史资料》《汕头青运史资料》《广东青运史资料》等书刊。2000 年 4 月在福州病逝。

罗　天

（1920—2001）

1920 年 2 月生，普宁陂沟村人。1936 年春在汕头海滨中学就读时，响应北平一二·九学生运动，发动学生参加汕头市学生示威大游行。暑假回乡发动农民进行抗日救亡工作，并推广拉丁化新文字。后到北平参加中华民族解放先锋队和华北抗日救国会。1937 年 4 月加入中国共产党。七七事变后，回陂沟村振声小学任教，从事抗日救亡工作，10 月任普宁青年救亡同志会宣传部部长。于陂沟村开展秋收减租斗争，组织农民生产互助队和牵牛队，自任队长；发起重新选举村保长，制定每年冬至重选一次；成立陂沟村理事会，民主决定全村的重大事项并监督实施；在开展农民运动与青年学运工作中，挑选与培养积极分子，在村中建立中共支部。

1938 年 2 月起历任中共普宁二区区委书记、普宁县工委组织部部长、普宁县工委书记、潮汕中心县委潮普惠分委组织部部长、潮汕中心县委执委、潮普惠揭丰中心县委组织部部长兼军事部部长、潮普惠县委书记、揭普惠边区工委书记、揭阳县委书记、潮梅临时特委（后改称潮梅特委）委员及特派员，坚持敌后抗日工作。1942 年 5 月中共南方工作委员会因姚铎叛变遭破坏，罗天根据中共中央南方局周恩来和方方的指示，及时组织党员疏散，贯彻在敌后国民党统治区中共组织"荫蔽精干、长期埋伏、积蓄力量、以待时机"的方针，党员做到"勤业、勤学、勤交友"，实现职业化、社会化，使党员扎根于群众之中，依然保存力量。后调中共中央南方局工作，并到延安中央党校学习。1945年抗日战争胜利后，任中共热河省热西地委宣传部部长、南下干部中队中队长兼政委。

中华人民共和国成立后，历任中共潮汕地委组织部部长、副书记、纪检会书记，中共粤东区委组织部部长、副书记兼农村部部长，中共汕头地委第一书记。1956年起历任中共广东省委候补委员、委员、常委，广东省副省长兼农业办公室主任、农业科学院院长。1968年起历任广东省革命委员会常委、生产组副组长，广东省农林水战线革命委员会主任，广东省革命委员会副主任兼农垦局局长，广东省知识青年上山下乡工作领导小组副组长，中共海南行政区委书记兼海南行政区革命委员会主任。1977年后历任中共广东省委常委、广东省革命委员会副主任，第五届广东省人大常务委员会副主任，中共海南行政区委第一书记，海南行政区革命委员会主任，海南军区第一政委。1983年4月后历任广东省第六至七届人大常务委员会主任、党组书记。1990年离休。曾为第六至七届全国人大代表，中共八大、十一大、十二大、十三大代表。1990年9月任广东省第五届归国华侨联合会名誉主席。1992年后连任广东省老区建设研究促进会理事长。建议中共广东省委、广东省人民政府向全省各市、县发出关于加强老区建设的文件，被采纳。尔后不顾高龄，为革命老区建设操劳，跑遍全省老区视察。2001年1月31日（春节后的第一个工作日），在广东省老区建设研究促进会主持会议时心脏病复发逝世。

陈焕新

（1912—1968）

陈焕新，曾用名陈欣诚、陈家茂、陈四维，1912 年生，普宁交丙坛村（今交丙耘村）人。1928 年，他在交丙坛小学任教时，掩护当地的共产党员脱险，被迫逃亡到暹罗（今泰国）曼谷。1930 年 5 月回国，6 月在家乡参加中国共产主义青年团，8 月参加中国共产党。1931 年 3 月先后在家乡附近乡村小学和桥柱育青小学，以教书为掩护从事革命活动。1935 年 2 月因叛徒出卖被捕，囚禁于广州第一集团军司令部军法处，备受刑罚而不屈，没有暴露共产党员身份，以刑事罪被判刑二年，押解回普宁监禁。1937 年 2 月刑满释放。

陈焕新出狱后，到陂沟村振声小学任校长三年。1937 年 10 月，他与罗天一起，在陂沟村组织生产互助社，领导农民开展减租减息和抗日救亡宣传工作，并在斗争中发展党的组织。1938 年起，任中共马四乡支部书记、二区支部书记、总支部书记、区宣传委员。他利用星期日和寒暑假回交丙坛村发动和组织群众成立以抗日为宗旨的"同声社"，带动周围各村成立"群声""众声""扬声"等抗日救国团体。1939 年汕头沦陷，中共潮普惠揭中心县委把地下"天和印刷厂"搬到陂沟，他为民众夜校编写的语文课本，铅印后传播到潮汕各地。

1940 年 2 月，陈焕新调往潮阳井都神仙和谷饶等地任教，先后任中共潮阳县四区宣传委员、组织委员。1942 年 2 月，为揭阳县一区、二区、四区宣传部部长。1942 年 6 月，"南委事件"发生，革命处于低潮，中共潮梅地方组织停止活动，他隐蔽到揭阳东仓村小学秘密开展工作。

1945年4月，任汕头市特派员。1946年2月，任中共澄（海）饶（平）丰（顺）县委副书记兼宣传部部长，7月任中共潮汕特委宣传部副部长。1947年7月8日，他在澄海莲阳村协利锡箔店被搜查，从藤呷哗内发现共产党一些书籍、刊物和党员登记表格，被当作"共党嫌疑"，押禁于广东省第五"清剿"区司令部。他因身份尚未暴露，始终咬定自己是锡箔店股东、归侨，籍贯揭阳，从没泄露党的秘密，还暗中成立狱中支部，任支部书记，领导难友进行狱中斗争。1949年4月18日被中共地方组织通过暹罗华侨商会用巨款赎出狱。

1949年7月1日，普宁县人民政府成立，任普宁县县长。1950年1月，任中共普宁县委书记，7月调任中共潮汕地委组织部副部长。1952年5月，任中共粤东区委组织部办公室主任、副部长。

1964年，陈焕新到中共中央高级党校学习。从北京回来后，任中共汕头地委副书记兼专署专员。

"文化大革命"期间，陈焕新被诬陷迫害，以"莫须有"的罪名非法囚禁，并被带到汕头地区所属各县巡回游斗。他坚持党的原则，每次被批斗总是回答："要实事求是""并无此事"，从而保护了广大的干部和群众。1978年4月20日，中共广东省委作出决定，为其平反昭雪。

庄世平

（1911—2007）

1911年1月生，普宁果陇村人。1934年北平中国大学经济系毕业。1934—1941年旅居泰国，历任新民学校校长、中华中学训育主任、《中原日报》记者和编辑、泰国华侨各界抗日联合会负责人。其间曾奉命考察滇缅公路，支援抗日救国运动。1942—1945 年在老挝、越南以及中国的柳州、重庆等地从事经济工作，支援抗日。1945 年发动爱国华侨于河内、曼谷等地创办安达股份有限公司，并任曼谷安达公司经理，代理苏联影片在东南亚的发行及苏联轻工、医药、海产等商品的经销工作。1947 年到香港筹办南洋商业银行及澳门南通

银行。1949 年配合中华人民共和国中央人民政府接管中华民国在香港的银行、其他机构和企业。其后为中国国民经济的恢复与发展、沟通侨汇、统一货币和肃清在国内流通的外币做了大量工作。1949 年 12 月成立开张的南洋商业银行，在香港升起第一面五星红旗，为新中国金融事业的对外窗口，庄世平任董事长兼总经理。该银行发展至 20 世纪末为亚洲第 6 位最佳银行，在世界 1000 家大银行中名列 251 位，为香港特别行政区和祖国经济发展作出贡献。1997 年香港特别行政区政府授予"大紫荆勋章"。1986 年退休后仍为国家事业奔忙。任南洋商业银行名誉董事长、中国银行港澳管理处副主任、华侨商业银行常务董事、集友银行副董事长、侨光置业有限公司董事长。

1959 年起先后当选为第二至六届全国人大代表，为第六届全国人大华侨委员会委员。1984 年起任全国归国华侨联合会副主席。1988 年起任第七至九届全国政协常委，并历任中国银行常务董事、中国航空公司董事、中国国际金融学会顾问、中国儿童和少年基金会副会长、中国贫困地区发展基金会理事、汕头大学校董会副主席、华侨大学校董会董事、普宁华侨中学名誉董事、汕头经济特区顾问委员会主任、湖北省人民政府特别顾问、香港文化艺术基金会名誉副主席、香港银行华员会名誉会长、澳门潮州

商会名誉顾问、香港潮州商会名誉会长、香港汕头商会顾问、法国潮州同乡会名誉顾问。1989 年被汕头市人民政府授予"汕头市荣誉市民"称号。1995 年创立香港普宁同乡联谊会，为创会会长。有《庄世平传》介绍其生平事迹。2007 年 6 月 2 日在香港逝世。

陈辛仁

（1915—2005）

又名陈俊新，笔名辛人，1915 年 11 月生，普宁华溪村人。少年在村校读书。1928—1932 年先后于厦门集美商业学校、潮州金山中学就读。1933 年进入中国大学英文系就读，其间主编北平左联机关刊物《理论与创作》。1934 年底到日本，在东京中国左联编辑《杂文》杂志，并主编《文艺理论小丛书》，宣传马列主义文艺理论。1936 年于香港编辑《民族战线》月刊。1938 年参加新四军，先后任军政治部科长、宣传部部长，中共中央华东局宣传部副部长。中华人民共和国成立后，曾任中共福建省委副书记、福建省人民政府副主席。1954 年调任中共江苏省委书记处书记，9 月被委派为中华人民共和国首任驻芬兰特命全权大使。1959 年回国后任国际关系学院院长、外交学院副院长。1971 年 9 月为中国对外友好协会、外交学会负责人之一。1972—1980 年先后出任中华人民共和国驻伊朗、荷兰、菲律宾大使。1981 年 1 月任中华人民共和国国务院对外文化联络委员会常务副主任，1982 年 5 月任文化部顾问，1986 年任中国对外文化交流协会副会长。曾当选为第二至三届全国人大代表。著作有《沧海一粟》、《罗炳辉将军》、《鸿爪遗踪》（合集），译作有海涅《德国宗教与古典哲学》、吉尔波丁《现实主义论》、倍斯巴洛夫《批评论》等。2005 年 7 月 25 日在北京逝世。

柯　华

（1915—2019）

原名林德常，1915 年 12 月生，普宁河头村人。童年在本村小学念书，后赴马来亚继续读完小学。1929 年回国，先后于汕头市大中中学、厦门大学附中、北平燕京大学读书。1936 年参加革命，1937 年 12 月任八路军前总宣传部干事。1938 年抵延安，先后在陕北公学、中国人民抗日军事政治大学、中央党校学习，同年加入中国共产党。1940 年
1 月起历任中共中央西北局宣传部干事、秘书、科长、处长。1949 年 5 月任中共西安市委常委兼宣传部部长。1951 年 6 月起历任中共西安市委副书记、西北军政委员会文教委员会秘书长、西北行政委员会副秘书长兼机关党委书记等职。1954 年 12 月起历任中华人民共和国外交部礼宾司司长、非洲司司长、亚非司司长、亚洲司司长和驻几内亚、加纳、菲律宾、英国大使。1982 年在驻英国大使任上，为香港回归，同英国首相及该国政要沟通，坚持中国对香港主权的坚定立场，参与中英首脑北京首次会谈。1983—1987 年任国务院港澳办公室顾问。1988 年起历任全国政协常委，中国国际文化交流中心副理事长，中国国际友好联络会顾问，中国扶贫基金会副会长，汕头经济特区顾问委员会名誉主任，北京海外潮人联谊会会长、顾问、名誉会长。

蔡　诚

（1927—2009）

原名伍毅鸿，原籍普宁白坑村，1927 年 11 月出生于澄海县，父伍治之和母蔡楚吟为潮汕地区早期革命干部。11 岁随母到上海。1940 年 12 月到延安自然科学院中学部学习。1944 年 1 月任陕甘宁边区政府保安处侦察员、科员。1949 年 10 月任西北军政委员会公安部副科长。1950 年 5 月任广州市公安局副科长。1952 年 4 月调广东省公安厅，先后任科长、办公室主任。1965 年 1 月任广东省公安厅副厅长，曾兼任深圳口岸党委书记。1978 年 5 月任中华人民共和国公安部办公厅副主任、研究室主任。1984 年 1 月任中国人民公安大学校长。1985 年 5 月任中华人民共和国司法部副部长。1987 年 10 月在中国共产党第十三次全国代表大会上当选为中央委员会委员。1988 年 4 月任中华人民共和国司法部部长。曾担任《公安学概论》《中华人民共和国行政法规选编》《刑法学大全》《司法行政大辞典》等书的编委会主任或主编。1993 年 3 月为第八届全国人大常务委员会委员，任法律委员会副主任委员，参与立法工作。离休后被选为北京潮人海外联谊会第三届会长。2009 年 9 月 2 日在北京逝世，享年 82 岁。

杜民锋

（1916—1975）

又名杜平、杜光盛，1916 年 5 月生，普宁西陇村人。1924 年就读于西陇村承先学校，在进步教师的启迪下，担任劳动童子团团长，参加革命活动。1937 年七七事变后，经汕头青年救亡同志会负责人杜桐的介绍，到福建龙岩参加新四军。1939 年 11 月在新四军教导总队加入中国共产党。曾任新四军军部副官、特务团二营代营长等职。在 1941 年 1 月发生的皖南事变中被捕，囚禁于江西上饶集中营，后逃出，辗转回到家乡。1944 年冬中共潮汕地方组织恢复活动，为建立潮汕人民抗日游击队，他和王武等组织了一支 10 多人的短枪队，伪装成国民党官兵，在普宁县各地征缴两批枪支弹药。1945 年 3 月 9 日潮汕人民抗日游击队成立，任参谋。随后他营领第一突击队，深入敌占区抗击日本侵略军，6 月任广东人民抗日游击队韩江纵队第二支队副支队长。1946 年 6 月，奉命北撤到山东烟台后，在华东军政大学学习。1948 年 8 月任两广纵队第一团参谋长，1949 年 6 月任中国人民解放军第四野战军独立第二十四师第一团副团长兼参谋长。在解放战争中，参加过睢杞战役、济南战役、淮海战役等 70 多次大小战役与战斗。1949 年 10 月调任中国人民解放军闽粤赣边纵队参谋主任，参加解放潮汕的战斗。1950 年 2 月任汕头警备司令部参谋长兼汕头市公安局副局长。1953 年 8 月调任广东军区战史编辑室副主任。后历任广州市兵役局副局长、广州市人民武装部副部长、广州军分区及广州警备司令部副司令员兼参谋长。同时在地方上兼任广州市民政局副局长、广州市征兵办公室主任、广州市防空委员会副主任、广州市人民委员会秘书长。1967 年 3 月任广州市军事管制委员会办公室主任、广州市革命委员会办事组组长。1975 年 1 月在广州病逝。

杨英伟

（1919—1985）

1919 年 8 月生，普宁定厝寮村人。1932 年起先后于汕头市第一中学、商业学校读书。1938 年因日本侵略军有侵占汕头之势，他随汕头市第一中学迁到普宁三都上课，在校加入普宁青年抗敌同志会。1938 年夏受中共地方组织指派，停学参加革命活动。1939 年 7 月加入中国共产党，任中共定厝寮村支部书记。1941 年 1 月调任中共北山村总支书记、普宁二区宣传委员，后任二区特派员。先后在东埔、赵厝寮等村小学以教书为掩护，秘密参与中共组织的活动。1945 年春任中共潮普惠南中心县委宣传部部长，11 月调任中共潮揭丰边县委书记。1949 年 1 月兼任中国人民解放军闽粤赣边纵队第二支队第七团政委，5 月调任中共潮汕地委宣传部部长，10 月揭阳县解放，任中共揭阳县委书记兼军事管制委员会主任。尔后历任中共潮汕地委委员、宣传部副部长、粤东区党委办公室主任兼宣传部副部长、中共广东省委讲师团团长、中共广东省委宣传部教育处处长、广州市教育局局长、中共广州市委文教办公室副主任等职。1983 年离休。1985 年 4 月在广州病逝。

邱秉经

（1905—1990）

又名邱伯钧、邱白匀，1905 年 11 月生，普宁瓜园村人。少时在家乡读小学、初中，1926 年到福建集美师范读书时参加学生运动，任集美学生总会干事。1927 年"四一二"事变后转学到上海艺术大学、南华大学。1929 年上海各界纪念五卅运动四周年，他负责沪西区学生游行队伍的指挥，被英国巡捕追捕，回广东陆丰县龙山中学任教。翌年到棉湖兴道学校任校长，敞开校门迎接中国工农红军入校宣传。1931 年他与同学在汕头市创办中专艺校——韩江艺术学园，半年后转至潮阳潮光中学任教。1932 年春到暹罗（今泰国），6 月他与许

宜陶、黄声等在曼谷创办崇实中小学校，加入马士纯、邱抟云的苏联之友社，在学校中开展华侨革命教育。1933 年回国到上海中华职校进修日语。

1935—1938 年夏，在普宁兴文中学任训育主任兼教师，其间先后参加共青团抗日义勇军、中国共产党，任中共普宁县工委统战部部长。1938 年夏，同黄声等转至揭阳县石牛埔创办西山公学（后改名南侨中学），先后任南侨总校文专部主任、第二分校校务主任，中共揭阳县三区区委书记。1940 年春，调任福建永定侨育中学中共支部书记、校长。1942 年"南委事件"后，同妻子余天选化名转移到金山中学任教。1943 年冬被迫撤离，应聘到老挝寮东公学任校长，后因日本侵略军扩大华南和太平洋战争，妻儿遇难而未成行。1944—1947 年，奉命从事中共的经济工作，先后任越南东兴德和公司广州湾利东行副经理、河内—香港安达公司副总经理。1947 年下半年，参与筹建曼谷南洋中学并任副校长。1948 年夏同一批爱国华侨教工遭泰国当局拘捕入狱，1949 年 3 月被逐出境。回国后由中共组织安排进入云南参加武装斗争，先后任澜沧专署专员、中共党组书记，桂滇黔边纵整训总队特派员等职。

1950 年 2 月任中共中央华南分局海岛科副科长、海外研究组

组长。1952 年 9 月起历任中国影片公司华中公司副经理、华南公司经理，中华人民共和国文化部电影局办公室主任，中国电影出版社副社长。1959 年 11 月调任中国科学院南海海洋研究所所长、党委书记。1979 年 4 月任中国科学院广州分院副院长。1983 年 4 月离休。主要著作有《烟波集》。1990 年 10 月在广州病逝。

陈 彬

（1923—2003）

1923 年 8 月生，普宁枧头寮村人。1938 年参加普宁青年抗敌同志会，1939 年 2 月参加中国共产党。1940 年在南侨中学文专部高级班毕业后，历任中共揭阳县三区区委书记，中共揭阳县委委员，中共揭阳县一区、二区特派员。1942 年 9 月中共潮梅地方组织暂停活动后，在潮汕几个地方小学任教。1944 年 11 月参与筹备建立潮汕人民抗日游击队，任第一中队（揭阳中队）指导员、中共揭阳县委特派员。1945 年 12 月起历任中共揭阳县委书记，中共潮汕特委直属武工队政委，潮汕人民抗征队政委、大北山团团长兼政委，中共潮汕地委潮普惠南分委书记，中共潮汕地委委员、常委，中国人民解放军闽粤赣边纵队第二支队副司令员兼参谋长、党委书记。1949 年 12 月任中共揭阳县委书记。1954 年 4 月起历任中共中央华南分局组织部副处长、处长，中共广东省委组织部干部处处长、秘书长。1958 年 2 月起历任中山大学党委副书记、书记、革命委员会副主任，华南师范学院革命委员会副主任、党委副书记，华南工学院革命委员会主任、党委书记。1981 年 1 月任广东省科学技术委员会副主任、中共广东省纪律检查委员会委员。1984 年后当选为全国继续工程教育协会第一届理事会理事、广东省继续工程教育协会第一届理事会理事长、广东省老区建设研究促进会第一至四届理事会副理事长。1985 年 3 月当选为中共广东省顾问委员会委员。1988 年离休。2003 年 7 月在广州病逝。

李雪光

（1918—2005）

1918 年 3 月生，普宁斗文村人。1934 年进入流沙学园读书。1937 年到社山小学任教。1938 年秋参加普宁青年抗敌同志会，投身抗日救亡运动。1939 年 6 月加入中国共产党，任中共斗文村支部书记。1940 年起以浮江寮学校校长的身份为掩护，先后担任中共普宁县秀新总支书记、二区区委宣传委员、二区特派员等职。1945 年 9 月任中共普宁五区区委书记。1946 年 2 月任中共普宁县委宣传部部长，1948 年改任县委组织部部长。1949 年 3 月任中共普宁县委书记，5 月兼任中国人民解放军闽粤赣边纵队第二支队第九团政委。中华人民共和国成立后至 1954 年任中共普宁县委书记。1954 年 7 月起历任中共揭阳县委第一书记，粤东区党委委员，中共潮汕地委常委、宣传部部长。1956 年 7 月任中共汕头市委副书记。1958 年 8 月任中共汕头地委副书记。1963 年起任广东省文化局副局长、局长。1970 年 12 月当选为中共广东省委第三届委员会候补委员。1978 年 3 月至 1983 年 8 月任中共广东省委第四届委员会委员、宣传部副部长兼文化厅厅长。1984 年起任广东省人大常委会委员，科教文委员会、华侨委员会副主任。1988 年 12 月离休，定居广州市。曾任广东潮人海外联谊会副会长、名誉会长，并带动海内外乡亲捐资新建家乡斗文学校。2005 年 5 月在广州逝世。

赖少其

（1915—2000）

1915 年 5 月生，普宁华市村人。童年和少年时期在陆丰县碣石镇度过。1930 年进入广州美术专科学校西洋画系学油画和木刻。参加组织现代版画研究会，于报刊上发表不少木刻作品，被鲁迅称为"最有战斗力的青年木刻家"。1936 年参加湖南青年战地服务团（后改为第一军随军服务团）。1938 年 1 月在武汉任中华全国木刻总会理事。同年秋赴桂林，任中华全国抗敌协会桂林主要负责人，《工作与学习》《漫画与木刻》编辑兼发行人。1939 年参加新四军。1940 年加入中国共产党。1941 年 1 月在震惊中外的皖南事变中，坚持与国民党顽固派战斗到弹尽时被捕，受尽酷刑，后在"上饶集中营"越狱回到新四军，被新四军评为"干部一等功臣"。在抗日战争和解放战争时期，曾任《苏中报》副编辑，新四军一师（华中军区）文工团团长，第四纵队华东军区、第三野战军第八纵队（第二十六军）宣传部部长等职。1949 年 7 月作为中国人民解放军文艺代表团第一副团长参加第一届中华全国文学艺术工作者代表大会，10 月参加第一届全国政协会议。中华人民共和国成立后，曾任中共南京市委宣传部副部长、南京市人民政府文化管理处处长、中共中央华东局文委委员、华东文学艺术界联合会秘书长、上海市文学艺术界联合会副主席、华东美术家协会副主席、上海中国画院筹备委员会主任。1959 年调到安徽省工作，历任中共安徽省委宣传部副部长、安徽省文学艺术界联合会主席、安徽省美术家协会主席、安徽省书法家协会主席、中国美术家协会常务理事、中国书法家协会名誉理事、中国版画家协会副主席、中国作家协会会员、第三届全国人民代表大会代表。1983 年 4 月任政协安徽省委员会副主席、安徽省文学艺术界联合会主席。他走遍黄山，攀天都，揽西海，观云涛，抚怪石，搜奇峰，觅异松，写生作画。《黄山之赞》为其代表作，被誉为黄山山水画掌旗人。首都人民大会堂有其画作。1986 年 3 月增补为政协第六至七届全国委员会委员，应聘为汕头大学客座教授。

他曾多次作为中国美术家协会和中国书法家协会的代表出访保加利亚、苏联、南斯拉夫、日本等国，并在日本东京、泰国曼谷和香港、澳门等地举办书画展和讲学；在中国 10 多个省、市举办书画展。1988 年获日本艺术交流中心颁发的"贡献金奖"。1994 年 5 月，中共中央军委领导人刘华清对赖少其 60 年的艺术给予评价："革命之路，艺术之光。"他出版的书画集有《花卉册》《赖少其作品选集》《楚游》《赖少其画集》《赖少其山水画册》《安徽古代文房四宝展·赖少其书画展》；其他著作有《赖少其自书诗》《创作版画雕刻法》《文代归来》《集中营里的斗争》《为了把艺术介绍给人民》等。晚年定居广州，挥毫创作有《回头》《罗浮山》《七星岩》《莲花山》《白云山》《西樵山》《深圳图书馆》《珠海园林宾馆》等一批赞美南国风光的作品。2000 年 11 月在广州逝世。

杨胜远

（1935—1966）

杨胜远，曾名杨克源，1935 年生，普宁马栅村人。1943 年于马栅公益小学读书。1950 年进入普宁第二中学就读，1953 年在校参加宣传队，深入农村宣传总路线，获记小功 2 次的奖励。毕业后于马栅乡政府负责调统工作，获乡政府记二等功 1 次，并在村中加入中国新民主主义青年团。1955 年 3 月参加中国人民解放军，在铁道兵 8510 部队当战士、统计员。1957 年 12 月参加中国共产党。1958 年 7 月到河北省石家庄市铁道兵学校学习。1961 年 3 月学习期满提为干部，授予少尉军衔，先后任 8693 部队排长、后勤部统计员。在部队期间，受队前嘉奖 10 多次，立三等功 2 次。

1963 年 6 月，杨胜远复员回家，在马栅大队参加集体劳动，负责村民兵文书工作。他的家庭生活并不十分宽裕，但在生产队缺资金时，他省吃俭用，拿出 70 元帮助集体发展生产。1964 年 9 月任大南山公社武装部干事，后任副部长。1965 年 8 月被抽调参加"四清"工作队，在陆丰县河田（公社）工作分团协助抓民兵组织的工作。他刻苦学习理论，写下了大量的学习笔记，并理论联系实际，积极工作，出色完成任务。

1966 年 6 月 22 日，陆丰县河田山区连降暴雨，山洪暴发，螺河泛滥成灾。杨胜远和群众一起投入抗洪抢险，带着几十名民兵冒着倾盆大雨，淌着洪水，挨家逐户帮助群众搬家具、抢牲畜，扶老携幼撤离洪水淹区。23 日凌晨，因通信线路被洪水损坏，河田公社与部分大队失去联系。为了了解这些大队群众抗灾情况，领导决定派专人前往。杨胜远不顾连日抢险劳累过度及胃病正在发作，主动向领导请求让他到圳口大队去。上午 10 时许，他和同行两人抵达圳口大队部后，即转往受灾的埔上村。但通往埔上村的木桥已被洪水冲垮，他毫不迟疑地脱下衣服，泅水过河，当游到离对岸三四米处，忽然一个旋涡把他卷入其中，同来的干部急忙游上去营救，可是已经来不及，他被急流冲走了。

杨胜远牺牲后，中共汕头地委追授他"模范共产党员"称号。1966 年 12 月 23 日，中共汕头地委、汕头军分区党委作出《关于开展向杨胜远同志学习的决定》。

杨健生

（1931—1969）

杨健生，又名杨宜茂，1931 年生，普宁石桥头村人。少年时于石桥头小学、兴文中学就读。1949 年 4 月到大北山参加武工队，同年 10 月加入中国共产党。在清匪反霸和土地改革运动中，先后立三等功 1 次、二等功 2 次。1950 年 7 月任中国新民主主义青年团潮阳县陈店区工委委员、书记。1953 年调任中共潮阳县司马浦区委宣传委员、副书记。1956 年 2 月后历任中共潮阳县委宣传部理论教员、潮阳县报社副主编、中共潮阳县棉城人民公社委员会副书记兼社长、中共潮阳县谷饶人民公社委员会第一书记。

　　1960 年 11 月，调任中共潮阳县西胪人民公社委员会副书记、社长。在西胪工作期间，杨健生深入实际，调查研究，先后跑遍全社 470 多个生产队。他同公社干部一起，带领人民群众于该社建成 14 个山塘、水库，解除该社大部地区的旱、涝灾害。又组织群众围海造田 4000 亩，从 1964 年起，西胪公社每年向国家提供 700 万公斤商品粮食。他派人到温州学习建造沙滤池饮水井的经验，先后在全社建起 30 个沙滤池，使 4 万多滨海群众饮上清洁卫生水。

　　1969 年 7 月 27 日，杨健生在县城刚开完会，获悉强台风将正面袭击汕头地区，即于当天上午 11 时赶回西胪。他在公社了解和部署抗风抢险工作后，同公社干部李继壮赶到 4 千米远的抗风抢险第一线——公社围海造田指挥部。他深入现场，巡视堤围，对每个涵闸严加检查。当发现主堤的"八斗"涵有险情时，即带领干部群众抢修。他因腰痛不能背沙包，就用双手把沙包抱在胸前往险段送，直至将险段加高，危闸修好，堤防稳固。7 月 28 日晨，强台风（阵风 12 级以上）、暴雨、海潮越来越大，大关排涝闸的副闸板顶不住风潮的冲击，闸板不断上浮，潮水涌进大关，主闸安全也受到威胁。杨健生临阵指挥，组织一部分人潜入水中，把上浮的闸板往下压，同时组织岸上的人加固堤围，这时一个巨浪打过来，把他和李继壮等 6 人卷走了。

杨健生抗风抢险牺牲后，被追认为革命烈士，追授为"模范干部"，追记一等功。1970 年 5 月 18 日，广东省革命委员会作出《关于学习杨健生的决定》。

王木舟

（1954—1979）

王木舟，1954 年生，普宁高埔村人。1973 年 1 月参加中国人民解放军。入伍第一年，被连队评为学雷锋积极分子。1974 年 2 月加入中国共产党。他关心爱护战友，常为战友们打洗脸水、缝补衣服、理发。1979 年初提任某部六连排长。是年 2 月 16 日参加对越（南）自卫反击战。战斗打响后，他带领侦察小分队，摸清了越军布防和火力情况。回撤时遇上越军，他让大家先撤，自己留下掩护，使小分队安全撤回。在攻打昆朱战斗时，中方炮兵摧毁了越军炮兵阵地后，当他带领二排战士猛打猛冲，拿下一号高地时，越军炮弹落在该排重机枪旁，5 名战士负伤倒下。他撕开急救包，为战士包扎，忍着饥饿、疲乏，背着负重伤的战士肖动员，爬行穿过越军火力网，转移到安全的山坡，作了急救处理。激战之后，干部战士干渴难耐，他自告奋勇，领着一个战士，冒着生命危险下山找水给战士解渴。

3 月 1 日，六连奉命攻取谅山西北侧长形高地，王木舟带领二排主攻。在短兵相接时，他连投 3 枚手榴弹，炸死 4 个越军。当投出第 4 枚时，越军投过来一枚手榴弹，正当千钧一发之际，他急速扑上，以胸膛压住冒烟的手榴弹，用自己的生命保护了 6 名战士的安全。牺牲时，年仅 25 岁。1979 年 5 月 17 日，中共中央军委授予他"战斗英雄"称号。

巫志远

1922 年 11 月生，普宁陂老村人。1928 年随母往暹罗（今泰国），1931 年回国读书。1938 年 11 月加入中国共产党。1941 年起先后在泗竹埔、上寮、陇头、径仔等小学任教。1945 年初参加组建潮汕人民抗日游击队工作，任潮（安）揭（阳）丰（顺）县委副特派员，筹建小北山人民抗日游击队（后为广东人民抗日游击队韩江纵队第一支队）。1947 年8 月参加中国人民解放军两广纵队，任第三团第三营教导员。1948 年 7 月到石家庄华北军政大学学习，8 月于中央军委作战部作战室情报科任参谋。1949 年 1 月随中央军委进驻北平。1950 年任中央军委作战部五处组长。1950 年 6 月 25 日朝鲜战争爆发后，于中央军委总参谋部作战室负责处理朝鲜战场敌军情报。1953 年

1 月为中国人民志愿军某师前线指挥，参加金城战役。朝鲜停战后，奉命到元山、平壤、仁川等地考察后回国。1958 年 4 月带工作组赴越南研究抗法战争情况。1961 年 1 月参加中缅边境勘界警卫作战，把国民党军柳元麟残部赶出边境。1962 年 5 月参加中国代表团出席日内瓦国际会议，进行印度支那停战谈判。1964 年 4 月任中央军委总参谋部二部八处副处长，5 月参加中国军事代表团，赴越南、老挝考察抗美战争战场。1973 年 11 月任中央军委总参谋部二部七处负责人，研究东南亚、西亚、非洲情况。1979 年 6 月中越边境自卫反击战后，为昆明中央工作组副组长，负责开展对越南、老挝的工作。1981 年 9 月任中国驻泰国大使馆武官，1984 年 12 月回国。1985 年 9 月离休时为副军职，10 月被聘为汕头经济特区顾问。1994 年 11 月任北京潮人海外联谊会理事长，1997 年任常务副会长。

罗木命
（1930—1988）

罗木命，1930 年生，普宁白马村人。全国先进生产者，广东省特等劳动模范，机械工业部劳动模范。其父亲罗亚和、母亲洪亚御、哥哥罗木水先后于土地革命战争时期投身革命队伍，均遭国民党军队杀害。当时罗木命只有几岁，靠祖母抚养。10 岁时祖母又去世，他孤苦伶仃，只好在家乡替人放牛、烧炭，过着牛马不如的生活。

1947 年 3 月参加潮汕人民抗征队，历任潮汕人民抗征队军械所、大北山兵工厂、汕头军分区后勤部军工厂修械员。1951 年初转潮汕机械修理厂、潮梅矿务局机械厂做工。1952 年调汕头机械修配厂任钳工小组组长。

1952 年 8 月 24 日，罗木命在赶制抗美援朝的喷雾器时，因电石爆炸，眼睛受重伤，虽经多方抢救治疗，但左眼失明，右眼也模糊（后完全失明）。1954 年 5 月，罗木命从黑龙江省哈尔滨某医院回到汕头机械修配厂工作。在全国劳动模范张明山、王崇伦的技术革新精神启发和鼓舞下，他开始钻研改进生产工具。经反复试验，他成功改进了钻床刮水碗的办法，工效比一般工人用手操作提高 3 倍多。到 1954 年底，他先后改进成功的有锯铜管机、切橡皮管机以及桶身喷漆工具、橡胶管接头操作法、钻接头去屑、用机器代手工冲橡胶管挟等 10 多种工具和操作方法，减轻了劳动强度，提高工效 1～9 倍。当年他被厂里评为一等奖，12 月加入中国共产党。1955 年成立"罗木命小组"，由他任组长。

1956 年后历任车间副主任、车间党支部书记、中共广东省农药械厂委员会副书记。在技术革新中，他比常人付出了更多的劳动。多年来，他改进和制造了 374 件生产工具和设备。他所领导的小组，开展技术革新 800 多项，提高工效 1～47 倍，"罗木命小组"多次被汕头专区、广东省评为先进小组。

罗木命先后 40 多次获全国、广东省、汕头专区、汕头市各种荣誉称号。1955 年他被授予"广东省特等劳动模范"称号，出席全国青年社会主义建设积极分子大会。1958 年出席第二届全国青年社会主义建设积极分子大会。1959 年出席全国工业、交通运输、基本建设、财贸社会主义先进集体和先进生产者代表大会，被评为全国先进生产者，并参加中华人民共和国成立 10 周年庆祝活动，赴国宴和登上天安门，受到毛泽东等党和国家领导人的接见。同年，珠江电影制片厂以他的先进事迹为题材，编写摄制了故事片《慧眼丹心》，北京出版社也编印《罗木命》一书。1966 年出席广东省工业学大庆会议，被授予"铁人式工人"称号。

1978 年分别出席全国机械工业学大庆会议和全国机械工业科学大会，被授予劳动模范奖章和奖状。

陈卓伟

（1980—2000）

1980 年 5 月生，普宁桥柱新寮村人。1997 年毕业于伟群华侨中学。1998 年 12 月应征入伍，在广西河池武警支队巴马中队任副班长。2000 年 10 月 17 日在参加巴马县屯级公路建设大会战中，他与战士、民工一起凿石铺路，10 时 5 分边坡突然塌方，他挺身而出，大声疾呼"快闪开！"双手一推，把同在一起的民工和战友 3 人推出险区。民工和战友得救了，他自己却来不及躲避而被坍塌的土石掩埋。10 时 12 分官兵和民工奋力将他救出，紧急送往医院，经抢救无效壮烈牺牲。2000 年 10 月 31 日武警广西总队政治部确认陈卓伟为烈士，并于 2001 年 2 月 27 日追授他为"瑶乡爱民模范"，命名大会在广西南宁市举行，中国人民解放军颁发"二级英模奖章"，当地人民政府将陈卓伟参加修建的公路命名为"卓伟路"。

重大革命事件纪述文章

十万农民攻县城

大革命时期的 1926 年 1 月，在粤东大地上，爆发了一场有普宁十万农民参加的围攻洪阳县城地主集团的武装斗争。这场斗争，由于有彭湃的正确指导和中共普宁支部的坚强领导，采取正确的斗争策略，经过团结一致的斗争，终于取得胜利。这场斗争的胜利，震动东江，播誉全国，在国内外产生深远的影响。

那么，这场斗争是如何爆发，又如何取得胜利的呢？说起来，真是一个惊心动魄、艰难曲折的斗争故事。

普宁农民在清朝末年已饱受洪阳城内以方耀为首的封建官僚地主的残酷压迫和剥削。民国以后，以方耀之子方十三为首的城内地主集团，与反动军阀、贪官污吏互相勾结，采用各种高租盘剥、苛抽酷勒的手段，依然吮吸着农民的膏血，广大农民仍然生活在水深火热之中。

大革命时期，普宁农民急切盼望改变这种被压迫、剥削、欺凌的生活状况。1925 年，经过彭湃同志派出的海丰农运宣传队的广泛深入发动，广大贫苦农民提高了政治觉悟，认清了地主的本质，踊跃报名参加农民协会。特别是第二次东征取得胜利后，打倒了地主劣绅所依靠的反动军阀陈炯明，革命形势对全县农民运动发展十分有利。1926 年 1 月上旬，中共普宁支部成立后，立即向各区派出了农运特派员，经过一系列的宣传发动工作，农会组织迅速扩展到全县各区、乡，形成了全县农民运动蓬勃发展的新局面。

洪阳城内的方姓地主集团看到农民组织起来力量的强大，他们为所欲为的权势受到了限制和挑战，于是又怕又恨，采用各种阴谋诡计，制造谣言，恐吓农民不准加入农会。但是，农民很快识破了地主的反动嘴脸，更加觉醒起来，踊跃报名参加农会。方姓地主于是使出六条诡计，同农会相对抗：一、勾结县长，压迫农会的进展；二、鼓吹家族主义，煽动方姓族人对抗农会；三、鼓吹地方主义，挑拨城内地主商家对抗城外农民；四、准备武装，企图扑灭农会；五、以金钱收买凶手，谋杀农会干部；六、联络各区、乡反动地主，组织联防地主武装。

从此，农民进城买卖，多被地主雇用的一班［帮］城内流氓地痞所欺负。一区反动区长方庆祥，以下乡查鸦片为名，暗中勒索，还抓走了两个农会［会］员。一区特派员彭奕同志到方处保释，区长不准。彭奕据理力争，竟被无理扣留。后呈报东征军政治部，结果区长方庆祥被撤职，彭奕和农会［会］员被释放。但事后方姓地主更加凶狠，多方觅隙，侮辱农会会员。农民与地主的斗争，已越来越激烈了。

1926年1月14日中午，马头山村农民邱越房，到城内东门外大街方益兴号店边摆卖蔬菜，该处历来为卖菜地点。而方益兴说阻碍其出入，乱抛其菜，且肆口辱骂。邱与之说理，方益兴却召集流氓打手数十人，把邱围殴毒打致重伤。邱的家属闻讯，到县署鸣冤，县署受方姓地主贿赂嗾使，拒不受理，反将身受重伤的邱越房逮捕入狱。同日午后，方姓地主劣绅召集流氓、团勇、警兵数百人，肆意殴打入市农民，计重伤者4人，轻伤者无数，农副产品被抢一空。这样明目张胆的［地］迫害，激起广大农民的公愤。马头山农民集众将行凶者方廷意等 3 人捉获，送官府究办。

15 日，城内地主劣绅借口农会随便拘人，以地主民团武装数百人，向一区各乡农会进攻。农会为自卫，号召广大农民团结起来，奋起御敌。于是一场全县农民武装反抗城内地主集团的斗争就这样爆发起来。

城内地主方面，得到二区果陇乡劣绅庄大泉三兄弟率打手四十多人的助战，还有四区径水官僚地主赖木昭助枪三百多支，五区埠塘地主陈益斋助枪一百余支，三区涂洋土豪助枪一百余支，八区林尚书地主武装一百余人也携枪助战。城内地主得到各区地主人枪的帮助，气焰更加嚣张，更加凶猛地进攻农会，妄图把农会摧毁。

农会方面，在事件发生后，中共普宁支部清醒地认识到：这是一场全县敌我阶级力量总动员总较量的重要斗争，是关系全县农会的生死存亡的斗争，也是农民能否摆脱压迫的斗争。因此，党支部旗帜鲜明地号召全县各区、乡农会［会］员组织起来，积极参加这场斗争，二十多位共产党员都亲临前线指挥战斗。党支部书记陈魁亚尤其英勇顽强，白天黑夜都同农民武装一起守卫在战壕里。附城八乡农民怀着对地主的深仇大恨，男女老少都出动参战，连八十多岁的老农民也上阵鸣锣击鼓助战。这样一来，农军士气更加旺盛。在党支部的坚强领导下，以八乡农军为主力，全县有 10 万农民参加了这场斗争，加上揭阳、潮阳、潮安、海丰、陆丰等县农会的声势，地主武装向农会发起的数十次进攻均被击退，遂形成了全县农军对县城方姓地主集团的包围之势。

县农会开始时的斗争策略是："一、提出打倒方姓的口号；二、提出打倒城内人的口号；三、坚持经济绝交及封锁县城；四、断绝城内水源。"显然，这个策略前 2 条是不正确的，它不利于团结大多数，孤立和打击一小撮反动地主劣绅。后来，经方方提出后，在彭湃的帮助下，县农会马上变更口号，改正了这一错误。同时，坚持经济绝交，封锁县城，并在离县城5里的塔脚，开设新的农民集市——"自由市"。并在各乡村组织农民自卫军，对抗地主的反动武装。这样，县农会便争取了多数，使城内和附城方姓农民都倾向农会，不同情地主。城内商人则逼迫地主劣绅向农会妥协，以便尽快恢复县城的贸易。斗争形势转对农会有利。

地主劣绅在形势逆转后，立即向东征军汕头司令部告急，诬陷"土匪（农民）攻城"。1月16日，东征军便派员带兵调解。他们目睹农军纪律严明，不相信农军是土匪的谎言。因而，东征军采取中立的态度，命令双方于19日午后2时停止冲突。地主劣绅企图依靠东征军来压制农民、摧毁农会的指望落空；加上他们想请在潮安开展农运工作的方临川回来另组农会的阴谋未能得逞，终于不得不请求农会通过和谈解决争端。

为此，县农会提出和平解决的四个条件：一、惩办肇事祸首方芝骏、方益兴、方庆祥、方雄、方三；二、赔偿损失1500元；三、赔偿医药费250元；四、以后方姓地主不能再压迫农民。

正当地主劣绅对县农会提出的条件进行讨价还价时，省农会决定派彭湃前往普宁慰问农民并协助工作。县农会决定以此向地主劣绅施加压力。准备召开农民大会和举行农军武装示威游行。城内地主获悉后，十分恐慌，只好派出14个绅士为代表到县农会要求和解。2月6日上午，地主方面终于接受县农会提出的条件，双方签字，达成协议。这场斗争终以农会的胜利宣告结束。

2月6日下午，当彭湃和林苏从汕头到达普宁时，受到七千多农会［会］员和五百多名带枪的农军的夹道欢迎。老农妇说："出明公，才有这样扬眉吐气的日子！"有的农民做诗歌颂："农会建立好威风，战胜敌人年又丰；男女农民同欢庆，起舞奏乐迎彭公！"彭湃在检阅农军队伍后，在塔脚山坪群众欢迎大会上作了激昂的演说。他总结了这次普宁农民反抗地主斗争胜利的原因，号召广大农民要提高警惕，加强团结，抓紧武装自卫，进行不懈的斗争，以争取更大的胜利。

普宁十万农民围攻县城的斗争，不仅有力地打击了普宁县封建地主集团的反动势力，动摇了他们的反动统治，同时也使农民看到组织起来力量的强大，鼓舞了同地主作斗争的勇气，从而推动了全县农民运动的迅猛发展。这场斗争也为全国的农民运动提供了很好的经验和借鉴。同年 5 月，毛泽东主办的广州第六届农民运动讲习所，就把普宁农民围攻县城的斗争总结写成《普宁农民反抗地主始末记》一文，印发给学员学习研究。

（原载《普宁革命故事》2000 年 3 月）

周恩来两次到普宁

大革命时期，周恩来曾在参与领导第一次东征和率领南昌起义军南下时，两次来到普宁，指导普宁的革命斗争，在普宁的大地上留下了足迹。

周恩来首次到普宁，是在 1925 年 3 月 5 日。当时，广州革命政府为了讨伐反动军阀陈炯明，统一和巩固广东革命根据地，于 2 月派兵东江，组织第一次东征。担任黄埔军校政治部主任的周恩来，率领黄埔军校学生军和政治部人员也参加第一次东征。东征军沿途英勇奋战，捷报频传，陈逆各部，溃退潮汕、兴梅，东征军乘胜追击，于 3 月 5 日抵达普宁县城洪阳。周恩来率学生军和苏联顾问鲍罗廷、加伦将军等领导人也进城驻扎。东征军入城后，纪律严明，主力部队主要驻扎在大祠堂，政治部和学生军驻在县立模范高等小学。周恩来和代理海军局长李芝龙在中央农民部特派员、共产党员方临川陪同下，于当天上午 10 时进城后，为便于保卫安全，住在洪阳大街满记绸庄铺二楼上。这个绸庄铺是方临川的叔父方昌振开办的。

吃过午饭后，周恩来便在洪阳劝学所召开商民大会，到会商民代表有 130 多人。周恩来身穿军装，腰束皮带，英姿勃发，神采奕奕，迈着矫健的步伐，登上讲台，作了精彩的演讲。他讲话声音宏亮，铿锵有力。演讲的内容，主要是讲东征的意义。他的讲话，受到与会代表的热烈鼓掌欢迎。

会后，周恩来还派方临川和其兄弟方书源、方书荣等人到各商家铺号去筹借军饷，支援东征军。当天就先借到大洋 1500 多元，交给东征军军需部使用。周恩来还指示方临川等人，要乘东征胜利的大好时机，发展大学（指共产党）和小学（指共青团）组织，特别要注意在农民和工人中发展，并动员较成熟的加入国民党，掌握革命的权力。

第二天上午八九点钟，东征军队伍有计划有秩序地离开洪阳，向揭阳县城榕城进发，洪阳城内群众夹道欢送。

在周恩来的指导下，同年 5 月成立了以方方（方思琼）为书记的共青团普宁支部，团员 5 人。同时在洪阳成立了以方临川为主任的国民党普宁县党部筹备处。1926 年 1 月，建立了中共普宁县第一个党支部，书记陈魁亚，党员 20 多人，有力地推动全县农民运动的蓬勃发展。

周恩来第二次到普宁，是率领八一南昌起义军进军潮汕时。1927 年 9 月 23 日，以周恩来为书记的中共前敌委员会和贺龙、叶挺、朱德、刘伯承等率领的八一南昌起义军进占潮州、汕头，并建立了革命政权，史称"潮汕七日红"。

10 月 2 日，起义军在揭阳汾水、汕头等战斗中失利后，周恩来率前敌委员会、革委会及部分党中央领导人李立三、彭湃、恽代英、张国焘、刘伯承、谭平山、郭沫若、吴玉章、林伯渠、张曙时和汕头市委书记杨石魂等撤到流沙。10 月 3 日，贺龙、叶挺、聂荣臻等军事指挥员也赶抵流沙。当天中午，在流沙教堂西侧厅，周恩来带病主持了起义军南下部队指挥部军事决策会议（简称"流沙会议"）。会议传达了中共中央八七会议的精神，并从政治上和军事上总结了南昌起义失败的经验教训，作出了取消国民党的旗号，上山挂红旗，把武装人员撤往海陆丰，保存革命实力，使武装斗争与土地革命结合起来，准备作长期斗争；领导人员撤离战区转香港、上海另行分配工作等重大决策。

　　流沙会议开至当天下午 4 时许，突然接到敌军前来突袭的情报。周恩来宣布会议立即结束，起义军各领导干部分头率部队向海陆丰转移。贺龙的先头部队越过了云落，跟进的领导机关和后卫部队叶挺的第二十四师，行至池尾钟潭村后莲花山时，遭到由果陇庄大泉地主武装所带引的敌军陈济棠部的阻击。周恩来因患疟疾，正发着 40 度的高烧，在这危急关头，他仍坚持与叶挺指挥部队作战。由于天黑，队伍被拦腰截断。周恩来带病指挥部队反击敌军阻击，进行了大量复杂、细致的组织工作，最后只剩下他和叶挺、聂荣臻等几个人。他们路不熟，又不懂潮州话，几个人只有一支小手枪，连自卫能力都没有。但普宁的农会很有工作基础，农民对他们很好，所以没有发生意外。他们设法找到汕头市委书记杨石魂和普宁县妇女会主任杨德秀，在其带引下，当晚转移到离流沙 4 千米的马栅村进步人士黄伟卿家隐蔽。

　　第二天黎明，周恩来和叶挺、聂荣臻在杨石魂等人的帮助下，经惠来转到陆丰县甲子镇。10 日晚，又从甲子转移到南塘区金厢乡，住在区委书记黄秀文家。

　　10 月 28 日晚，杨石魂亲自护送周恩来等领导人乘小船往香港。他们在茫茫大海中颠簸了两天一夜，周恩来和叶挺、聂荣臻等领导同志终于到达香港安全脱险。南昌起义军和党中央其他领导人也在普宁党组织分别派员护送下，安全撤离战区，抵达香港，各自踏上了新的革命征途。

（原载《普宁红色文化》2015年第2期）

周恩来亲自指挥的普宁莲花山战斗

巍巍的大南山北麓，普宁池尾贵政山村西侧，有一座不显眼的小山头名叫莲花山。如今的莲花山，山顶建有普宁电视台发射塔，山下是高楼林立、绿树成荫的潮汕职业技术学院。八十年前，担任中共前敌委员会书记的周恩来，亲自指挥八一南昌起义军在普宁莲花山与国民党反动军队进行血腥战斗，使起义军主力冲出敌军的阻击线，奔向海陆丰，建立革命根据地。而在莲花山战斗中，有300多名起义军指战员英勇牺牲，血染莲花山畔，长眠于莲花山下。他们是没有留下姓名的英雄烈士，是中国人民解放军的先驱。由于时间和环境的关系，八十年前周恩来亲自指挥的莲花山战斗，其革命事迹鲜为人知。

现根据聂荣臻、徐向前、郭沫若和普宁革命老同志生前所写的回忆录及有关史料，对八一起义军进入普宁后的活动及周恩来亲自指挥的莲花山战斗简介如下：

1927年9月23日，以周恩来为书记的中共前敌委员会和贺龙、叶挺、朱德、刘伯承等率领的八一南昌起义军，先后进占潮州、汕头，并建立了一批革命政权，史称"潮汕七日红"。

10月1日，起义军在揭阳汾水、汕头等地战斗失利后，周恩来率前敌委员会、革委会及党中央部分领导人李立三、恽代英、彭湃、张国焘、刘伯承、谭平山、郭沫若、吴玉章、林伯渠、张曙时和东江特委委员杨石魂等从汕头撤到流沙，分别驻于流沙基督教堂、白塔秦祠、珍珠娘宫等地。10 月 3 日，贺龙、叶挺、聂荣臻等军事指挥员也赶抵流沙。当天中午，在流沙教堂西侧厅，周恩来带病主持了起义军南下部队指挥部军事决策会议（简称"流沙会议"）。会议传达了中共中央八七会议的精神，并从政治上和军事上总结了南昌起义失败的经验教训，作出了取消国民党的旗号，上山挂红旗，把武装人员撤往海陆丰，保存革命实力，使武装斗争与土地革命结合起来，准备作长期斗争；领导人员撤离战区转香港、上海另行分配工作等重大决策。在起义军军事上处境险恶的情况下，周恩来主持召开了流沙会议，既及时总结了经验教训，又审时度势，作出了适合当时情况的正确决策，为保存一批革命领导干部和武装力量，为以后土地革命斗争的开展，创造了有利的条件。因此，流沙会议具有十分重要的历史意义。

流沙会议开至当天下午 4 时许，突然接到普宁农会［会］员报告敌军前来突袭的情报。周恩来宣布会议立即结束，命令起义军各领导干部率部队向海陆丰方向转移。贺龙的先头部队越过云落，跟进的领导机关和后卫部队叶挺的第二十四师，行至池尾钟潭村后莲花山时，遭到由果陇村庄大泉地主武装所带引的敌军陈济棠部的阻击。周恩来因患疟疾，正发 40 度的高烧，在这危急关头，他仍坚持与叶挺指挥部队作战，令二十四师各团迅速向前展开，在正面和两侧抢占制高点，掩护首脑机关突围。由于天黑，队伍被拦腰截断，敌情不明，加上后卫部队与前头部队失去联络，顿时队伍大乱。在激烈的反击敌军阻击的战斗中，有 300 多位起义军指战员血染莲花山畔，长眠于莲花山下。后卫部队一部分冲出敌军的阻击线，撤向海陆丰，一部分溃散了。

战斗结束后，牺牲在莲花山畔的起义军烈士遗体，由当地贵政山村农会组织农会［会］员进行收埋。据村农会主席纪锦声回忆，由于牺牲人数多，找不到那么多棺木，最后买了几匹白布分别收敛后统一埋葬。

而起义军领导人周恩来、叶挺、聂荣臻等几人也在战斗中被冲散了，他们路不熟，又不懂潮汕话，几个人只有一支小手枪，连自卫能力也没有。深夜，他们在农会［会］员帮助下，找到中共东江特委委员杨石魂，在其带引下，转移到马栅村进步人士黄伟卿家隐蔽。第二天，杨石魂护送他们越过大南山，经惠来县转到陆丰县甲子镇，后又转移到南塘金厢乡，并于10月底护送他们安全到达香港。而郭沫若等4人在当晚战斗中与部队失去联系后，由普宁劳动童子团团长黄寿山和五区农会干部陈开仪掩护，转移到惠来神泉，十天后也顺利转移到香港。普宁党组织和干部群众不顾个人安危，掩护起义军领导人安全转移，为中国革命作出重大贡献，在党的历史上写下光辉的一页。

在纪念八一建军节的时候，广大老同志深切缅怀周恩来及在普宁莲花山战斗中英勇牺牲的300多名起义军指战员。由于战斗的匆促和环境的恶劣，他们没有留下姓名，他们用鲜血和生命为革命奉献出自己的一切，他们是革命的英雄，是人民永远不能忘记的革命烈士。

（原载《揭阳日报》2005 年 8 月）

杨石魂掩护周恩来脱险记

1927 年 10 月 28 日晚，在东南沿海陆丰县南塘区金厢乡州渚村的海边上，停着一条有竹篷的小渔船，船上坐着几位中国革命的主要领导人，他们是：八一南昌起义前敌委员会书记周恩来，起义军主要指挥员叶挺、聂荣臻。他们在中共东江特委委员杨石魂和南塘区区委书记黄秀文的护送下，准备启程转移到香港。

船上 5 位领导人，再加上船工，把小船挤得满满的。杨石魂把生病发烧的周恩来同志安排在船舱里躺下，舱里再也挤不下第二个人。他们4人和船工只好挤在舱面上。舱面也没多少地方，风浪又大，小船摇晃得厉害，站不稳，甚至也坐不稳。聂荣臻同志只好用绳子把身体拴到船上，以免被晃到海里去。这段行程相当艰难，他们在茫茫大海中颠簸了两天一夜，好不容易才到达香港。上岸时，杨石魂背着生病的周恩来，找到设在香港的中共广东省委领导机关。同省委取得联系后，杨石魂又送周恩来到医院治病，终于使周恩来和叶挺、聂荣臻等领导人安全脱险。

周恩来领导八一南昌起义军南下潮汕，如何历尽艰险，又如何在杨石魂等潮汕党组织领导人护送下安全脱险，说起来还真有一段惊险曲折的故事。

1927年9月23日，以周恩来为书记的中共前敌委员会和贺龙、叶挺、朱德、刘伯承等率领的八一南昌起义军，先后进占潮州、汕头，并建立了一批革命政权，史称"潮汕七日红"。

10月1日，起义军在揭阳汾水、汕头等地战斗失利后，周恩来率前敌委员会、革委会及党中央部分领导人李立三、恽代英、彭湃、张国焘、刘伯承、谭平山、郭沫若、吴玉章、林伯渠、张曙时和东江特委委员杨石魂等撤到流沙，分别驻于流沙基督教堂、白塔秦祠、珍珠娘宫等地。10月3日，贺龙、叶挺、聂荣臻等军事指挥员也赶抵流沙。当天中午，在流沙教堂西侧厅，周恩来带病主持了起义军南下部队指挥部军事决策会议（简称"流沙会议"）。会议传达了中共中央八七会议的精神，并从政治上和军事上总结了南昌起义失败的经验教训，作出了取消国民党的旗号，上山挂红旗，把武装人员撤往海陆丰，保存革命实力，使武装斗争与土地革命结合起来，准备作长期斗争；领导人员撤离战区转香港、上海另行分配工作等重大决策。在起义军军事上处境险恶的情况下，周恩来主持召开了流沙会议，既及时总结了经验教训，又审时度势，作出了适合当时情况的正确决策，为保存一批革命领导干部和武装力量，为以后土地革命斗争的开展，创造了有利的条件。因此，流沙会议具有十分重要的历史意义。

流沙会议开至当天下午4时许，突然接到普宁农会［会］员报告敌军前来突袭的情报。周恩来宣布会议立即结束，命令起义军各领导干部率部队向海陆丰方向转移。贺龙的先头部队越过云落，跟进的领导机关和后卫部队叶挺的第二十四师，行至池尾钟潭村后莲花山时，遭到由果陇村庄大泉地主武装所带引的敌军陈济棠部的阻击。周恩来因患疟疾，正发40度的高烧，在这危急关头，他仍坚持与叶挺指挥部队作战，令二十四师各团迅速向前展开，在正面和两侧抢占制高点，掩护首脑机关突围。由于天黑，队伍被拦腰截断，敌情不明，加上后卫部队与前头部队失去联络，顿时队伍大乱。结果，后卫部队除部分冲出敌阻击线外，大部分溃散了。

周恩来带病指挥起义军反击敌军的阻击，进行了大量复杂、细致的组织工作，最后只剩下他和叶挺、聂荣臻等几个人。他们路不熟，又不懂潮汕话，几个人只有一支小手枪，连自卫能力也没有。但普宁县的农会工作很有基础，农民对他们很好，所以没有发生意外。深夜，他们在农会［会］员的帮助下，找到杨石魂和普宁县妇女会主任杨德秀，在其带引下，立即转移到离流沙4千米处的马栅村进步人士黄伟卿家隐蔽。1926年，当周恩来担任东江各属行政委员、主政东江时，黄伟卿是丰顺县县长，思想进步，倾向革命。同年底，他还参与营救遭土匪绑架的杨石魂同志的行动。因此，他们当晚隐蔽住在黄伟卿的家"承天休"，周恩来和杨石魂是较为放心的。

第二天黎明，周恩来和叶挺、聂荣臻在杨石魂等人的帮助下，脱下军装，都化装为平民百姓。杨石魂眼看周恩来行走不便，找来一副担架和2位年青［轻］力壮的农会［会］员，把还发着高烧的周恩来抬上，越过大南山，经惠来县转到陆丰县甲子镇，住在红楼。10 日晚，鉴于当时敌军正在四处搜捕起义军失散人员，为了领导同志的安全，杨石魂又带领周恩来等一行从甲子转移到靠近海边的南塘区金厢乡，住在区委书记黄秀文家。杨石魂征得叶挺、聂荣臻的同意，指示黄秀文联系中共陆丰县委，找到一个可靠的医生为周恩来治病。但由于当时缺乏治疟疾的特效药，所以周恩来的病情时好时坏，反反复复。周恩来虽然患病，仍十分关心当地的革命斗争，在与黄秀文的多次谈话中，教导他要加强理论学习，要重视发展党组织，壮大党的力量，要加强对农民武装斗争的领导。这些都给黄秀文很大的教育和鼓舞。

10 月底，杨石魂经过多方细心筹备，亲自护送周恩来等人安全抵达香港，使中国革命的几位领导人脱离险境，踏上了新的革命征途。解放后，聂荣臻元帅在他所写的革命回忆录中，一再高度称赞杨石魂等潮汕党组织领导人的出色工作和对革命作出的重大贡献。

（原载广东省委组织部《支部生活》2001 年第 3 期）

郭沫若潮汕脱险记

1927 年 9 月底，八一南昌起义军主力在潮汕地区受挫。10 月 3 日，南昌起义南下部队在流沙教堂召开指挥部军事决策会议。会后，首脑机关和后卫部队在向海陆丰撤退的途中，于普宁池尾钟潭村后的莲花山，遭受果陇庄大泉地主武装带引的国民党陈济棠所部陈泰运团的阻击。在当夜的激战中，担任南昌起义部队政治部主任的郭沫若与安琳等 4 人被冲散，辨不清方向，在田间小径和林薮中摸着路走。后来得到普宁党组织和咸寮村农会主席陈开仪的掩护和帮助，带往神泉，在碗店陈老板处落脚，住了 10

天，然后乘船往香港。

对这段历史，郭沫若在 1948 年 7 月出版的文学著作《海涛》《流沙》一章中，对当夜在战斗中被冲散的情况作了详细的描述，但对陈开仪如何掩护他们安全脱险的经历，《海涛》里却没有留下多少记载。这个问题，近年来经过党史工作者多次调查访问，基本弄清了陈开仪等掩护郭沫若等人安全脱险的经过。

在咸寮村陈开仪的儿子陈文木的家里，保存着郭沫若及其夫人于立群写给陈开仪和陈文木的两封珍贵的信件。一封是 1955 年由郭沫若夫人于立群代笔写给陈文木，询问关心陈开仪家庭情况的；另一封是 1956 年郭沫若同志的亲笔信，随函还寄来一张题有"陈开仪老朋友惠存，郭沫若赠"的像［相］片。

郭沫若的亲笔信是这样写的：

陈开仪老大哥：

你三月十四日的信接到了。看到了你的像［相］片，和几十年前的样子差不多。我多谢你，祝你活到一百岁。

二十几年前，你帮助我们好几位同志逃出虎口，我是经常留在记忆里的。引我们到你家里的那位青年的朋友，姓名不记得了，不知还存在否，神泉那家陶器家的老板，也不知还存在否？我现在也送你一张像［相］片，恐怕我的样子和从前大不相同了。我现在也有六十多岁了，但我想活着看到中国走入共产主义社会。

敬礼

郭沫若

一九五六年三月二十四日北京

这 2 封不寻常的信，字里行间，饱含患难深情，再一次引起人们的遐思追忆！

《海涛》里，《流沙》一章提到的 1927 年 10 月 3 日夜郭沫若等人住宿的"瓦窑圩"，位于今占陇镇西社北门瓦窑，引带郭沫若他们的那位青年人，是当年普宁县劳动童子团团长黄寿山。郭沫若和安琳等 4 位同志在黄寿山带引下，经石镜美村，过竹竿山、水供塘来到咸寮村。负责接洽和安置郭沫若等同志的是咸寮村农会主席、五区农会干部陈开仪，以及当年中共普宁县委农运委员方家悟同志。到咸寮村后，陈开仪和方家悟等人商量，先把郭沫若等人隐藏在村后的打石坳山坡草寮里。见没有什么动静，两夜后才接到自家的那间石屋里。这是一间不大显眼的僻静小屋，座［坐］西朝东，背靠山，屋两旁有小巷。由于地势稍高，又面向田野，只要爬上前面屋顶，四周动静就能一目了然。陈开仪身边有 4 个儿子，他们在父亲和方家悟的指点下，日夜轮流放哨，确保郭沫若等人的安全。陈开仪和家人设法弄来土布衣服，给同志们换上。六七人就同住在不足 20 平方米的石厝厅上。郭沫若是个不知疲倦的人，日间，经常挥笔泼墨，抒发壮怀；晚上，则斜卧在竹椅上，关照着熟睡的同志们。

为安全起见，4 天后，陈开仪把郭沫若等同志带到村西南的山洞里藏起来。这里的山地是陈开仪的祖业山，山洞的宽阔处，大约可容下 4 个床位，洞里有一条小坑沟，长年流水不断。每天，陈开仪和儿子们轮流在打石寮为郭沫若等人做饭。陈开仪虽然家中贫困，生活拮据，家里断炊，但为了革命同志的生活，他特地到大南山枧头寮（劳光村）的外祖母家借钱购买粮食应急。郭沫若几人在咸寮村生活了近半个月的时间。为了寻找党组织，跟上革命队伍，郭沫若与陈开仪、方家悟、黄寿山等商议，筹划往香港路线。因贩卖陶器的关系，陈开仪与惠来神泉开陶器店的陈老板相识，便决定先到神泉陈老板处落脚，然后取道香港，伺机折回上海。为了解决路费，陈开仪特地向南婆城村亲戚设法借来

300 个大洋。陈开仪为 6 位同志准备了饭包，又在每个饭盒里藏了 30 块大洋，带了两个儿子，与方家悟、黄寿山一起，护送郭沫若等向神泉进发。

陈开仪一行翻山越岭，来到去惠来必经的盐岭径，离雨亭不远的路上，横卧着一条竹杆，拦住去路。众人感到诧异，正面面相觑时，陈开仪忙示意大家煞住脚步，勿蹈险境。慌乱中众人抬头一望，从前面雨亭闯出一伙彪形大汉，一个个怒眼圆睁，手执凶器，摆好阵势，准备厮杀一场。

陈开仪爽朗大笑，拨开众人，从容向安放竹杆处走去。他不慌不忙地把竹杆齐腰举起，然后朗声诵念：

> 日出东方一点红，
> 一条青龙拦路中。
> 我把青龙来扶起，
> 扶起青龙上天堂。

在众人投射惊异眼光时，陈开仪已把竹杆转直安放在原地上，从容地朝着同伴们踱回来。

那边大汉中一个胡脸的高个子，用手一挥，呼喊一声，一伙人当即隐退回雨亭去了。

众人松了一口气，在陈开仪指挥下，走下山坡，急步赶路。

路上方家悟介绍说："这些人是参加一个帮派组织的黑社会的强盗，开仪叔经历广，见识多，'曾识此中人，方知此中情'……"

一阵秋风拂面而过，历险而夷，众人感到凉快。

当天傍晚，他们赶到神泉，找到"荣兴记"陶器店的陈老板。经陈开仪介绍，陈老板笑逐颜开，热情接待同志们，安排好食宿。这位陈老板，原名陈少光，籍贯是普宁县占陇镇华林村。陈少光早年就读于普宁三都书院，毕业后便到神泉镇帮其父做生意。他思想进步开明，为人忠厚热情，1925 年被准举为神泉商会主席。郭沫若等人到来后，潜伏于碗铺楼上，各事由陈少光打点周到，天气转凉，陈少光拿出自己的洋缎夹衫送给郭沫若御寒。同时抓紧筹备船只，以期送郭沫若等人过港。由于当时海面风雨大作，天气不利，一直等到第十一天晚上，陈少光筹备了 50 担菜脯，让郭沫若等人装扮成商家，然后在方家悟、黄寿山陪送下，启帆出海往香港。

临别前夕，陈少光备酒为郭沫若等人饯行。郭沫若很感激，他在"荣兴"碗铺写了好多张字赠陈少光。郭沫若在自传中这样追述此事："只是记得当我写字时，陈老板在一旁殷勤称赞，要我写了又写，写了好几张，送给他的亲戚朋友。……字是写了，但没有图章可盖，我的大小图章是完全丢掉了。我更明确记得，我说过这样的话：'将来有机会，我希望重到神泉，到那时再来盖章吧'。一看情形，神泉不久是可以重到了。我如重到神泉，一定要先去访问陈老板，字纸如还在，这一定要盖上图章，如是毁了，那我一定要再写。"字里行间，流露出郭沫若与陈少光在 10 天相处中结下的深厚友谊。

郭沫若等人和随行的同志们安全抵达了香港。

（原载《揭阳日报》2009 年 9 月 20 日）

牛牯尖下痛歼敌军陈东中部

1932 年 4 月，国民党军张瑞贵师（独二师）以陈东中（绰号陈叮咚）一个独立团的兵力，进犯大南山西部的锡云路。

19 日清晨，敌军除将一个营留作机动外，其余的两个营分由云落、流沙出发，向大南山根据地进攻。

东江特委军务部事先得到敌人行动的情况，决定适当集中兵力，以粉碎敌人的进犯。于是，命令云落特区区联队和当地赤卫队，阻击从云落开来的敌人；命令流沙区联队及锡坑赤卫队，在顶湳村设防，如流沙来的一路敌人经石头圩入山进抵顶湳时，就将其阻击，然后诱敌深入，主动撤至加岭头山，固守阵地。

敌军凭恃武器装备精良，气势汹汹地向锡坑村挺进。

驻在锡坑村的红军独立第二师第二团第三连和游击队第三大队，在与敌人接触后，主动向锡坑村后退。敌人以为红军败退，洋洋得意，除留下二三十人控制锡坑村外，其余都尾追红军。红三连和第三大队故意且战且退，由南仔坳退到刳人石山据守，牵制敌人。

这时，驻在白马仔村的红军第二团的二连、四连和彭杨军校学生军，听到锡坑村方面传来的枪声后，即会同当地赤卫队，迅速抢登海拔七百米高的牛牯尖山峰。

敌团长陈东中挥兵抢占牛牯尖山峰的企图落空了，只好命令军队把牛牯尖团团围住。经过一番部署后，他们集中迫击炮和轻、重机关枪，用密集火力向顶峰射击，掩护步兵冒死冲锋，妄想夺回制高点，以威胁红军在刳人石和其山头阵地。

敌人的意图，很快被据守的红军部队识破了。战士们居高临下，轮番用步枪和手榴弹击退了敌人连续发起的七八次冲锋，给敌人以重大的杀伤。敌人屡遭挫败，气焰大减，陷于进退两难的境地。

这时，驻在加牌的红军第二团团部机关和特务连，在团长古宜权的率领下，从望天石方面直向敌阵冲去。

据守在牛牯尖山峰的红军指挥部，紧紧把握住这有利的时机，组织反击，消灭敌人。当即命令全部号兵集合，发出冲锋号。

二十多把军号集中吹起来了，"嘀嘀嘀……"清脆的号声，峰鸣谷应。刹时，红旗招展，杀声震天，象［像］怒海狂涛，向敌阵地冲卷。敌人一时阵脚大乱，溃不成军，纷纷向锡坑、三坑方向逃窜。

趁着敌军溃逃之际，红军乘胜勇猛追击。特务连下坪坑，过头坷，飞越白地仔山，直插三坑；守卫在牛牯尖的二、四连和军校学生军以及白马仔等村赤卫队，冲下山来，朝梅石坷坳包围过来；刬人石方面的三连和第三大队从南面随后尾追；加岭头区联队和锡坑赤卫队则从东面直捣锡坑。红军围追堵截，把敌人杀得丢枪逃命。

在三坑的一个山头上，有部分残敌，凭借一挺机枪，进行顽抗。为了扫除前进路上的障碍，第三大队十二个勇士，奋勇出击，猛扑敌人机枪阵地。两个冲在前面的勇士中弹倒下去了，其他的十个勇士还在研究对策的时候，只见前面仆倒的一人，突然奋力一跃，冲上前去，用高大的身躯扑向敌人的机枪，与敌机枪手滚成一团。机枪哑了，勇士们一跃而起，冲上前去，把敌人打倒，夺过了机抢，继续战斗。

原先留在锡坑的敌军和从牛牯尖峰撤下的敌军合在一起，向三坑方向溃退。敌团长陈东中眼看打着红旗的红军从四面八方聚拢过来，正愁无计脱身。他忽然见军队中有人带着从村里抢来的红旗，便心生一计，命令他的部下把红旗高举展开，冒充红军，夺路逃生。哪知红军和赤卫队并不上当，依然勇猛追击，不给敌人以喘息的机会。当陈东中带着残部逃至华桂石时，从火石坳方向又杀出一支打着红旗的人马来。这边的敌军见对方擎着红旗冲来，料定是红军无疑，当即摆开阵势，集中火力射击。对面打着红旗的人马，也断定是受到红军的拦路阻击，便猛烈回击。于是，你来我往，互相冲杀，双方伤亡惨重。原来，从火石坳杀出来的人马，也是冒充红军夺路逃生的敌军，他们在慌乱中串演了一出自己人打自己人的滑稽戏。

下午4时，红军把敌人追到四方潭，敌人已被打得溃不成军。陈东中在机动营接应下，向流沙方向狼狈逃窜。

这一仗打得真漂亮。红军打死打伤敌军近百人，其中有副团长以下军官多人，敌逃散一百多人。我〔军〕缴获步枪一百余支、水机枪2挺、花机枪4挺、迫击炮2门以及子弹和其他军用物资一大批。

张瑞贵"两个月剿灭南山共匪"的迷梦，被大南山根据地英勇军民的铁拳头砸碎了。

在牛牯尖痛歼陈东中敌军的胜利消息鼓舞下，以前被驱赶到平原的群众，大多数人在春耕时节，越过敌人的封锁线返回大南山。在群众的支持下，红军党政机关又在大南山恢复了正常工作。

（原载《揭阳党史》2015年第1期）

陈洞径伏击日军运输队

1944年冬，日军在太平洋战争中军事失利，面临穷途末路，为了打通广汕线通路，加紧抢夺潮汕资源，以补充其军需，便垂死挣扎，向潮汕腹地揭阳、普宁、惠来等县进犯。当日军侵犯普宁县时，腐败无能的国民党县政府和军队不顾全县几十万人民的死活，望风而逃。面对日军到处烧杀抢掠的暴行和国民党军队不战而逃的局面，中共潮汕党组织经请示党中央同意，决定恢复党和组织活动，筹建人民抗日武装队伍，开展抗日游击战争。

1945年3月9日，经过一番紧张的筹备工作，中国共产党领导的潮汕人民抗日游击队在普宁县南径的白暮洋村宣布成立。游击队成立后，组织了2支突击队，奔赴平原各地，宣传发动群众，伺机打击敌人。4 月上旬，突击队在流沙的晖晗桥头枪杀了日伪汉奸、流沙维持会［会］长许泽新。以后，突击队又多次袭扰日军，陈洞径伏击日军运输队一仗，就是其中一次钱果丰、影响大的行动。

4 月下旬，游击队［队］长王武和军事顾问谢育才带领的第二突击队活动在洪阳的林惠山村一带。当时，占驻洪阳县城的日军，经常到附近村庄抢劫物资，搜集情报，从洪阳到麒麟是日军活动的一条重要交通线。有一天午饭后，谢育才率领 10 多名突击队员，沿山路赴洪阳至麒麟交通线中间的陈洞径勘察地形，准备伏击来往洪阳、麒麟的日军。下午 4 时许，游击队在陈洞径刚看完地形，正要转下山坡时，前面尖兵忽然看见麒麟方向走来一小队日军，10 多人押着十几担行装，摇摇晃晃走上山来。机智的尖兵立即向日军开枪射击，后面突击队一闻枪声，知道有了敌情，马上隐伏在山坡上投入战斗。游击队的枪声一响，日军便慌忙溜下坑沟，向游击队还击。被强迫而来的挑夫听到枪声，知道游击队来了，便卸下担子，乘机四散逃跑，日军也顾不得去追赶他们了。经过一段相持之后，日军仗着武器精良，准备冲上山来。突击队虽然枪支不好，子弹又少，但 12 名步枪手和 4 名短枪手凭借居高临下的优越地形，沉着镇定地迎击敌人。当日军爬近时，谢育才下达攻击命令："打！"子弹齐声飞出，日军慌乱滚下山去。战斗相持了一段时间，天慢慢黑下来了。游击队的短枪手又迂回到日军背后射击，日军腹背受敌，天时地形对其不利，开始蠕动撤退。游击队员趁此时机，像猛虎下山，把日军赶回去了。最后，游击队员们挑着日军丢下的十几担行装，哼着胜利的歌曲，凯旋而归。

陈洞径一仗，游击队大获全胜，侵普日军大为震惊，驻扎在南径、麒麟的日军再也不敢驻下去了，全部龟缩回普宁城。游击队的威名在全县迅速传开。在游击队的连续打击下，侵犯普宁的日军5月7日向海陆丰一带逃窜了。

（原载《普宁革命故事》2000年3月）

流沙区抗日民主政府诞生记

1944年冬至翌年春，驻在潮汕地区的日本侵略军先后3次窜犯普宁县境，占驻普宁前后2个多月，疯狂野蛮地实行"三光"政策，烧杀淫掠，犯下了滔天罪行。处于水深火热之中的普宁人民在党的领导下，决心组织武装力量，誓死与敌人战斗到底。

1945年3月9日，中国共产党领导的潮汕人民抗日游击队在普宁县南径白暮洋村正式宣告成立。13日，游击队以队长王武的名义，公开发表《潮汕人民抗日游击队成立宣言》。游击队成立后，先后打了几个胜仗，给日军以沉重打击，使潮汕人民受到了极大鼓舞，坚定了打败日本侵略者的信心。游击队以大南山为根据地，坚持从实际出发，组织小型精干武装队伍，开展机动灵活的游击战，游击队在战斗中不断发展壮大。5月7日，在潮汕人民抗日游击队的狠狠打击下，侵占普宁的日军向海陆丰败退，普宁光复了。全县人民热烈欢呼抗战取得的胜利，参军支前等活动十分活跃，建立区、乡抗日民主政权的条件逐步成熟了。从5月到6月，全县各地党组织以原来的守青队、舞狮队、青抗会为基础，先后在30多个乡村建立了抗日游击小组，共有500多人。

6月初，中共潮汕党组织在大南山陂沟村召开会议，传达了中共广东省临委关于将潮汕人民抗日游击队扩编为广东人民抗日游击队韩江纵队的指示。月底，广东人民抗日游击队韩江纵队暨第二支队成立大会在流沙圩举行。韩纵二支成立后，队伍迅速发展壮大，成为韩纵的主力。乘着这大好形势，韩纵司令部抽调二十多名干部组成行政督导队，由方东平任队长，陈德智为副队长。督导队成立后，迅速以流沙为中心，展开建政的宣传、发动和筹备工作。根据党中央关于抗日民主政权中，实行共产党员、非党左派进步分子、中间派各占三分之一的"三三制"政权制度的指示，协同地方党组织，物色人选，酝酿政府领导成员名单，研究政府机构的编制和草拟施政纲领等，并在流沙居围四十多个村中陆续成立了村民主政权。

7 月 24 日早，流沙圩到处张灯结彩，大小标语贴满街头巷尾，一派喜气洋洋的气氛。流沙周围的各乡村民主政府、农会、青年、妇女和各界民主人士、韩纵的代表共一百多人，先后聚集到流沙教堂，准备召开普宁县各界人民代表大会。上午 9 时整，大会正式开始。韩纵司令员兼政委林美南在会上作了国际形势和民主政权施政纲领的报告。他严正地阐明成立抗日民主政权的施政方针和政策措施，指出民主政权要为维护人民抗日民主权利而奋斗，为联合一切抗日党派、抗日人士共同抗日而斗争；要实行减租减息、禁烟禁赌，维持社会治安秩序，改善工农生活。会议采取民主选举的办法，选举泥沟乡爱国民主人士张珂健为区长，共产党员刘斌为副区长。选举结束后，行政督导队［队］长方东平，区政府代表张珂健、刘斌、卢根和各界代表王琴、李秀畅等也分别在大会上讲话和发言，热烈庆祝流沙区抗日民主政府的成立，拥护政府的施政纲领。韩纵宣传队员还在会上唱歌助兴，气氛极为热烈。会后，区政府建立健全办事机构，并设址平湖村黄氏祖祠办公。

3 天后，在流沙区抗日民主政府和行政督寻队的帮助下，马四乡、六八乡两个乡抗日民主政府也宣告成立，分别选举共产党员蔡汉龙、李秀畅担任乡长。弥乌、南泗、十赤、秀郭、德安等几个乡也物色好人选，积极筹备成立乡抗日民主政权。

流沙区和各乡抗日民主政权的成立，在潮汕大地上引起了强烈反响，也引起了国民党反共顽固派的极大恐慌。8月5日，国民党当局调集了一千多顽军分三路向流沙进攻，妄图消灭新生的抗日民主政府。流沙区抗日民主政府被迫撤出流沙，迁往大南山锡坑村。其他各区、乡的建政工作也被迫暂停。后因形势的逐步恶化，改为建立白皮红心的两面政权。

普宁县流沙区抗日民主政府的成立，是潮汕地区抗战时期的重大事件，它是潮汕党组织在抗日战争时期建立、领导的第一个抗日民主政权，其成立标志着以大南山北麓为中心，北起普宁县流沙一带，南至惠来县河田一带，东起南山的林招一带，西至惠来县（现属普宁市）云落一带，方圆约1000平方千米，党组织及其领导的韩江纵队所建立的第一块抗日游击根据地正式形成。此后，由于遭到国民党顽固派调集重兵的疯狂进攻，敌强我弱，大南山抗日游击根据地未能得到进一步的巩固而日益缩小。但是，石头压不住青草，国民党的"围剿"吓不倒英勇的普宁人民。经过3年的解放战争，普宁人民终于推翻了压在头上的"三座大山"，并于1949年7月1日成立普宁县人民政府。同年10月12日，迎来了全县解放的艳阳天。

（原载《普宁革命故事》2000年3月）

攻克重镇里湖

1949年初，潮汕地区的革命形势发生了很大的变化，党的组织和人民武装力量得到了很大的发展，潮汕人民抗征队正式编入中国人民解放军序列，潮汕支队编为中国人民解放军闽粤赣边纵队第二支队，农村根据地得到了巩固，并建立了一批县级人民政权和大批基层政权、两面政权。解放区和可控制地区占潮汕地区面积的一半，人口约 100 万。潮汕地区敌我力量对比已发生了根本变化。据此，中共潮汕地委于 1 月下旬作出了"赶上全国形势，争取一年内解放全潮汕"的决议。

4 月，在人民解放军强渡长江、解放了南京的大好形势下，潮汕地委、边纵和二支司令部制定了平原战役作战计划，决定集中优势兵力，夺取敌人重要据点，歼灭敌人有生力量，向潮普惠揭平原进军；决定 4 月 27 日发起攻打里湖的首仗。

里湖是普宁县的一个重镇，与洪阳、流沙形成鼎足之势，具有重要的战略地位，是敌人在潮普平原的重要据点之一。在里湖的河头驻有普宁县保安新编第三营一百八十多人，码头、下园驻联防队六十多人，龙门桥侧的警察所有二十多人，关爷庙和念佛社驻有特务队和联防队三十多人。其中主要据点是三五层的钢筋水泥建筑碉楼，周围布设工事，防守坚固。

为了攻克里湖镇，边纵司令部在靠近里湖的东山村设立指挥部，集中多敌三四倍的兵力，采取"关门打狗"的战术，由二支队一团和九团的短枪队、一连、二连、四连及边五团爆破组共八百多人，负责主攻里湖驻敌各个据点。由边纵直属一团、五团、七团和二支队四团、六团共二千多人负责阻击援敌。九团二连、五连配合边纵五团、七团在溪桥山、涂洋山一带布防，负责阻击流沙援敌。

事前，九团指派 6 人组成侦察组，在里湖党组织和三区武工队的配合下，对里湖守敌作了细致的侦察，绘制敌军布防图，筹备军需物资。27 日早晨 4 时许，主攻部队由武工队和民兵引路，悄悄进入镇内，完成对敌各营地的包围。九团二连包围关爷庙和念佛社，四连包围警察所，短枪队分为两个战斗组，配合一连、二连、四连开进市区负责切断敌人交通联络。

27 日早 5 时 40 分，在二支队正、副司令员张希非、陈彬的指挥下，攻打里湖的总攻开始了。主攻部队一方面组织猛烈火力，对敌人据点进行攻击，一方面进行阵前喊话，开展政治攻势。上午，一团攻下下园和码头据点，联防队相继缴械投降；下午，又攻克河头据点，敌保安第三营也缴械投降了。与此同时，九团攻打警察所及关爷庙、念佛社的特务队、联防队，敌人拼命挣扎，负隅顽抗。激战至10时许，敌人从炮楼的窗口伸出白旗诈降。九团短枪队副队长江铁在屋顶喊话，不幸中弹牺牲。随后，四连副连长洪子龙用轻机枪向敌炮楼猛烈射击，因机枪故障，负重伤牺牲。九团指挥员眼看牺牲了二位副连级干部，激发起对敌人的无比仇恨，纷纷向九团团长陈扬表示，一定要坚决把炮楼拿下来，全歼敌人，为战友报仇。战斗持续至傍晚，顽敌仍然拒绝投降。当晚，为防止敌人突围，主攻部队除把警察所、关爷庙、念佛社等处紧紧包围外，还在要隘路口点上汽灯，加强岗哨，密切注视敌人动向。团部决定，翌日继续"关门打狗"，先吃掉警察所，再吃掉关爷庙、念佛社的守敌。

28日上午8时，战斗继续。对驻警察所、田赋处的守敌，九团一连、四连和短枪队集中火力猛烈攻击，战士们又往炮楼底下、院内扔进十几个土炸炮，同时，挖墙眼准备火攻。碉楼上的二十多个守兵终于招架不住，举起白旗投降了。驻念佛社的特务队，占据一片筑有坚固防御工事的屋顶，倚仗着有利地形，据险顽抗，盼图外援。上午10时半，九团集中兵力攻击关爷庙、念佛社守敌。第一团调来第一连支援战斗。在重机枪、轻机枪、步枪的猛烈火力掩护下，九团短枪队逼抵念佛社后面的围墙，把围墙挖开一个大洞，然后向院内投掷手榴弹、土炸炮。"轰轰轰"的猛烈爆炸声，使敌人慌作一团。下午1时30分，终于攻克敌人这个自称坚不可破的堡垒，全歼守敌。

28日上午9时，在主攻部队围歼里湖镇内顽敌的同时，流沙驻敌普宁保安一营二连、二营三连和潮阳保安一营一连等共二百多人，妄图援救里湖之敌。当敌行至泥沟乡的崎头山时，遭到边五团、边七团各一个连和九团三连、五连的英勇阻击，战斗一个多小时，援敌溃败退缩流沙。边纵二支队还以两个团兵力，佯攻揭阳县城，调动喻英奇把主力一千多人集中向揭阳、潮安边境，不能救援南线，从而确保了攻占里湖战斗的胜利。

攻克里湖作战，主攻和打援总计，共毙伤敌连长张启翔以下官兵七十余人，俘敌营长张志明、副营长杨鸣枝等以下官兵220余人，缴获捷克式机枪1挺，榴弹枪2杆，长短枪250多支，子弹4500余发，其他物资一批。

里湖的攻克和打援的胜利，对开展平原拔点战具有重要的指导意义。5月1日，中共闽粤赣边区党委给参战指战员发来电报，表示热烈祝贺，并号召全体指战员坚决执行毛主席、朱总司令奋勇前进的命令，彻底干净、全部歼灭敢于持枪抵抗的国民党反动军队。

里湖一被攻克，流沙守敌吓破了胆，4月30日乘夜仓皇逃到潮阳。5月1日，流沙宣告解放。

（原载《普宁革命故事》2000年3月）

三打普宁城

1949年5月，解放战争已进入横扫残敌、解放全国领土的新阶段。普宁的革命形势也很好，继里湖、流沙、棉湖解放后，普宁县城洪阳的国民党守军完全孤立。中国人民解放军闽粤赣边纵队第二支队司令部和普宁地方革命武装边纵二支九团，酝酿捣毁国民党普宁县政府这个老巢，以实现全县人民的愿望。

二支队司令部派出策反小组，向县城守敌中队长李雨生、大队长陈文堃做策反工作，并通过普城地政人员弄到一张普城军事地图，了解到县城驻敌情况。当时，县保警一个营三个中队分别驻守于县政府、南门祠堂和东门妈宫炮楼，还有自卫大队驻德安里老寨、中寨和东南面麻疯寮炮楼，警察局武装驻于城隍庙，共有兵力约300人。其军事部署严密，依着城墙四周筑有碉堡和6个炮楼，顺着环城河设双层排哨，并有重机枪控制着从德安里至南门间的一片田野。国民党普宁县〔县〕长曾枢、大队长陈文堃等人对二支司令部的策反起义表现犹疑，还妄想有所恃而继续负隅顽抗。我军几次派人做工作进行谈判，都没有成功。在这种情况下，二支队司令部先后组织有关团队，发起三次攻打普宁县城的战斗。

第一次攻城，5月14日，二支队司令部经过认真研究，决定采取四面围歼敌外围据点，然后从南门切入，分割两片，逐个歼灭，向城中进攻，先攻县政府，后攻德安里，再解放全县城的战法。调集边纵一团、三团、九团主攻普城，四团布防于外围打援。是日拂晓前，二支第一次攻城打响了。当时驻马头山的九团埋伏于水龙寨一带，负责攻击城东的麻疯寮炮楼至城北的妈宫炮楼，阻击从城东突围之敌。战斗至上午8时许，县长曾枢带自卫队从厚田、水龙寨妄图突围，在遭到九团痛击后，即龟缩入德安里及麻疯寮炮楼继续顽抗，撑持局面。战斗至黄昏，我军为避免打消耗仗，二支参战部队撤退至林惠山十三乡一带。

第二次攻城，7月13日，二支队集中一团、三团、九团负责主攻，四团于仙桥负责打援，同时由三支队和二支队五团二营、七团攻打揭阳新亨驻敌，牵制配合普城战斗。是日早晨4时，第二次攻城战斗开始。九团四连攻打德安里和东门炮楼，其他各连攻打麻疯寮、妈宫炮楼及钱湖等处驻敌。但因参战部队侦察不周，对敌估计不足，且天下暴雨，贻误战机，攻城至晚9时未克，又接到台湾新军从峡山向普城增援的情报，攻城各团主动撤离阵地。

第三次攻城，8月上旬，敌刘鼎汉部为打通"潮梅走廊"，接应南逃的国民党军队胡琏兵团，配合地方反动武装共三千多人，进犯二支队七团活动的五房山。二支队、三支队采用"围魏救赵"的策略，根据8月8日边纵和潮汕地委领导人关于"转向敌人后方，攻其虚薄之处"，"应即时布置对普城的攻击计划"的指示，部署以三支队一团配备一个炮排，与二支一团、三团、九团负责攻打普宁县城，三支队三团与二支队四团负责外围打援。15日晚，攻城部队进抵城郊隐蔽。隐驻于马头山村的九团各连转战于城东北面的沟边、钱湖，城东的百里桥、东门炮楼、麻疯寮炮楼和德安里一带。16日拂晓，二、三支队发起第三次攻城战斗。九团短枪队同一团短枪队一起向南门西侧突击，同时肩负攻城后勤、情交任务。但守敌凭借城墙、环城河、碉堡、炮楼等军事设施顽抗，战斗十分激烈。攻城部队多次猛攻，均没奏效，形成对峙。九团战士陈风强在冲锋时不幸被敌弹击中，壮烈牺牲。深夜，司令部命令攻城部队主动撤围，仅留九团在城外继续牵制敌人。

三次攻城虽未成功，但有力鼓舞了敌占区人民，威慑了敌人。第一次攻城后，县长曾枢于5月底自动辞职了；第二次攻城的当天晚上，新任县长方国柱等国民党党政军官员及亲属准备突围求生，后闻攻城部队撤走，惊魂甫定；第三次攻城后，使二支队七团安全转移，入侵梅北之敌仓皇撤走。经过我军三打普宁城，城内守敌有如惊弓之鸟，惶惶不可终日。8月27日上午10时，县长方国柱率部弃城往揭阳方向逃命。当晚解放军入城接管，普城洪阳解放。

（原载《普宁革命故事》2000年3月）

说明：

1. 此节为摘录文章，在编校过程中尊重原文，不作大的改动；

2. 对个别标点符号使用不规范的，予以订正；

3. 对错字作了修改，用［］标注。

附　录

附
录
一
大事记

一、党的创立和大革命时期（1919 年 5 月至 1927 年 7 月）

1919 年

5 月 7 日　普宁县学生联合会成立，方思琼（又名方方）当选为会长。

5 月 14 日　普宁县学生联合会派方思琼、伍治之为代表，出席岭东学生联合会。

1920 年

3 月　进步学生杨石魂、方达史、方临川等分别毕业于揭阳榕江中学和汕头礐石中学，并考入广州铁路专门学校。

1921 年

12 月 2 日　普宁县第一个民选县长张五云（流沙秀陇村人）到任。

1922 年

春　方思琼、伍治之被聘为普宁县立平民小学教员，宣传反帝反封建的新思想、新文化。

1923 年

4 月至 5 月　普宁二区（流沙）有部分农民参加彭湃领导的海丰县总农会。

6 月 17 日　杨石魂等以成员身份在广州参加省新学生社成立大会。

12 月 1 日　普宁县农会筹备会经省农会批准，在流沙前蔡村陈氏祖祠成立，全县入农会会员约 500 户。

12 月　杨石魂任广州新学生社第三届执委会宣传委员；寒假回普宁县和方思琼、伍治之倡议组织"洪阳集益社"，参加该社的有青年学生 30 多人。

1924 年

5 月 5 日　杨石魂当选为团广州地委候补委员。

7 月　伍治之、黄中坚、罗绩等进步青年仿效湖南省做法，成立普宁农村成人教育促进会，在大坝的白坑、铁山洋和赤岗等村办夜校 3 所。

8 月　杨石魂回普宁县邀方思琼、伍治之、杨慧生、黄中坚、谢培芳、张清江等 6 人到广州第二届农民运动讲习所学习。

9 月　普宁县农民协会在流沙成立。全县入会会员 4000 多户。

10 月　方临川以国民党中央农民部特派员身份回普宁县开展农民运动。方思琼、伍治之等从广州回普宁，在农村宣传发动农民参加农会。

11 月　普宁新学生社支部成立，书记方思琼。

1925 年

2 月 15 日　共青团广东区委召开临时大会，杨石魂在会上当选为团广州地委执行委员，任宣传部主任。

2 月　广东革命军东征潮汕、兴梅，讨伐陈炯明。中央农民部秘书彭湃派陈魁亚为队长，彭奕、陈颂为副队长，带一支 10 多人的宣传队到普宁协助开展农民运动。

3 月 5 日　东征军路过普宁，夜宿洪阳。周恩来住洪阳"满记"绸庄二楼，并在洪阳召开商民大会作演讲，还派人筹集军饷。

5 月中旬　国民党普宁县党部筹备处在洪阳成立，方临川为主任，方思琼、方家悟等为委员。

5 月　普宁县第一个共青团支部在洪阳"普宁学宫"后的"惠风亭"成立，团员 5 人，方思琼当选团支部书记。

7 月 14 日　普宁县农会就防军压迫事致电国民党中央执行委员会等机关，要求派员前来处理。

9 月　潮汕再陷于军阀陈炯明之手。方思琼、方惟精组织工农自卫军独立营，方惟精任营长，方思琼任秘书长兼团支部书记。

10 月下旬　方惟精、方思琼率独立营袭击潮阳县关埠陈炯明辖下的谢文炳师部留守处，有力配合第二次东征。

11 月 2 日　东征军总政治部主任周恩来委任方展英代理普宁县检察分庭检察官。

11 月 5 日　共青团普宁支部恢复组织活动，团员 5 人，团支部书记方思琼。

12 月　方思琼调潮安县大寨搞工农运动，方书略继任共青团普宁支部书记。

1926 年

1 月上旬　中共普宁支部在洪阳塔脚南山顶上成立，参加第一次党支部会议的党员有 20 多人，选举产生党支部领导机构，陈魁亚为支部书记。

1 月 11 日　普宁一区、八区 10 万农民在党的领导下，开展第一次围攻县城地主集团的斗争，战斗坚持了 5 天。

1 月 16 日　东征军政治部派员带兵二连来普调处农民与地主集团的对峙战斗。

1 月 19 日　农民与普宁县城地主战斗暂停。

1 月 23 日　普宁城内地主派方卧云成立普宁县孙文主义协会，与县新学生社对抗。

2 月 6 日　农民第一次围城斗争获胜，城内地主答应惩凶赔款。彭湃代表省农会来普慰问农民，受到 7000 多名农会会员、500 多名农军的夹道欢迎。

2 月 8 日　彭湃到占陇的西社检查五区农会工作，并命人拘办投机分子陈若珍，着手改组普宁县农会。

2 月　中共普宁支部吸收 50 多名在围城战斗中勇敢的农会骨干入党。在塔脚开辟自由集市，县农会办事机构移往塔脚。

3 月 29 日　普宁县县长陈志强因反对农民运动被轰下台，熊矩任县长。

3 月　国民党普宁县党部在洪阳正式成立，共产党员方家悟等为执行委员，共产党员卢世光等为监察委员。

4 月 18 日　普宁县农会第一次代表大会在峇脚召开，时间 3 天，到会代表 300 多人，选举陈魁亚、何石（何玉山）、吴棣伍、陈颂、陈宇任等为县农会执委。

4 月 26 日　全县共青团员 12 人，团支部书记方书略，分两个团小组，在城组组长陈佐帮，马栅组组长黄雅修。

5月1日 广东省农会召开第二次农民代表大会，据大会公布，普宁全县有7个区、144个乡建立农会，会员达14944人。

7月9日 国民革命军誓师北伐。普宁县农会发动群众募捐钱物支援北伐。

9月中旬 东江教育改进会普宁分会成立，罗俊三、杨少英、吴棣伍为常务理事。

9月19日 普宁县4.5万多名农民及各界人士集中大坝葫芦地村的旗北虎广场召开"驱熊大会"，会后举行示威游行，贪官县长熊矩畏罪潜逃。

9月 普宁县妇女协会在塔脚成立，主任邱琼英。

10月22日 普宁县农会在塔脚召开全县农会代表会议，到会代表292人。会议通过"二五"减租和扩建农军等决议，成立全县减租委员会，发布减租宣言，并编印减租特刊《普宁周》。同日，普宁县农会在塔脚举办农军训练班。

10月 普宁县劳动童子团总部在塔脚成立，团长黄寿山；普宁县商民协会在洪阳成立，会长黄岳。

11月7日 普宁县农会在大坝葫芦地村的旗北虎广场召开庆祝苏俄革命成功10周年大会。

11月12日 普宁县农会在大坝葫芦地村的旗北虎广场召开庆祝孙中山诞辰大会。

11月 普宁县党组织迅速发展壮大，建立了25个党支部，党员350人，中共汕头地委决定成立中共普宁县部委，部委书记陈魁亚。

12月5日 普宁县农会建立农民自卫军基干大队，下辖两个中队，大队长何石。黄埔军校生林本、余立寰来帮助训练农军，并分任第一、第二中队中队长。省农会潮梅陆丰办事处呈报警备司令部，同意拨给县农民自卫军基干大队 200 人伙食费。

12 月 12 日　普宁二区农会召开公民大会，严惩拦路抢劫的盐警奸商。

12 月 15 日　普宁七区党部电请查办殴打区执委会干部的新国民社头子陈夫。

12 月 31 日　普宁县农会在南溪的钟堂渡口截获洪阳城内方姓地主从汕头运来的大炮轮 5 个、子弹 2 箱、制弹机 1 副。

12 月　普宁县总工会成立，主任张清典（又名张中耕）。

1927 年

2 月 23 日　潮梅海陆丰第二次农民和劳动童子团代表大会在汕头市召开，出席会议农会代表 212 人，劳动童子团代表 253 人，会议为期 4 天，会议内容主要为解决整饬内部、纯洁组织、加强团结等问题。普宁派陈魁亚、黄中坚、黄寿山等为代表参加会议。

3 月中旬　中共普宁县部委选派黄雅修等 2 人赴省参加军事训练，并在塔脚举办第二期农军训练班。

4 月 16 日　普宁党组织派陈魁亚冒雨往海陆丰地委请示对付反革命政变的方法。

4 月 19 日　中共汕头地委委员杨石魂、潮梅海陆丰办事处委员林苏等人从汕头撤退来到普宁塔脚。

4 月 20 日　根据海陆丰地委的指示，在洪阳的林惠山村成立潮普惠三县军事委员会，以李芳岐（李运昌）为主席，杨石魂、林苏为副主席，陈魁亚、何石等为委员，调集各地农军，准备武装暴动。并在大坝九江村的陈氏祖祠成立普宁县临时人民政府，由李志前任县长。县人民政府发布"讨蒋宣言"和减租减息等施政纲领。

4 月 22 日　洪阳城内地主雇用揭阳凤湖 60 名枪手进城准备

对付农军。

4月23日　党领导 4000 名农军发动声势浩大的武装暴动，围攻县城洪阳。第一天战斗毙伤敌数名。

4月26日　普宁县农军大队及八乡、十二乡上万农民，在南溪的钟堂平径山上全歼汕头派来增援的国民党正规军队尤振国连 117 人和带路的方修飞等 8 人。

4月27日　普宁县农军大队和一区、八区农军在洪阳的陈洞径击溃第二路援城敌军周潜保安队，在赤岗杨姑山阻击敌第三路援军。

4月29日　普宁县人民政府委派黄光甫为流沙区区长，陈新吾为大坝区区长，于当日到任。

4月30日　流沙的北山村农会会长许光镐率农军缴新国民社枪支和旗帜。

5月3日　何石率普宁县农军大队在大坝的顶深水与汕头派来的国民党军队展开激烈战斗。

5月4日　汕头国民党军队在赤岗的仙洞、赤岗山、青屿、五福屿焚烧农民厝屋。

5月5日　普宁县农会驻地塔脚失陷，厝屋、市场被敌焚抢一空，周围革命乡村也遭烧杀，杨石魂等领导人退到流沙白塔秦祠。

5月6日　海陆丰农军 200 余人到普宁援助农军，在大坝与敌展开战斗，普宁县县长戴恕逃往汕头。

5月7日　潮阳县的沙陇农军 100 余人抵大坝，协助阻击敌军。

5月11日　普宁县农军分别在流沙的白马圩、军埠圩各枪毙反动盐警 2 人。

5月13日　汕头警备司令部司令何辑五派团长陈泰运率 800

余兵抵麒麟，焚烧南陂和南径的大埔寮等革命乡村。参加普宁武装暴动的领导人和农军撤往陆丰县的新田，组织惠潮梅农工救党军。

6 月上旬　方家悟、何石、卢世光等根据党在陆丰县新田召开的会议精神和中共东江特委的指示，率部分农军转回普宁，到大南山坚持革命活动。

7 月　党组织通过方惟精、许光镐与周潜（潮普惠保安总队总队长）的私人关系，在流沙的白马圩组织一支 100 多人的保安分队，保存武装实力，伺机再起。

二、土地革命战争时期（1927 年 8 月至 1937 年 7 月）

1927 年

8 月下旬　在中共东江特委委员杨石魂的指导下，普宁党组织于占陇的三都书院召开干部会议。会后，普宁党组织领导人、农军基干大队大队长何石根据三都会议部署，集中各区农民武装 300 多人驻扎于流沙白塔秦祠，准备迎接八一起义军入境。

8 月 31 日　普宁、潮阳农民武装协同攻打潮阳县城，歼敌及释放监狱的革命群众，后即转移。

9 月 2 日　普宁县农民武装攻陷敌大坝警署。同日，击毙横溪区区员潘伟公（县长陈逸川妻舅）。流沙区区长庄彩成闻讯弃职潜逃。

9 月 3 日　何石亲自带领短枪队 20 多人，枪决十八乡乡长陈厚爵。

9 月 24 日　八一起义军入汕头。普宁县农民武装第三次围攻县城。

9 月 28 日　叶挺派八一起义军一个营 300 多人前来普宁助

战。城内驻敌竖白旗投降，普宁县城被革命武装占领。

10月1日　从汕头、潮州、揭阳等地撤离的八一起义军领导人及主力部队，陆续由揭阳炮台过渡，经贵屿转道到达普宁流沙。

10月2日　撤至流沙的前敌委员会、革命委员会、部分党中央领导同志有周恩来、李立三、彭湃、恽代英、刘伯承、谭平山、郭沫若、吴玉章、林伯渠、张国焘、张曙时及地方党组织负责人杨石魂等，分驻于流沙天主教堂、白塔秦祠及珍珠娘宫等地。停留流沙期间，按照中共中央指示精神，领导人大体上已商定取消国民党旗号，准备作长期斗争，武装人员撤往海陆丰与农民运动结合，领导人员撤离战区，转道香港、上海另行分配工作等重大决策。

10月3日　贺龙、叶挺、聂荣臻等军事指挥员抵流沙，由周恩来主持，在流沙天主教堂侧厅举行指挥部军事决策会议，从政治上和军事上总结经验教训，贯彻已经商定的决策，并在军事上作具体部署。同日，张国焘、李立三、恽代英等领导人聚集于平湖读书楼，与杨石魂等地方党组织负责人举行会议，具体部署护送领导同志撤离战区工作。

当天下午4时左右，领导机关接获敌军前来突袭的情报后，领导同志即分头从流沙出发，按预定计划撤走。前头部队第二十军第一、第二师已从流沙越过云落，向陆丰方向转移。第十一军第二十四师行至距流沙3.5千米的钟潭村后莲花山，即遭到由果陇村庄大泉地主武装所带引的敌第四军第十一师陈济棠部的突袭，双方在莲花山一带激战至黄昏。

10月15日　普宁党组织领导人何石在中共中央南方局与广东省委举行的联席会议上，被任为中共广东省委委员。

10月　普宁党组织按原来部署，一方面派员护送周恩来、叶挺、贺龙、林伯渠、刘伯承、恽代英、李立三、谭平山、聂荣臻、郭沫若等领导同志转移到香港，一方面派何石处置八一起义军流散人员和收集失落武器，做好善后工作。起义军有一批人员驻留普宁，其杰出代表有二十军炮兵连连长邓宝珍及绘图师贺志中等。

11 月初　普宁党组织领导人方家悟等在九区（大坝）渔新村成立全县党的临时领导机构。

11 月 17 日　中共广东省委指示东江革命委员会和工农革命军第二师及海陆丰同志，必须协助五华、普宁、潮阳等县工作，根本覆灭地主阶级之势力，促成全省大暴动的实现。

11 月中旬　中共东江特委书记彭湃派海丰陈魁亚等回普宁工作，建立中共普宁县委员会，陈魁亚任书记。县农会也恢复机构，开展活动。

11 月 28 日　中共普宁县委派何石带队到八乡处决参与阴谋破坏农会活动的国民党士绅张日升、蔡协兴、高蓬莱、黄乐永等。

11 月底　在县、区革命武装协助下，农会揭开年关斗争序幕。

12 月 7 日　敌十一师余汉谋部第二营（彭林生部）200 余人围攻驻洪阳宝镜院的中共普宁县委。

12 月 8 日　普宁县农民武装遭果陇村庄大枭地主武装袭击，农军被迫还击，此为"一打果陇"。

12 月中旬　按上级指示，普宁县农军 300 多人编为"广东工农革命军东路军第六团队"。团长何石，参谋长邓宝珍。各区相继成立赤卫队。

12 月 18 日　中共广东省委指示普宁应实行土地革命，并成立苏维埃政权。

12 月下旬　中共东江特委通令各县举行年关暴动。

12 月 30 日　中共普宁县委决定从 30 日起至 1928 年 1 月 2 日连续 3 天为农民总暴动日期，举行全县总暴动。

1928 年

1 月 3 日　广东工农革命军东路军第六团队会集各区、乡赤卫队和尖串队共 5000 多人，分南、北、东三路"二打果陇"。此役南路总指挥何开云和北路总指挥周犹虎在激战中牺牲。

1 月 6 日　敌陈济棠部等六七百人，会同果陇等乡地主民团，一连 4 天洗劫革命乡村和进攻驻大南山陂沟村的中共普宁县委、县农会。

年初　中共普宁县委成立后方委员会，主任何石。后方委员会驻三坑村，着手进行发展党员，建立健全农会组织，开设军事训练班、拘留所、后方医疗所，搞好大南山西部的开辟等工作。

1 月下旬　中共陆丰县委委员、大坪镇人魏荫亭，在 22 日和 24 日两次带领农军攻克大坪驻敌钟晓东部。

1 月 31 日　彭湃执行中共广东省委指示，亲自率领红四师第十一团 300 多人进抵普宁，指导和协助全县开展暴动和夺取政权工作。

1 月至 3 月　1 月，普宁县 9 个区除七区（贵屿区）外，都建立了区委会，辖 59 个支部，党员由原有 350 人发展至 910 人。3 月，增加云落区委会，支部发展至 80 多个。成立县苏维埃政府后不久，县委书记由彭奕接任。

2 月 1 日　以红十一团为主，会合普宁县革命武装和二区、九区赤卫队及各乡尖串队数千人，此为"三打果陇"。

2 月 3 日　敌果陇据点被普宁县革命武装攻克。

2 月 6 日　普宁县革命武装攻克下架山的和尚寮村敌据点。

2 月 7 日　红四师及红二师部分兵力会合普宁县革命武装，连续进攻敌横溪、陇头、埠塘等据点。

2 月上旬　在大南山的陂沟村召开普宁县党团支部联席会议，

决定成立县苏维埃政府，实行土地革命和发展党团组织。

2 月 13 日　普宁县第一次工农兵代表大会在陂沟村振声学校举行，到会代表 300 多人，选举产生县苏维埃政府执行委员会，陈开仪当选执行委员会主席。

4 月 6 日　广东工农革命军东路军第六团队参谋长邓宝珍在陇头战斗中牺牲。

4 月 7 日　敌黄旭初部 3000 兵进驻普宁县内二区四十股、湖心洋、钟潭等乡村。

4 月 18 日　敌徐景唐部 2000 兵进驻流沙、新坛一带。

5 月 5 日至 12 日　彭湃在大南山的林樟村主持召开潮普惠三县县委联席会议，制定三县暴动计划，集中三县武装，成立工农红军第五师，准备夺取三县政权。

6 月　彭湃和中共东江特委同志一起，在大南山的白马仔村，总结潮普惠三县暴动失败的原因，制定三县党组织整顿计划。

夏秋间　普宁二区区委书记陈宇任、共青团县委书记翁时光、县委书记彭奕、妇女干部杨德秀等先后牺牲。继任县委书记方家悟，为开展平原工作而离开大南山，到六区六乡仔一带活动。

10 月　彭湃奉命离开大南山赴上海，中共东江特委机关转移到潮安，特委与普宁县委失去联系。

11 月　中共普宁县委书记方家悟在上村病逝，除何石带领部分武装隐蔽于大南山上进行游击活动外，党组织工作基本停顿。

12 月 10 日　临时东江特委在八乡山开会，根据党的六大决议精神，作出恢复党组织、发展武装等决定。会后，东江特委委员方汝楫来大南山开展工作。

1929 年

1 月　经方汝楫联系后，普宁党组织恢复活动，县委重新建立，书记杨少岳。

春　经过贯彻执行党的六大决议精神，普宁党组织和武装力量逐步恢复和发展，"群众斗争要求也高涨起来"。

3月9日　中共东江特委在给广东省委的报告中，对普宁工作的评价是："最近进行也很进步，革命现状已由静久思动的局面。"

3月21日至4月6日　中共东江特委为贯彻党的六大及广东省委第二次扩大会议决议精神，在八乡山办训练班，9个县派党、团干部参加学习，人数共30人。普宁派郑国钊等同志参加学习。

4月1日　潮普惠三县敌3000人，分三路"围剿"大南山，普宁革命武装联合惠来、潮阳革命武装进行伏击。

6月18日至7月　中共东江特委于丰顺召开东江党第二次代表大会，系统贯彻党的六大会议精神，并作出东江党的中心任务和策略、组织路线、宣传工作和群众工作等决议。普宁县派党、团负责同志参加。

7月中旬　潮普惠三县在大南山的林招村建立红军第四十七团（初归东江红军总指挥部指挥，后属中国工农红军第六军第十六师），团长何石，政委陈开芹。同时，建立大队（或连），区为联队（或班）。普宁为51人的第三大队，也称驳壳连。

7月　普宁党组织发展到区委会9个，党支部50个，党员520人，县委书记张家骥。

9月　中共普宁县委书记张家骥上调，由方思琼继任。

夏至冬　中共陆丰县委指派温达初等3人深入南阳山区开展重建发展党团组织、农会、赤卫队等工作，并成立南塘区苏维埃政府，主席陈荫南。

10月9日至10日　中共普宁县委组织各区开展"双十"节活动。全县7个区，将近1000多名干部、群众参加。会上报告彭湃、杨殷牺牲经过并致哀后，报告政治形势及布置秋收斗争任务。会前会后散发宣传品1300份。这样，震慑敌人，鼓舞群众，受到广东省委的肯定表扬。

10月11日　中共东江特委召开扩大会议，决定成立西北、西南、东南联席会议机构，由东委代表任主席，各县派一人参加。

10月中旬　潮普惠揭四县在大南山成立西南四县联席会议机构，称"施联辉"。

10月20日　朱德领导的红四军一部到达梅县，准备帮助东江的斗争，扩大根据地，使与闽西、赣南连成一片。

10月中旬至11月中旬　中共东江特委为策应红四军的斗争，由古大存指挥红军四十七团北上与四十六团及当地赤卫队转战于丰顺、梅县、五华等地。

11月中旬　普宁于大南山锡坑村召开全县农民代表大会，成立普宁县革命委员会，主席李崇三，副主席何石。

11月26日　红军四十六团、四十七团向坪上敌据点进攻，在捣敌营战斗中，团长何石、连长许炳牺牲。

冬　大南山除全面抗租外，并在部分乡村进行土地分配试点工作。

12月15日　在南阳山区樟树仔村成立陆丰县第六区船埔乡苏维埃政府，主席朱荣。

1930 年

年初　红军四十九团在南阳山区樟树仔村扩编第八连80多人。

2月　红军四十七团团长陈开基在率队攻打揭阳新亨回师途经埔仔寨时，遭敌民团伏击牺牲。

2月至4月　红军四十七团回师潮普惠后，积极配合地方赤卫队，扫荡大南山周围的敌据点，不断壮大力量，该团发展至300多人，扩编为2个营、7个连。

4月初　中共东江特委在八乡山举行扩大会议，各县负责同志参加，决定积极组织暴动。

4月25日　红军四十七团配合惠来武装，再度攻打惠来县隆江镇。是役，团长李斌牺牲。

4月28日　红军四十七团、四十九团紧密配合，击溃敌毛维寿部的戴戟团、警卫队共2000多人向大南山林招村的进犯。

5月1日　第一次东江工农兵代表大会在八乡山滩下举行，出席大会的有19个县代表和全省各地区代表共300多人。会上选出东江苏维埃政府常务委员15人、执行委员45人、候补委员16人。陈魁亚为委员长，古大存、陈耀潮为副委员长。同时成立红十一军，古大存为军长，颜汉章为政治委员，罗欣然为政治部主任。

5月初　潮、普、惠、揭等地革命武装成立第三军区，司令蔡端，政委李良清。

5月8日　红军四十七团、四十九团在地方武装配合下攻克流沙。

5月23日　红军四十七团、四十九团攻克麒麟。

5月　方思琼他调，何丹成接任中共普宁县委书记。

7月　中共普宁县委在九区夏地村召开全县党团联席会议，布置夺取全县政权工作，东江特委代表刘琴西出席会议并讲话。

7月后　为执行中共广东省委暴动计划，以颜汉章为书记的东江特委移驻大南山。及后，东江军委及东江苏维埃政府也先后移到大南山。

9月22日　第三军区100多人，配合地方武装，攻打棉湖镇。

10月10日　中共普宁县委集结一区、四区区联队及赤卫队共100多人进攻普城。

夏收后　大南山根据地全面铺开分配土地工作。

10月末至11月初　中共广东省委常委、组织部部长李富春及中央代表邓发等到大南山大溪坝村召开中共闽粤赣边区第一次代表会议，会上选举产生以邓发为书记的中共闽粤赣边区特别委员会。方方任大会秘书长。会后，成立西南、西北分委分辖东江地区，由闽粤赣边区特别委员会直接领导。

11月中旬　潮普惠三县党组织合并，成立中共潮普惠县委，县委书记陈醒光。同时在大溪坝村召开三县工农兵代表大会，成立潮普惠县苏维埃政府，县苏维埃政府主席方光庆。县以下建立区委会及区苏维埃政府，领导各乡开展工作。

11月22日　驻流沙普宁警卫大队一个中队，在中队长庞柱率领下，向大南山红军投诚。

秋收后　大南山等区土地分配工作进一步开展，到1931年春耕前，完成土地分配工作的共130多个乡，3.5万人口。

12月　红十一军遵照上级指示精神，改编为中国工农红军第六军第二师（后改为东江独立师），以四十九团、四十七团与四十六团部分武装，编为一团和二团。及后，一团开往海陆紫苏区，二团留守大南山。

同月　陆丰、惠来县部分地区合并为陆惠县（南阳山区）。

1931 年

1月1日　中共东江军委发布三个月工作计划。及后，对红军一团、二团及县、区游击队和乡赤卫队的组织领导及思想政治工作有所加强，对后勤建设有所促进。

春　成立中共南山特区委员会、特区苏维埃政府，管辖有

190 个乡、5 万人口、1500 平方平方面积的苏维埃区域。

3 月初　红军第二团第一、第二连在大南山的鹅地伏击敌一个排。

3 月 23 日　红军第一、第二团联合地方武装，袭击流沙敌骆凤翔团黄启良营驻地。

3 月　敌张瑞贵独立旅的骆凤翔一个团进攻大南山。

5 月 18 日　东江召开干部扩大会议，决定按照中央土地法草案原则，深入开展土地革命运动。同时决定取消西南、西北两个分委，恢复东江特委，重归广东省委领导。

潮普惠县在完成了 60 个乡的土地分配工作基础上，实行山林、果树、特产全面分配政策，巩固和扩大土地革命的成果。

5 月　普宁县建立 12 个区委会，支部 260 个，党员 1400 人。

6 月　中共陆惠县委成立，书记陈醒光。

8 月　大南山根据地在东江军委主席袁策夷领导下，大规模开展反"AB 团"斗争。"肃反"中，错杀伤害了大批干部、群众，不下 500 人。运动期间，执行中共中央组织决议，潮普惠县委暂时停止工作，县委委员分配到各区巡视，各区直接由东江特委领导。

10 月　中共东江特委在大南山召开东江党员代表大会，出席代表 50 余人。广东省委代表到会作指导。会议贯彻中央王明"左"倾教条主义的所谓"国际路线"。

1932 年

1 月 10 日　中共陆惠县委在南阳山区船埔头举行 400 多人的武装大检阅。

1 月　敌第二军第五师张达部联合独立二师张瑞贵部及各地联团、警卫队，准备向以大南山为中心的根据地进行有计划、有规模的"围剿"。

3月12日　敌张瑞贵部集中了4个团的兵力配合地方警卫队共4000余人，分三路进攻大南山。

3月25日　潮普惠三县"剿匪"联防委员会召开绥靖会议，实行"三光"政策和"移民"政策，迫限大南山所有居民于4月12日前全部移往平原，大南山根据地人民受到敌军严重迫害。

4月18日　中共东江特委在大南山锡云路召开扩大会议，讨论冲破敌人"围剿"与发动群众为解除春荒而斗争等问题。会上改组东江特委，潮普惠县委书记周大林当选东江特委委员。

4月19日　敌独立团陈腾雄（又名陈东中，绰号陈叮咚）率部进犯锡云路。中共东江军委集中兵力，于牛牯尖峰下发起围攻，歼敌近百人。

春耕时　在红军打胜仗消息的鼓舞下，逃往平原的群众60%回归大南山，根据地党政机关恢复正常工作。

8月20日　东江特委全体会议决议对敌采取积极进攻。

8月　敌人实行"围剿"与"驻剿"相结合的办法，对大南山根据地发起新的进攻。

同月　成立中共潮普揭县委，书记张锄（又名张浦昭）。

10月1日　潮普揭第一大队伏击敌警卫队，歼敌22人。

10月　成立中共揭普惠县工委，负责人李彤、林汉希。

11月28日　红二团团长古宜权率100多人开赴石牌汤头，协助开辟揭普惠新区，遭敌张瑞贵部1000多人围攻，古宜权血战阵亡。

1933年

1月10日　中共东江特委召开常委扩大会议，批判军委主席袁策夷个人错误，改组东江军委，朱炎接任军委主席；决定潮普惠县委改为县工委，陈达任县工委书记。会议号召全体同志节衣缩食，依靠群众，打破敌人的封锁，粉碎敌人的"围剿"。

1月13日　中共东江特委为林樟八乡反动分子活动组织联团、筑炮楼事发给潮普惠县委及各级党部信，指示各级党组织和武装队伍加强对群众宣传工作，发动群众与之斗争。

2月　红一团进攻大坪圩，消灭敌警卫队。

3月　中共东江特委调派潮普惠、潮普揭的一、三、四大队充实二团，并以一团、二团为基础及联合各游击队，编为东江工农红军第一、第二路军。第一路军总指挥古大存，第二路军总指挥卢笃茂。

夏　古大存和卢笃茂带领红军300多人配合南阳山赤卫队，开展斗地主、打土豪劣绅的斗争。

10月　东江游击总队成立，总队长周友初（中共中央军委派来的），政委古大存，参谋长卢笃茂。

1934 年

1月2日　由卢笃茂率领红军队伍，袭击里湖冷水坑警卫中队。

3月5日　原在泰国办进步的崇实学校的许宜陶、黄声等进步教师回国，应聘在埔塘兴文中学任教，宣传抗日。

3月20日　中共潮普惠县委发布"为春荒而斗争"的号召书。

4月23日　潮普惠县苏维埃政府发出《红军及工农武装优抚条例》。

6月11日　东江游击总队参谋长、红二团团长卢笃茂率红二团及卢秋桂带领的潮普揭第一游击大队100多人，于揭阳（现属揭西）与五华交界的胡头山遭敌邓龙光部及当地反动自卫团1500

多人重兵包围，苦战中卢笃茂负伤被俘（1935 年 2 月 3 日就义于广州黄花岗）。

12 月 31 日　张木葵带领一中队、二中队，于下架山的碗仔村附近鲈鳗洞伏击张瑞贵部驻潘岱的一个连。

12 月　经中共东江特委决定，东江红军游击队总指挥部于大南山松树坳村成立，张木葵任总指挥。

1935 年

3 月　兴文中学创办一周年，邱秉经、马士纯等一批土地革命时期党员和团员及进步教师先后聚集兴文中学，致力于把兴文中学办成革命学校。

4 月　广东军阀调第三军第九师邓龙光接替张瑞贵。邓龙光设师部行营于流沙，以 4 个团兵力，联合地方武装布防于潮、普、惠、揭、陆各县要口，对大南山形成包围之势，发起进攻。

5 月 16 日　中共潮普惠县工委秘书黄茂在大南山的鸡心山上与敌战斗中牺牲。

5 月底　中共东江特委机关驻地云落黄竹坑遭敌破坏，东江特委书记李崇三被俘投敌。东江特委组织机构至此停止活动。

5 月　中共东江特委于大南山的大溜召开最后一次会议。会后，除留少数人员继续在大南山坚持隐蔽斗争外，古大存带队转丰顺、大埔坚持斗争，张木葵率队转移到揭阳五房山一带游击，卢秋桂率队转移到潮澄饶澳一带活动。

6 月 7 日　西南医院人员在大南山的鸡心山上遭敌袭击，贺志中等被俘（后于惠城就义）。

6 月　红军西南医院 10 多位同志在共产党员、医官贺志中带领下，转徙于望天石附近山峰石洞，坚持斗争。

10 月 1 日　敌在林招成立南山管理局。大南山革命根据地人民又被国民党统治。

1936 年

3 月 29 日　坚持斗争的中共潮普揭县委书记张锄及工作人员 3 人被敌邓龙光部所俘，不久牺牲。

3 月　共青团江苏省委派周志铭（又名陈勉之）回潮汕进行建团活动，通过曾参与土地革命斗争活动的共青团员张重仁的关系，来普宁泥沟乡群众学校任教员，开展革命活动。

4 月　周志铭联系兴文中学党员马士纯，在开展活动的基础上，在群众学校和兴文中学发展共青团员，建立两个团支部。

7 月　共青团员邱秉经等配合进步教师，在梅峰公学开办传播革命思想的暑期补习班。以后在任校董的邱秉经等努力下，聘请进步教师，逐步把梅峰公学办成与兴文中学齐名的革命学校。

下半年　在兴文中学、群众学校、梅峰公学团员和进步教师带动下，全县以学校为基地，建立华南抗日义勇军及众多进步社团，开展"新文字""新文化"及抗日援绥等运动，掀起抗日救亡运动热潮。

1937 年

年初　周志铭把普宁团组织介绍给驻汕的中共韩江工委。

3 月末　陈初明受中共韩江工委派遣来普宁，在梅峰公学以教员身份作掩护开展党的工作，在团组织的基础上发展党员，建立党组织。

7 月　中共普宁特别支部在梅峰公学成立，陈初明任特别支部书记。

三、抗日战争时期（1937 年 7 月至 1945 年 9 月）

1937 年

7 月　七七事变后，中共普宁特别支部以学校为据点，组织全县抗日救亡团体和群众进行示威游行，要求实行全面抗战，积极开展抗日民族统一战线工作。

8 月　中共普宁特别支部贯彻党中央"洛川会议"精神，宣传《抗日救国十大纲领》，领导人民开展以拒运日货、募捐抗日经费为主要内容的抗日救亡运动。

同月　在梅塘的梅峰公学，中共普宁特别支部组建为中共普宁县工作委员会，书记陈初明。

9 月下旬　汕头市青年救亡同志会（简称"青救会"）一五五师随军工作队的工作组到普宁进行抗日宣传，协助筹建青年抗日救亡组织。

10 月上旬　普宁县青救会筹备处在流沙成立。

10 月　在北平参加"一二·九"运动的罗天回普宁，立即扎根农村，发动群众开展生产互助、减租减息、革除旧风俗的斗争，并加强对青年抗敌同志会（简称"青抗会"）工作的领导，为普宁党组织的工作打下扎实的基础。

11 月 14 日　在中共普宁县工委领导下，于流沙教堂成立普宁县青救会，县设干事会，各区成立区委员大会，办事机构设区理事会；区以下设若干中队、小队。

12 月 15 日　普宁县青救会发表《普宁青年救亡同志会成立大会宣言》。

1938 年

1月15日　普宁县青救会改称普宁县青抗会。

1月　全县先后成立3个中共区委会，二区区委书记罗天，三区区委书记郑淳，五区区委书记王琴。

春　在中共普宁县工委领导下，第二、三、四、五区及其他一些地区的青抗会共举办民众夜校100多所，识字班300多个，参加学习达2万多人。

4月　中共普宁县工委书记陈初明调中共潮汕中心县委工作，工委书记由马士纯接任。

同月　汕头市青抗会与各级党组织派蔡瑜等一批女党员和青抗会女会员，参加国民党翁照垣在洪阳举办的"广东省第八区民众抗日自卫团统率委员会妇女干部训练所"训练，并在该所建立中共党支部，发展党组织。

5月　中共普宁县工委贯彻上级党委的建党指示，向全县党组织发出"为扩大到上百个党员而奋斗"的号召，使党组织迅速发展。至1939年下半年，全县党员达1450多人，成为潮汕地区党员最多的县份。

6月下旬　中共普宁县工委在流沙创办"合利书店"。

6月　在潮阳县的两英召开潮普惠三县青抗会联席会议，发出通电声援和支持惠来县青抗会进行反迫害斗争。同时，中共普宁县工委派出工作队深入大南山开展抗日救亡工作，发展党组织。

同月　中共普宁县工委书记由罗天继任。

8月29日　普宁党组织和青抗会为响应武汉慰劳前线将士委员会发起的"关于征集三十万封慰劳信"和汕头市青抗会发起的"保卫武汉，争取抗战最后胜利的三十万人签名运动"而发出通告。仅20多天，全县征集募捐了3.5万多封信，慰劳品装满200

多个包装袋，获得全潮汕最高成绩的荣誉。

8 月　在兴文中学以任教做掩护的中共普宁县工委宣传部部长马士纯及一些共产党员、进步教师被埔塘乡的"土山皇帝"陈益斋解聘。他们秘密带一批进步师生到揭西县的石牛埔，创建一所由中共潮汕中心县委领导的"西山公学"（后改称"南侨中学"）。

9 月 1 日　普宁县青抗会宣传部主编的半月刊《普青》创刊。

9 月下旬　中共普宁县工委书记罗天出席由中共闽粤赣边省委书记方方主持的中共潮汕中心县委扩大会议。

10 月 12 日　在流沙的白塔秦祠成立普宁县妇女抗敌同志会，钟淑华为主席。

11 月 11 日　在普宁第一中学成立普宁县教师抗敌同志会。相继，普宁县华侨抗敌同志会、普宁县少年抗敌工作队等组织及乡村群众团体纷纷成立。

11 月　成立中共潮普惠南分委，书记陈初明，机关设于流沙的合利书店。同时撤销中共普宁县工委。普宁县属的区委直属分委领导。二区区委书记杨璞轩，三区区委书记罗彦，五区区委书记黄光武。

12 月下旬　中共潮普惠南分委在流沙创办"天和印刷厂"，大量翻印党内文件、革命书报和抗战教材。

12 月　中共潮普惠南分委在流沙举办第一期妇女干部训练班。

冬　普宁党组织派员参加国民党翁照垣举办的自卫团教导队军事干部训练班。

1939 年

1 月上旬　普宁党组织派员参加岭东青抗会代表会议。

1月 中共潮普惠南分委在流沙举办党员干部培训班，对外称"寒假青年学术讲座"，为期20多天。学习后组织一支27人宣传队，下乡开展抗日救亡宣传。

4月 青抗会主持召开普宁县纪念五四青年节联欢大会。中共闽粤赣边省委书记方方参加大会并讲话。

5月 岭青通讯处在流沙教堂召开岭东各地青抗会临时代表会议，出席会议的有潮梅地区16个县、市的青抗会代表。会议通过《岭东各地青抗会工作纲领草案》。

7月1日 中共潮普惠揭中心县委机关报、三日刊《青报》在流沙创刊。

7月 普宁党组织派王武、吴秀远等一批党员、优秀青年参加汕头市青抗会武装大队。

同月 普宁党组织成立一支工作队，开辟大南山区游击基地，建立中共潮普惠南边区委，书记曾绍宽。

9月28日 普宁县妇女抗敌同志会在流沙召开追悼吴秀远诸同志殉难大会，会后印发《青报》增刊。

秋 中共潮普惠揭中心县委在流沙举办第二期妇女干部训练班。

冬 中共潮普惠揭中心县委在里湖开办农村工作干部训练班。

年底 普宁党组织贯彻党中央《关于巩固党的决定》，全面开展审查党员、整顿党组织的工作。

1940 年

1月 国民党普宁县党部借口"整顿"青抗会，企图强行接管青抗会。青抗会县干事会予以说理斗争。

2月10日 青抗会在流沙召开全县第二次临时代表大会，通过宣言，拒绝"整顿"青抗会。

2月20日　青抗会在流沙召开全县第三次临时代表大会，抗议国民党县当局强行解散、迫害青抗会。

2月21日　《青报》被迫停刊，合利书店和天和印刷厂被查封。此后转入地下出版发行。

2月　中共潮普惠揭中心县委建立一支武装小组，着手开辟南阳山区抗日游击基地。

3月　党组织领导的青抗会，派出会员代表200多人赴普城"请愿"，并进行抗议国民党县当局解散青抗会的示威游行。

4月　撤销中共潮普惠揭中心县委，新成立中共潮普惠县委，书记罗天。

5月　普宁党组织发动群众进行大规模抢米的斗争。

7月　汕头市青抗会武装大队（也称"汕青游击队"）的游击小组与南阳山游击小组会合建成一支游击队伍。

8月　中共潮普惠县委书记罗天亲自组织和指挥梅塘鸡笼山锡矿的矿农开展"偷矿"斗争。斗争坚持一年之久。

11月　普宁党组织在锡坑、马泗等地创建大南山区游击据点。

同月　党组织在梅塘的藏宝堂村创办"利民合作社"，解决地下党活动的给养问题，该社办至1942年底。

12月　中共潮普惠县委撤销，新成立中共揭普惠边区工委和中共普宁县委，工委书记罗天，县委书记杜修田。

1941 年

1月　普宁党组织派员打入国民党县妇女新生活委员会举办的"女社训队"工作。

2月　普宁党组织调整县委、区委机构和干部。

3月　中共普宁县委组织大量印发党中央关于皖南事变的快

邮代电传单散发各地，在全县掀起声讨国民党顽固派罪行的热潮。

7月 中共潮梅临时特委的罗天，普宁县委的罗彦及里和特区区委负责人在藏宝堂村召开会议，研究开辟南阳山根据地等问题。

9月 各级党组织从委员制改为特派员制，杜修田为普宁县特派员，林川为普惠陆边区特派员。

1942 年

2月 中共潮梅特委决定由罗天担任管理潮阳、普宁、惠来、揭阳、丰顺等县党组织的特派员。

3月 吴南生调任普宁县党组织特派员。

9月 普宁党组织贯彻党中央关于在国统区实行"荫蔽精干，长期埋伏，积蓄力量，以待时机"的十六字方针和中共中央南方局关于"勤职、勤学、勤交友"三勤任务的指示，稳妥地转移已暴露身份的党员干部，安排未暴露身份的党员干部找到社会职业作掩护，度过艰难岁月，待机再起。

1943 年

春 全县大旱，受灾农田36万亩，造成饥荒，霍乱流行，全县饿死、病死、逃荒共约10万人。

1944 年

10月 普宁党组织传达党中央复示：同意潮汕地区党恢复组织活动，开展抗日武装斗争。

12月上旬 潮汕地区党的骨干林川到梅塘的四方园村王武家里，主持召开七县骨干代表会议。会议决定全面恢复党的组织活动和筹建"潮汕人民抗日游击队"。

12 月 15 日　日军窜入洪阳，普城首次沦陷。

12 月　被国民党捕获关押在梅塘溪桥村临时监狱的 40 多位同志，乘日军窜扰、国民党军警逃命之机安全脱身。

1945 年

1 月 28 日　日军窜入洪阳，普城第二次沦陷。

1 月 30 日　日军 100 余人窜扰里湖，被周围乡村上千群众包围击退。

2 月 12 日　抗日武装小组化装为国民党官兵，到大南山的什石洋村，缴获普宁解散后寄藏在保长家里的一批枪支弹药。

3 月 8 日　日军窜犯普宁，普城第三次沦陷。

3 月 9 日　"潮汕人民抗日游击队"在南径的白暮洋村杨氏祖祠宣告成立，党代表林美南，队长王武。13 日公开发表《潮汕人民抗日游击队成立宣言》。

3 月　根据党中央对潮梅工作的指示，在逐级负责对隐蔽的党员进行审查、恢复党的组织活动的基础上，建立中共潮普惠县委，书记林川。

同月　普宁党组织配合抗日游击队收编流窜麒麟的土匪武装黄炳光部 40 多人，改编为义勇军第一中队。

4 月 2 日　潮汕人民抗日游击队第一、第二突击队在梅塘的高埔村、藏宝堂村打击国民党特务组织官浩经"别动队"。

4 月 15 日　潮汕人民抗日游击队第一突击队在流沙的晖晗桥处决汉奸、流沙维持会会长许泽新。

4 月 20 日　潮汕人民抗日游击队第一突击队在流沙的马栅村围击日军一个小分队，在麒麟的大寮村活捉日军"守田炮兵队中士界正则"。

4 月下旬　潮汕人民抗日游击队第一突击队在洪阳的陈洞径

截击日军运输队。

5月7日　驻普日军全部向海陆丰溃退，普宁光复。

同日　潮汕人民抗日游击队第一、第二突击队分别袭击国民党麒麟警察所和四区区署自卫班。

5月上旬　潮汕人民抗日游击队在流沙的郭厝寮村进行扩编。

5月中旬　潮汕人民抗日游击队同流窜南径的土匪武装张虎、张龙一伙谈判成功，张部30多人收编为抗日游击队。

5月19日　潮汕人民抗日游击队在普宁平原地区举行武装大巡行，当队伍进发到大坝的平林山时，同国民党县自卫队和雷队发生遭遇战，敌败退。

5月下旬　潮汕人民抗日游击队发表《反对内战宣言》。

6月14日　潮汕人民抗日游击队在流沙赤水村以及次日在流沙西陇村至燎原的乌石一带，粉碎普宁反共顽固派向游击队发起的第一次"围剿"。是役，队长王武在战斗中负伤，于翌日牺牲。

6月18日　潮汕人民抗日游击队发表《反对内战第二次宣言》。

6月下旬　根据中共广东区党委指示，潮汕人民抗日游击队改称为广东人民抗日游击队韩江纵队（简称"韩纵"），韩纵司令员兼政委林美南。潮普惠方面的游击队伍，改称为韩纵第二支队，支队长兼政委林川。

7月8日　韩纵第二支队在里湖粉碎普宁反共顽固派第二次"围剿"。

7月16日　韩纵第二支队开赴揭西的棉湖，接应国民党揭阳县后备队指挥所"河山部"起义。同时派出队伍进攻区署、警察所、银行、揭阳县第三政警中队，战果显著。

7月17日　韩纵在流沙大操场召开大会，欢迎河山部的起义部队，庆祝胜利，并举行武装大检阅。

7月24日　韩纵第二支队进抵军埠的陇头村，向敌军发起反击，顽固派的第三次"围剿"宣告破灭。同日，在流沙成立潮汕地区抗战时期第一个抗日民主政权——流沙区抗日民主政府，区长张珂健。

8月5日　韩纵第二支队第二大队两个中队100人左右，在池尾的多年山村后山上阻击敌挺进队800多人的大规模进攻，胜利地掩护了主力部队司令部和抗日民主政府人员安全转移。此役，陈欣丰等18位英雄壮烈牺牲。

8月9日　普宁党政军民传达贯彻党中央致电闽粤赣边党组织的指示：潮普惠大队除巩固南山工作外，应加强南阳山梅林一带工作，以便取得与海陆丰支队联系，并向潮揭丰边放点……这些地区的星罗棋布，以一年为期，打下基础，准备在大规模内战时能起华南一翼的牵制作用。

8月14日　驻扎于流沙西陇村的韩纵第二支队第二、第三大队突遭敌挺进队、普宁保安队的围击，战况危急，游击队处于不利地位，突围撤移至里湖的竹林村。

9月23日　韩纵第二支队在大南山的跳坑伏击敌挺进队一个主力大队，挫败敌军的猖獗进攻。游击队遭受一定损失。

9月27日　8月15日日本天皇广播《停战诏书》、宣布无条件投降后，驻潮汕日军在汕头市签署投降书，普宁人民抗日战争至此结束。

四、解放战争时期（1945年10月至1949年10月）

1945年

10月　敌挺进队调离普宁，由一八六师一个营约500人左右的兵力接防。他们违背《双十协定》，以"绥靖、剿匪"为名，继续"围剿"抗日游击队。

同月　韩纵第二支队和从大北山过来的第三支队一部，集中队伍在大南山的大窝村整编。

11 月　游击队整编后，留下 11 人组成特务队，由张希非、杜石带领，继续坚持在大南山开展斗争，主力队伍向揭阳大北山转移。

12 月　游击队从大北山派遣一个大队 150 余人，由大队长高风和政委张希非率领，开入普宁、惠来、揭阳、陆丰四县边界的南阳山，开辟新区。

年底　普宁有三区、五区和潮普边区 3 个中共区委会，党员 160 多人。

1946 年

1 月　活动于南阳山的高风大队，先后进行三次整编，由 100 多人减为 40 多人，分 5 个短枪小组，分头到里湖、流沙平原乡村活动。

2 月　成立中共普宁县委员会，书记刘大夫（又名钟声）。下辖 3 个区委会：二五边区，区委书记冯朝三；二三边区，区委书记杨杰光；五区，区委书记方明生。

5 月 21 日　中共代表与国民党广东当局谈判达成广东中共武装人员北撤山东的具体协议。

6 月初　在普宁活动的韩纵骨干林川、张希非、杨璞轩、杜石、罗彦等 14 人参加韩纵北撤。

6 月底　普宁党组织已有 3 个区委会、29 个党支部，党员 150 人。

6 月　成立中共潮汕地委的直属武装——特务队，队长林震（又名许杰），政委陈彬。

9 月初　中共普宁县委书记刘大夫调潮阳县工作，由李习楷继任县委书记。

同月　中共二五边区委改为二区委，书记陈特础；二三边区委改为三区委，书记杨杰光。

1947 年

1 月 24 日　普宁党组织配合中共潮汕地委的特务队在流沙南山村处决国民党普宁县自新委员会主任、流沙八乡联防处主任陈君秀。

3 月　中共普宁县委在梅塘高埔村组成一个短枪武装小组，组长孔嘉。

春　普宁党组织在大南山的樟树坪、三坑、锡坑、坪坑、刮狗坷等村新建 5 个党支部。

4 月　中共潮汕地委调王家明任中共普宁县委副书记。

5 月 24 日　普宁党组织、短枪武装小组和地委特务队组织群众破开国民党县政府的横溪粮仓，夺粮 3000 多石（1 石 = 120 市斤）。

6 月 14 日　中共潮汕地委在揭阳大北山天宝堂成立潮汕人民抗征队，大队长林震，政委陈彬。下辖一个中队，中队长邱志坚。

8 月 24 日　潮汕人民抗征队袭击普宁里湖镇的敌警察所，解决全部敌人。

9 月　潮汕人民抗征队在五峰山清泉洞组建南阳山武工队，政委詹泽平，队长黄友。

10 月 22 日　第三大队到达大南山，开辟大南山和南阳山根据地。

10 月 31 日　潮汕人民抗征队第三大队在南阳山武工队及大南山的锡坑党组织的配合下，解决了大南山的林樟乡公所敌人。

10月　潮汕人民抗征队司令部（司令员刘向东，政委曾广）把普宁短枪武装小组编入南山队，共100人左右，并以此为基础，成立第三大队，大队长李习楷，政委陈彬。

11月12日　第三大队化装智袭五区占陇的敌警察所。

11月20日　潮汕人民抗征队发布《减租减息的暂行办法》，党组织和抗征队在大南山、南阳山领导人民开展减租减息斗争，并在斗争中建立过渡政权自治会，成立农会，组织游击小组和民兵。

11月24日　第三大队在南阳山武工队配合下，摧毁南阳山梅林的敌警察所，拘捕督察黄碧湖，枪决征收员吴祖荫，没收税务头子吴汉元的财物。

12月　大南山武工队在大南山的樟树坪村成立，队长郑流阳。

同月　李习楷调中共中央香港分局学习，第三大队大队长由张希非负责，县委书记由王家明继任，全县党员300多人。

1948 年

1月　国民党广东省第五区督察专员兼第五"清剿"区司令喻英奇叫嚣在一个月内"剿灭"大南山人民抗征队，并在大南山、南阳山内建立乡村联防武装，复建梅林警察所。

2月7日　三区武工队在里湖的竹林村成立，队长郑苏民，政委许士杰。

2月　五峰山武工队在石牌的土地坬成立，队长林挺英。

3月15日　敌喻英奇"清剿队"800多兵力分五路"围剿"大南山，由流沙向大南山锡坑进犯的汕头保警主力一路，在下浦云盖月山下被抗征队第三大队的伏击。敌第一期"清剿"计划破产。

3月18日　二区武工队在大南山的下岭仔村成立，队长兼指导员李少雄。

4月1日　中共二区区委书记杨杰光和曾湛在流沙的东埔村被敌捕获。

4月20日　杨杰光在流沙惨遭杀害。

4月下旬　喻英奇调集普宁、惠来、揭阳、陆丰四县保警1000余人，分四路向南阳山的抗征队"围剿"追击。对此，抗征队留下南阳山武工队牵制敌军，主力出击敌后，迫敌回窜。挫败敌第二期"围剿"计划。

5月　党组织和抗征队在大南山、南阳山区发动群众，开展退租、退息，镇压地主、恶霸、敌特的斗争。

同月　大南山锡坑乡民主政府成立，进行革命根据地建设工作。

6月11日　五区武工队在大南山的白马仔村成立，队长詹玉波，指导员杨少雄。

6月中旬　一区武工队在梅塘的社山村成立，队长刘百洲。

6月　活动于潮普惠县的抗征队改称为大南山团部，团长陈振华，政委吴坚。

同月　成立中共南阳山工作委员会，书记詹泽平，机关设在黄沙。

同月　南阳山连队扩建为南雄大队，大队长陈华，政委詹泽平（兼）。

同月　四区武工队在麒麟的径水村成立，队长赖仰。

7月15日　第三大队在武工队的配合下，拔去云落联防队据点。

7月　潮普惠南行政委员会在大南山成立，主任吴坚。

同月　中共南阳山工委领导成千民兵，奋战五昼夜，挫败敌军300余人入山抢粮的计划。

8月5日　第三大队在武工队的配合下，连续10天，扫荡南阳山的坪上、梅田、天青湖、大坪、大坪新圩等5处联防武装。

8月　抗征队大南山团部扩建为潮普惠南抗征队指挥部，指挥员张希非，政委吴坚。

同月　三区连队扩建为西山大队，大队长罗德，政委王家明（兼），教导员李乔生。

9月上旬　在南阳山成立普惠揭陆边区人民行政委员会，主任詹泽平。

9月中旬　云落武工队在五榕的钟厝寨成立，队长方修亮。

9月15日　三区、五峰武工队配合抗征队在里湖联亨布店镇压国民党省参议员、第五"清剿"区参谋林石平。

9月17日　抗征队三团和一团出击普城之敌。

9月18日　抗征队三团和一团于麒麟的蔡口与敌战斗。

9月19日　抗征队五团在坪头岭巧诱流沙敌军出战，击毙敌10多名，晚上攻占流沙。

9月22日　抗征队五团摧毁汤莲乡公所，焚烧全部"三征"文簿。

9月23日　抗征队五团再与占陇来犯之敌作战，毙伤敌20余名。

11月13日　锡坑民兵配合抗征队三团在云落的后陂村，伏击押送250名新兵过路的敌陆丰团管区第八中队和援敌潮阳保警。

11月　喻英奇升任粤闽边区总指挥官，原职由莫希德继任。

冬　大南山区、南阳山区和三区的山地边缘乡村全面进行减租减息；蒋管区的一区、七区部分乡村也逐步开展减租减息。

年底　全县有党支部60个，党员约400人。

1949 年

1 月 1 日　"五峰四社"在宅营村成立"五四"乡民主政府，乡长杨崀。这是解放战争时期普宁解放区第一个人民政权。

1 月 21 日　中国人民解放军闽粤赣边纵队（简称"边纵"）第二支队的第三、第五团和西山大队在第二、第三区武工队的配合下，一连 5 天，先后解决安溪、梅峰、平寨、冷水坑、乌石、果陇、六仁、泥沟等 8 处联防队和乡公所。

1 月下旬　中共普宁县委在梅塘桥头村召开会议，作出尽快壮大武装力量，大力加强民兵、武工队的建设，筹建第九团的决议。

2 月 1 日　在云落湖寨村建立边纵第二支队第九团，团长陈扬，政委王家明。

2 月 18 日　九团于云落的湖寨村阻击保安第十六团第三营张凤耀部。

2 月 28 日　龟守梅林之敌仓皇撤逃。

2 月　中共普宁县委书记王家明调潮汕地委工作。中共南阳山工委并入普宁县委，书记詹泽平。

3 月　在梅林圩成立中共南阳山特区区委，书记黄友。

同月　成立普宁县青年妇女工作委员会，书记陈斯鸣。并通过党组织，发展团员。

4 月 2 日至 7 日　中共潮汕地委召开首次青年工作会议。会议决定各县建立统一的新民主主义青年团筹备机构。建立青联、妇联组织，并指定普宁、揭阳作为建团的试点县。

4 月 10 日　驻流沙敌省保安队第十六团第三营张凤耀部第一、第二连 200 多人举行起义，奔赴解放区。

4 月 11 日　九团和武工队解决流沙十赤乡联防队。

4月16日　驻流沙平湖的二区八乡联防大队服务队（队长王桂青）举行起义，并充当内应，配合九团短枪连解决联防大队第一中队及南泗分队，同时破获敌军保安大队后勤处仓库。

4月27日　边纵一、五、七团和第二支队一、四、六、九团在武工队配合下，奋战两天，攻克里湖敌据点，解放了里湖。

4月30日　驻流沙守敌仓皇向潮阳逃窜。

5月1日　成立流沙军事管制委员会，主任委员黄友。

5月6日　九团配合边纵五团，第二支队一、十一团围歼潮阳县陈店守敌。同日，解决普宁县的埔塘、桥柱两处联防队。

5月8日　九团一连配合兄弟部队攻下潮阳县两英的南山管理局。

5月14日　九团同兄弟部队第一次攻打普宁县城洪阳。

5月　中共普宁县委书记詹泽平调惠来县工作，书记由李雪光继任。

同月　九团在燎原的泥沟村成立团党委，书记李雪光（兼），副书记陈扬。

6月4日　中共普宁县委召开青年工作会议。

同月　先后成立普宁县青年工作委员会，书记马梅（兼）；中国新民主主义青年团普宁县筹委会，书记陈斯鸣；普宁县民主青年联合会，主席陈斯鸣（兼）；普宁县妇女工作委员会，书记李雪光（兼）。

7月1日　普宁县人民政府在流沙成立，县长陈焕新。

7月5日　九团于洪阳的林惠山村击溃普城外出抢粮的敌人。

7月13日　九团同兄弟部队第二次攻打普城。

7月15日　敌台湾新军400余人进犯流沙镇，流沙又陷落。

7月20日　九团同兄弟部队在池尾伏击台湾新军。

7月21日　流沙再度解放。

7月26日　普宁县人民政府发出《抚慰被蒋匪劫掠同胞的通告》。

7月29日　九团在一区、二区武工队和泥沟、和安民兵配合下，连续5天袭扰占据大坝、洪阳的台湾新军。

7月　县级的工会、商会、学生会等群众组织相继建立。

同月　县、区党政及各区武工队人员深入农村，领导农民建立基层人民政权，组织农会，开展减租减息运动。

同月　全县各区、乡成立支前委员会，开展"一元抚慰"运动。

8月上旬　台湾新军撤出普境后，全县各地迅速做好迎接大军南下的准备工作。

8月16日　九团同兄弟部队第三次攻打普城。

8月27日　县长方国柱率部弃城往揭阳逃命，普城首次解放。

8月30日　敌胡琏军窜入普城。

9月2日　胡琏军占据流沙、占陇、里湖等公路要道的据点，奸淫抢掠，作垂死挣扎。

9月19日　边纵第二支队突击营于下架山的涂坑一带伏击普宁保安营。

9月21日　九团于梅塘的长美山至里湖的竹头山一带迎击胡琏军一个营。

9月22日　边纵第二支队突击营在下架山的汤坑、顶西埔一带截击胡琏军。

10月10日　九团同兄弟部队在梅塘、涂洋一带山上抗击胡琏军榴弹炮团。

10月12日　凌晨，胡琏军从流沙向潮阳县逃跑。早晨，解放军开进流沙，普宁全境解放。

10 月　先后成立新民主主义青年团普宁县工作委员会，书记马梅（兼）；普宁县民主妇女联合会，主席张英。

同月　中共普宁县委辖有二区、三区、五区、东阳区和西阳区 5 个区委会，党支部 63 个，党员 450 人左右。

根据中国老区建设促进会《关于编纂全国 1599 个革命老区县发展史的安排意见》和广东省老区建设促进会《关于印发编纂〈革命老区县发展史〉丛书有关文件的通知》精神，从 2017 年下半年起，普宁市老区建设促进会成立了专门编委会及工作机构，着手做好《普宁市革命老区发展史》有关史料、照片的征集和编纂工作。经过半年多的努力，于 2018 年 7 月形成本书初稿。随后，将书稿送市委、市政府领导及市委办公室、市政府办公室、政协教科文卫体委员会、党史研究室，广泛征求意见，组织专家审稿。经过反复修改、充实、校正，终于使本书顺利出版，与广大读书见面。

本书在征编过程中，得到各级领导、老同志、老区人民的关怀和大力支持。中共普宁市委党史研究室、普宁市地方志办公室、普宁市老战士联谊会、普宁市关心下一代工作委员会、普宁市文学艺术界联合会、普宁市博物馆、普宁市红色文化研究中心等单位以及黄大斌、陈欣、黄先宏、罗汉斌、陈克寒、纪欣勤、吴和部、王其怀、蔡少君、陈锐锋、陈秀瑶等党史工作者，洪耀、李应基、许日升、黄振坤、杨秀维等老同志提供了有关资料和照片。参与本书编纂工作的同志在市老区建设促进会会长刘惠光同志的领导下，以积极认真、严谨细致的工作态度，做了大量的撰写、编辑、校对等工作，付出了辛勤的劳动。本书的编撰出版经费，得到普宁市委、市政府和有关部门的大力支持。在此，谨向所有关心支持老区建设和本书出版的各位领导、老同志、有关单位致以崇高敬意和衷心感谢！

本书从征集史料到编纂成书，工作量大，任务艰巨，因时间紧促、经验不足，错漏和不当之处在所难免，敬请行家读者不吝赐教。

本书编委会

2018 年 10 月